MANUAL
DE
DERECHOS DE AUTOR

Fernández Delpech, Horacio
Manual de los derechos de autor. - 1a ed. - Buenos Aires : Heliasta, 2011.
256 p. ; 23x15 cm.

ISBN 978-950-885-125-3

1. Propiedad Intelectual.
CDD 346.048

Diseño de tapa: Eduardo Ruiz

ISBN 978-950-885-125-3

Distribuidores exclusivos:
Editorial Heliasta S.R.L.
Juncal 3451 (C1425AYT), Buenos Aires, Argentina
Tel. y Fax: (54-11) 4804-0472
editorial@heliasta.com.ar - www.heliasta.com.ar

Queda hecho el depósito que establece la Ley 11.723
Libro de edición argentina

Horacio Fernández Delpech

MANUAL
DE
DERECHOS DE AUTOR

Heliasta

A mi mujer Malú,
a mis hijos Carola y Estanislao,
Horacio y Magdalena y Gastón y Fátima,
y a mis nietos María, Delfi, Hacho, Justi,
Tomy, Joaco, Lao, Mateo y Gerónimo

ABREVIATURAS Y SIGLAS

AADI	Asociación Argentina de Intérpretes
ADPIC	Sigla en español del Acuerdo sobre los Derechos de Propiedad Intelectual Relativos al Comercio
AGPL	Affero General Public License - Free Software Foundation
ARGENTORES	Sociedad General de Autores de la Argentina
Art.	Artículo
BSD	Licencia Berkley Software Distribution
CADRA	Centro de Administración de Derechos Reprográficos de Argentina
CAL	Cámara Argentina del Libro
CAPIF	Cámara Argentina de Productores de Fonogramas
cd	Disco compacto
CDD	Clasificación Decimal Dewey
CESSI	Cámara de Empresas de Software y Servicios Informáticos de la República Argentina
CNCas.Pen.	Cámara Nacional de Casación Penal
CNCiv.	Cámara Nacional Civil
CNCom.	Cámara Nacional Comercial
CNCont.Adm.Fed.	Cámara Nacional Contencioso Administrativo Federal
CNCyC.	Cámara Nacional Criminal y Correccional
CNFed. Civ. y Com.	Cámara Nacional Federal Civil y Comercial
CSJN	Corte Suprema de Justicia de la Nación
CUIT	Código Único de Identificación Tributaria
DAC	Directores Argentinos Cinematográficos
DIVX	Formato de video comprimido
DMCA	Digital Millenium Copyright Act
DVD	Disco de video digital
Ed.	Editorial
ED	Revista *El Derecho*
F	Folio
GPL	Licencia Pública General de GNU- Free Software Foundation
IFRRO	Federación Internacional de Entidades de Derechos de Reproducción
inc.	inciso
ISBN	International Standard Book Number
ISPs	Proveedores de Servicios de Internet

JA	Revista *Jurisprudencia Argentina*
Juzg.Prim.Inst.	Juzgado de Primera Instancia
LGPL	Lesser General Public License - Free Software Foundation
LL	Revista *La Ley*
LLBA	Revista *La Ley Buenos Aires*
MP3	Formato de audio comprimido desarrollado por Moving Picture Experts Group
OMC	Organización Mundial del Comercio
OMPI	Organización Mundial de la Propiedad Intelectual
OSI	Open Software Iniciative
Pág.	página
P2P	Peer-to-peer o entre pares
RAM	Memoria de acceso aleatorio
SADAIC	Sociedad Argentina de Autores y Compositores de Música
SAGAI	Sociedad Argentina de Gestión de Actores Intérpretes
SAVA	Sociedad de Artistas Visuales Argentinos
SCMendoza	Suprema Corte de Mendoza
T	Tomo
TICs	Tecnologías de la Información y la Comunicación
TODA	Sigla en español que corresponde a Tratado de la OMPI sobre Derecho de Autor de 1996
TOIEF	Sigla en español que corresponde a Tratado de la OMPI sobre Interpretación o Ejecución y Fonogramas de 1996
TRIPs	Sigla en inglés del Acuerdo sobre los Derechos de Propiedad Intelectual Relativos al Comercio
TV	Televisión
TySS	Revista *Trabajo y Seguridad Social*
VHS	Video Home System
WAV	Formato de audio digital sin compresión
WCT	Sigla en inglés que corresponde a WIPO Copyright Treaty - Tratado de la OMPI sobre Derecho de Autor de 1996
WPPT	Sigla en inglés que corresponde a WIPO Performances and Phonograms Treaty - Tratado de la OMPI sobre Interpretación o Ejecución y Fonogramas de 1996
ZIP	Formato de almacenamiento de datos comprimidos

CAPÍTULO I

INTRODUCCIÓN

1. PROPIEDAD INTELECTUAL Y DERECHOS DE AUTOR

Se puede definir a la propiedad intelectual como el conjunto de normas que regulan los derechos tanto patrimoniales como morales que tienen los autores, inventores y otros titulares de derechos sobre las producciones fruto de su intelecto.

La principal característica que distingue al ser humano de los demás seres creados es la capacidad de la creación intelectual.

Esa capacidad que diferencia al ser humano de los demás seres vivientes es, sin duda, su más preciado tesoro, que le permite producir frutos del intelecto y contribuir así al progreso de la humanidad.

Los derechos de propiedad intelectual presuponen el reconocimiento de derechos sobre esas creaciones fruto del intelecto creativo del hombre.

La Constitución Argentina sienta la base de los derechos de propiedad intelectual, al establecer en la segunda parte del art. 17, que: "...Todo autor o inventor es propietario exclusivo de su obra, invento o descubrimiento, por el término que le acuerde la ley...", dando de esta forma similar jerarquía constitucional a los derechos de propiedad intelectual que a los derechos de propiedad mueble o inmueble consagrados también en el art. 17.

Estas creaciones intelectuales pueden apuntar al aspecto estético o a la actividad industrial, pudiendo así clasificarse hoy en día a la propiedad intelectual en: Derechos de Autor y Propiedad Industrial.

La temática de los Derechos de Autor está dirigida a la protección de las creaciones intelectuales, en sus aspectos morales y patrimoniales, resultantes de la autoría sobre una producción científica, literaria o artística.

La propiedad industrial, si bien también tiende a la protección de las creaciones intelectuales, se refiere a otro tipo de creaciones, como son aquellas cuyo destino fundamental es la aplicación industrial.

Si bien el punto de división entre ambas disciplinas no es totalmente claro, los derechos de autor, en la terminología de nuestra ley, se refieren a la protección en un sentido amplio de las creaciones científicas, literarias o artísticas, siendo en cambio la propiedad industrial la que se refiere fundamentalmente a las creaciones intelectuales con aplicación industrial, tal el caso de las Patentes de Invención, las Marcas y Designaciones Comerciales y los Dibujos y Modelos Industriales.

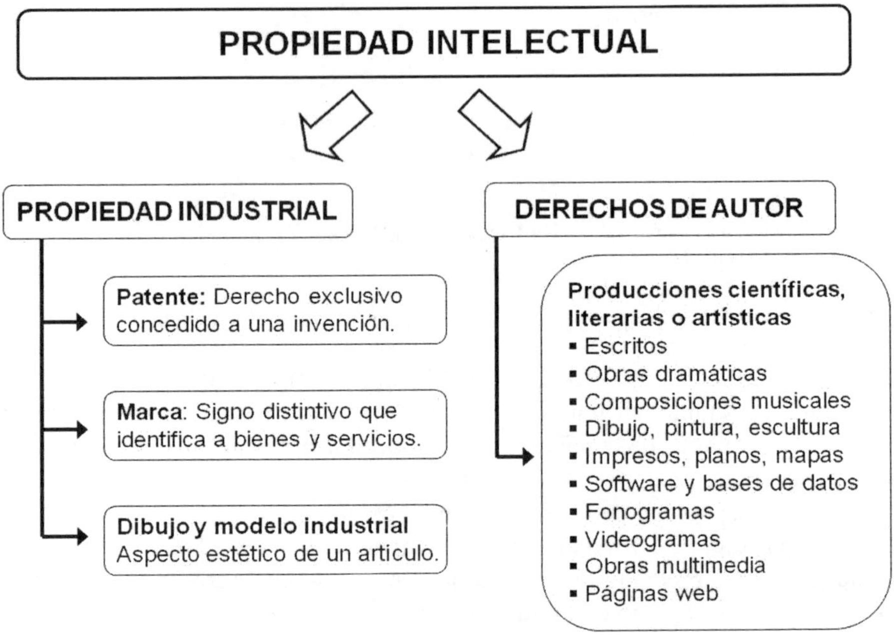

Como bien se ha dicho en alguna oportunidad, los principios que dan sustento a la propiedad intelectual se fundan: en la originalidad, para el derecho de autor; la novedad, para el derecho de patentes, y la distintividad, para el derecho de marcas.

Originalidad → derecho de autor

Novedad → derecho de patentes

Distintividad → derecho de marcas

Algunos autores consideran que la Propiedad Intelectual incluye tres categorías de derechos: los derechos de autor, los derechos conexos y la propiedad industrial. No comparto este criterio. Creo que son sólo dos las categorías de derechos que conforman la Propiedad Intelectual, y son los Derechos de Autor y la Propiedad Industrial. Los Derechos Conexos son parte de los Derechos de Autor pues son una derivación de ellos, tal como también ocurre con los derechos de los editores.

Debo destacar también que existen algunas creaciones intelectuales que participan del aspecto estético, así como también de la aplicación industrial, lo que hace que sean amparadas tanto por el régimen de los derechos de autor como por el régimen de propiedad industrial. Es el caso, por ejemplo, de los modelos y diseños industriales, protegidos por el decreto Ley 6673/63 de Patentes, Marcas, y Modelos o Diseños Industriales y por la ley 11.723 de Propiedad Intelectual.

Existe también algún tipo de creación intelectual, que, dependiendo del país y del sistema adoptado, está protegido por uno u otro régimen. Tal el caso del software, amparado en la Argentina y en Europa por el régimen de derechos de autor, mientras que en los Estados Unidos y en el Japón se lo protege actualmente dentro del régimen de la propiedad industrial al permitir su patentabilidad, si bien la discusión de dónde debe ubicarse realmente la protección del software continúa actualmente.

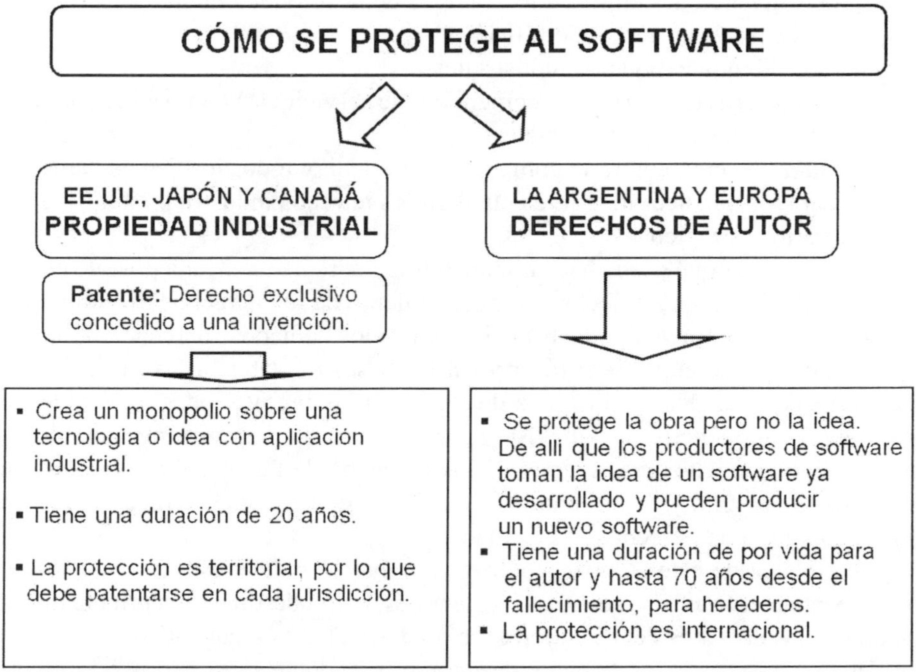

Pero volviendo al tema de la distinción entre los derechos de autor y los derechos de propiedad industrial, en la Argentina contamos con institutos normativos diferentes para ambas disciplinas. Podemos encontrar así dentro de la Propiedad Industrial a las leyes 24.481de Patentes de Invención y Modelos de Utilidad, 22.362 de Marcas y el decreto Ley 6673/63 de Modelos o Diseños Industriales, y como norma fundamental de los Derechos de Autor a la ley 11.723.

La ley 11.723 dictada en el año 1933, reemplazó a la ley 7092, que fue el primer texto legal argentino en la materia, y es un cuerpo normativo relativamente completo y adelantado para su época, pero que requeriría, hoy en día, una serie de actualizaciones y adecuaciones necesarias frente a los avances tecnológicos que han hecho que muchos de los conceptos de la ley sean de difícil aplicación en la actualidad y en el marco de las nuevas tecnologías de la información y la comunicación.

Es interesante señalar que en el Convenio de Estocolmo, firmado el 14 de julio de 1967, y en el que se dio nacimiento a la Organización Mundial de la Propiedad Intelectual (OMPI), se define a la Propiedad Intelectual, englobando a los derechos de autor y a la propiedad industrial, en el art. 2, al expresar:

"Propiedad intelectual", los derechos relativos:

- a las obras literarias, artísticas y científicas,
- a las interpretaciones de los artistas intérpretes y a las ejecuciones de los artistas ejecutantes, a los fonogramas y a las emisiones de radiodifusión,
- a las invenciones en todos los campos de la actividad humana,
- a los descubrimientos científicos,
- a los dibujos y modelos industriales,
- a las marcas de fábrica, de comercio y de servicio, así como a los nombres y denominaciones comerciales,
- a la protección contra la competencia desleal, y todos los demás derechos relativos a la actividad intelectual en los terrenos industrial, científico, literario y artístico".

Es de destacar que desde hace no muchos años, se habla de una posible nueva categoría de derechos intelectuales independiente de los derechos de autor y de los derechos de propiedad industrial. Se trata de los llamados "derechos *sui generis*", en los que se engloba entre otros a las bases de datos, a las indicaciones Geográficas, a las denominaciones de origen, a las innovaciones informales, a los recursos fitogenéticos, e incluso a los nombres de dominio Internet. Todos estos nuevos derechos no integran ni los derechos de autor ni los derechos de propiedad industrial y de allí entonces el intento de muchos de creación de esta nueva categoría de derechos intelectuales.

La temática de este manual, como su nombre lo indica, está referida sólo y fundamentalmente a los derechos de los autores, como destinatarios principales, y también a los derechos de los editores, como destinatarios secundarios, así como a los derechos conexos a los derechos de autor, refiriéndome a los artistas, intérpretes y ejecutantes, productores de fonogramas y organismos de radiodifusión.

No trataré acá los derechos de la propiedad industrial ni las nuevas categorías de derechos *sui generis*.

2. Derechos de Autor y Copyright

Muchas veces se habla de derechos de autor como sinónimo del término copyright, lo que creo es equivocado.

Los derechos de autor tienen su origen en el sistema continental europeo, fundamentalmente en el sistema francés, mientras que el copyright proviene del sistema anglosajón o del *common law*.

Ambos sistemas tienen en común la protección de la propiedad intelectual. Pero mientras el sistema de derechos de autor protege a la creación intelectual de los autores en sus aspectos patrimoniales y morales, en el copyright la protección se limita fundamentalmente a los derechos de orden patrimonial; de allí el término copyright, que significa derecho de copia.

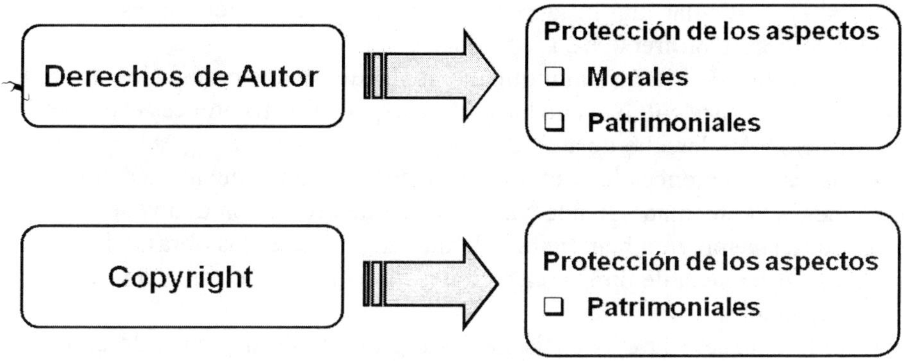

Otra distinción que debo marcar es que los derechos de autor se dirigen a los autores y editores, existiendo otros derechos, llamados derechos conexos correspondientes a los artistas, intérpretes y ejecutantes y a los productores de fonogramas y organismos de radiodifusión. El copyright, en cambio, incluye directamente a los autores, editores, intérpretes, productores de fonogramas y organismos de radiodifusión y cinematografía, que son designados como *entrepreneurial copyrights*.

Es por ello que si bien tienen enormes puntos de contacto, ambos sistemas: "Derechos de Autor" y "Copyright", son conceptos con alcances y ámbitos diferentes.

Puedo decir entonces que los derechos de autor son las facultades que tiene todo autor de una obra científica, literaria o artística creada por su intelecto, en forma original y concreta, facultades éstas de carácter moral y extrapatrimonial de duración ilimitada, y facultades de carácter patrimonial de duración limitada.

En los últimos años se han multiplicado los detractores de los derechos de autor. Afirman éstos que los derechos de autor son un obstáculo para el acceso a la cultura y que consecuentemente debieran desaparecer. Que la reproducción de las obras debe ser libre para facilitar su llegada a todos los sectores de la sociedad que no tienen acceso a los libros.

El norteamericano Richard Stallman es uno de los promotores más fecundos de estas ideas de la circulación de los bienes intelectuales sin derechos de autor. Sus ideas han tenido acogida en muchos, e incluso se ha llegado a la fundación de partidos políticos denominados piratas, como los de Suecia y Francia.

Los fundadores del partido francés explican que los valores de su partido se corresponden a los de la generación numérica, la cual ubica la libertad, la protección de la vida privada, el hecho de compartir la cultura y la ciencia, la apertura del espacio público, la solidaridad y la democracia, en el centro de su acción.

Pero estos detractores de los derechos de autor se olvidan de que todas esas obras intelectuales que ellos pretenden que circulen libremente; son sin duda el fruto de muchas horas de trabajo y sacrificio de autores y editores, y configuran uno de los patrimonios más valiosos de nuestra sociedad.

Gracias al ingenio creativo de los autores, y al trabajo de los editores, se enriquece nuestra vida cultural, y para estimularlos la sociedad debe ofrecerles incentivos, en particular una justa retribución por la utilización de las obras, así como una protección frente a su reproducción.

Los derechos de autor están íntimamente ligados con la producción de bienes culturales. No existe cultura si no hay autores, quienes son entonces el eje central de protección del derecho de autor.

Es necesario entonces fomentar la búsqueda del conocimiento recompensando a quienes la efectúan. Un adecuado sistema de protección de los derechos de autor reditúa siempre en beneficio de la humanidad, pues las obras del intelecto humano, a diferencia de otras concreciones humanas, no reconocen ni fronteras ni nacionalidades.

De allí la necesaria existencia de los regímenes de derechos de autor que protegen los legítimos derechos de los autores y editores, y de esta forma los incentivan para seguir produciendo intelectualmente y editando las obras.

Si el autor no tuviera el incentivo de la retribución económica y si los editores no tuvieran armas legales para proteger a la obra intelectual y para luchar contra la reproducción ilícita de las obras, los autores dejarían de producir intelectualmente y la industria editorial desaparecería.

No concibo un mundo con total libertad en la circulación de las obras y sin retribución para los productores de este bien intangible tan valioso como es la propiedad intelectual.

Las creaciones intelectuales deben circular y el acceso a ellas debe facilitarse, pero sin por ello eliminar los legítimos derechos que los autores, editores y restantes titulares tienen sobre las obras intelectuales.

Entiendo, como lo veremos a lo largo de este libro, que hay algunos temas en nuestra legislación que fueron pensados y legislados para otra época y que consecuentemente deben ser adecuados a las nuevas circunstancias y a los nuevos actores de estos tiempos.

La legislación argentina de derechos de autor fue concebida para el mundo del libro impreso en papel, en donde no se imaginaron las modernas técnicas de duplicación y copia, y menos aún la irrupción de las nuevas tecnologías de la información y la comunicación (TICS).

Pero esas nuevas tecnologías de la información y la comunicación no nos pueden llevar ahora a la renuncia de los derechos intelectuales. Por el contrario, la reafirmación de estos derechos es necesaria en un mundo competitivo como éste.

Esa reafirmación debe venir acompañada, sin duda, de una actualización y adecuación de muchas de las instituciones de nuestra ley, que, como dijera, fueron concebidas para el mundo del libro pero no para el mundo actual.

Los derechos de autor no son, como dicen algunos, un impuesto que limita el acceso a los bienes culturales por el contrario, los derechos de autor son el mejor estímulo para la creación y para defender una justa retribución por la tarea realizada.

Personalmente creo que los derechos de autor configuran el más justificado de los derechos a la propiedad existentes, pues se corresponden con un bien inmaterial constituido por una creación intelectual propia a la que se llega con trabajo, a diferencia de los bienes materiales, producto muchas veces de otras circunstancias.

Con total acierto la Declaración Mundial sobre la Propiedad Intelectual, adoptada por la OMPI el 26 de junio de 2000[1], establece:

- i) Los derechos de propiedad intelectual son un incentivo para los creadores y garantizan que los usuarios tengan acceso a los beneficios de la creatividad en pie de igualdad.
- ii) Los derechos de propiedad intelectual constituyen una parte fundamental e integrante de todo marco jurídico encaminado a reglamentar con equidad el proceder de creadores y usuarios, y a proteger a escala universal los intereses de todos.
- iii) Los derechos de propiedad intelectual son un elemento esencial en el empeño de responder al imperativo de desarrollo para todos, que al final del siglo XX es la responsabilidad universal más importante que se plantea a la humanidad.
- iv) Igualmente en el ámbito del desarrollo, contar con un sistema eficaz de propiedad intelectual es indispensable para asegurar la inversión en sectores fundamentales de las economías nacionales, particularmente en los países en desarrollo y los países en transición.

Nuestra Constitución consagra en la segunda parte del art. 17 el derecho de todo autor o inventor a la propiedad exclusiva de su obra, y destaco que el derecho de autor está reconocido como un derecho humano por la Declaración Universal de los Derechos Humanos proclamada por la Asamblea General de las Naciones Unidas en París el 10 de diciembre de 1948, cuando en su art. 27.2 establece: "Toda persona tiene derecho a la protección de los intereses morales y materiales que le correspondan por razón de las producciones científicas, literarias o artísticas de que sea autora".

Delia Lipszyc, nos dice con acierto:

> "La inclusión del derecho de autor entre los derechos fundamentales en las constituciones nacionales, en la Declaración Universal de Derechos Humanos y en el Pacto Internacional de Derechos Económicos, Sociales y Culturales, importa el reconocimiento de que se trata de un atributo inhe-

[1] http://www.wipo.int/about-wipo/es/pac. ip_declaration.htm.

rente al ser humano y que, como tal, su protección adecuada y eficaz no pude ser desconocida"[2].

No quiero terminar este epígrafe sin transcribir una frase que en 1993 expresó Kamil Idrís, entonces director general de la OMPI:

> "La propiedad intelectual constituye la base de la coexistencia de la humanidad, no es ajena a ninguna cultura y es originaria de todas las naciones"[3].

3. Origen de los Derechos de Autor

Si bien existen antecedentes aislados en diferentes partes del mundo desde tiempos muy antiguos, podríamos decir que con la aparición de la imprenta de Gutenberg comienza la preocupación por la defensa frente a la reproducción de las obras.

Hasta ese momento la obra intelectual se volcaba en el libro que se confeccionaba en forma manuscrita, generalmente por monjes que realizaban las copias por encargo del clero o de los nobles de la época.

Hacia el año 1450, con la imprenta de tipos móviles de Johann Gutenberg, la obra comienza a reproducirse mecánicamente. Surgen así los imprenteros, que a partir de entonces son los editores de los libros que recibían de los autores mediante el pago de un precio. Estos imprenteros comienzan a luchar para lograr alguna defensa frente a las copias que terceros hacían de sus libros impresos y sin su autorización.

Aparecen así los privilegios a favor de las imprentas, que eran una especie de monopolio de explotación que el Estado otorgaba a los impresores por determinados períodos de tiempo.

Los privilegios más antiguos los encontramos en la República de Venecia en 1469, como un derecho de explotación exclusivo a Giovanni da Spira, quien había introducido la imprenta en Venecia para publicar las cartas de Cicerón y Plinio.

En 1557 se instituyó en Inglaterra un privilegio real a favor de la Stationers Company, a la que se le aseguraba, por este privilegio, el monopolio en la publicación de los libros.

Pero no es hasta el siglo XVIII y en Inglaterra, cuando encontramos los orígenes de los derechos, ya no de los impresores sino de los autores.

La primera norma concreta referida a los derechos de Propiedad Intelectual de los autores fue el Estatuto de la Reina Ana (*Statute of Ane*) que, en 1710, aprobó el Parlamento Británico y que reemplazó a los privilegios de la Stationer Company.

Esta primera normativa estableció que el autor de un escrito era su dueño, y determinó una protección para estos autores sobre las obras publicadas hasta ese momento de 21 años, y para las que se publicasen a partir de entonces un plazo de

[2] LIPSZYC, Delia, *Derecho de autor y derechos conexos,* Ediciones Unesco-Cerlalc-Zavalia, Buenos Aires, 2007, pág. 39.

[3] Mensaje del 27/5/2003 ante la Asamblea General de la OMPI. Fuente: http://www.wipo.int/edocs/prdocs/es/2003/wipo_pr_2003_348.html).

copyright de 14 años, que se renovaba por otros 14 años si el autor se mantenía con vida.

Éste fue el primer reconocimiento legal de los derechos de los autores, derechos que la jurisprudencia pocos años después, en 1774, extendió a los editores.

Los Estados Unidos incorporaron los principios del Estatuto de la Reina Ana en su Constitución de 1787, estableciendo los derechos patrimoniales sobre las obras creadas y por un tiempo determinado, afirmando así el concepto del copyright, que luego en 1790 se plasmó en la Federal Copyright Act.

En Francia también existieron privilegios a favor de los impresores y libreros, que se fundamentaban, tanto en los privilegios reales, como en la adquisición de los manuscritos de las obras a los autores, pero ese sistema se enfrentó a comienzos del siglo XVIII con la idea de suprimir esos privilegios otorgados por el Estado y sustituirlos por la noción de propiedad intelectual, en donde era a los autores a quienes se concedía el derecho.

Fue así como, en 1777, Luis XVI aprobó seis decretos en donde se sentaron las bases del régimen de los derechos de autor, al reconocerles a los autores derechos perpetuos sobre sus obras, y a los editores derechos limitados y supeditados a la transferencia de la obra por parte del autor.

Finalmente en Francia en 1793, luego de la Revolución Francesa, la Asamblea Nacional sancionó la ley de derechos de autor (*Loi du droit d'auteur*), de clara orientación individualista, dando así nacimiento al concepto de derechos de autor como protección de los derechos tanto patrimoniales como morales de los autores sobres sus obras.

La ley francesa establecía en el art. 1: "Los autores de escritos de todo género, los compositores de música, los pintores y dibujantes que hicieran grabar cuadros o dibujos gozarán durante toda su vida del derecho exclusivo de hacer vender y difundir sus obras en el territorio de la República y cederla".

Nace a partir de allí en Francia la recepción de los derechos morales que tienen los autores sobre sus obras, derechos éstos que hasta ese momento no habían sido reconocidos, ya que el reconocimiento para el autor era sólo hasta entonces sobre los derechos patrimoniales.

La Argentina siguió el modelo francés e, inspirándose en la *Loi du droit d'auteur*, dictó en 1910 su primer ley de Propiedad Intelectual, la 7092, que en 1933 fue reemplazada por la actual ley 11.723, que ha sufrido desde entonces escasas modificaciones.

Destaco que, con anterioridad a estas leyes, los problemas generados por los derechos de autor se resolvían conforme al texto del art. 17 de la Constitución Nacional, el Tratado de Montevideo sobre Propiedad Literaria y Artística, suscripto en agosto de 1888 y aprobado por la ley 3192 de diciembre de 1894, y por las normas del derecho común, en particular el Código Civil.

La ley 11.723, que fue sancionada el 26 de septiembre de 1933, sobre un proyecto de la Comisión Especial Parlamentaria que tomó en consideración los Proyectos de Ley de los diputados Roberto Noble y Domingo Rodríguez Pinto y del senador Matías Sánchez Sorondo, parte sin duda del precepto constitucional del art. 17 en cuanto establece que: "...Todo autor o inventor es propietario exclusivo de su obra, invento o descubrimiento, por el término que le acuerde la ley...".

Toma en cuenta también el art. 2312 del Código Civil que da reconocimiento a los bienes inmateriales, al establecer: "Los objetos inmateriales susceptibles de valor, e igualmente las cosas, se llaman 'bienes'. El conjunto de los bienes de una persona constituye su 'patrimonio'".

Es un cuerpo normativo ágil, y se podría decir que moderno para su época, y fue reglamentado por el decreto 41.333 del año 1934. A partir de entonces se han dictado algunas normas complementarias, modificatorias o reglamentarias del sistema.

La Argentina también ha aprobado legislativamente varios tratados internacionales, entre ellos el Convenio de Berna para la Protección de las Obras Literarias y Artísticas (Acta de París de 1971)[4], la Convención para la protección de los artistas intérpretes o ejecutantes, los productores de fonogramas y los organismos de radiodifusión de 1961 y conocida como Convención de Roma[5], el Acuerdo sobre los Derechos de Propiedad Intelectual Relativos al Comercio (TRIPS/ADPIC)[6] y los Tratados de la OMPI de 1996, conocidos como los Tratados Internet[7], lo que ha producido que algunas normas de esos acuerdos internacionales, en la medida de su operatividad, han pasado a ser normas legales en la Argentina, derogando incluso algunos artículos de la ley 11.723, ello por imperio de lo establecido en el art. 75, inc. 22, de la Constitución Nacional, incorporado a nuestra Carta Magna por la reforma constitucional de 1994, que establece que los tratados internacionales tienen jerarquía superior a las leyes.

Pese a ello, estimo que el régimen argentino requeriría una modificación tanto con la finalidad de aclarar conceptos oscuros y a veces hasta contradictorios, como a fin de adecuarlos a los requerimientos e instituciones de la época actual.

Por otra parte, y como veremos, la Argentina en los convenios internacionales suscriptos se ha obligado a incorporar a la legislación de propiedad intelectual una serie de instituciones y principios, obligación ésta que en algunos casos hasta el presente no se ha hecho efectiva, y que nos coloca en una situación de falta frente a la comunidad internacional.

[4] Convenio de Berna para la Protección de las Obras Literarias y Artísticas del 9 de septiembre de 1886, completado, revisado y enmendado en 1896, 1908, 1914, 1928, 1948, 1967 y 1971, que fue ratificado por la ley 25.140.

[5] Convención para la protección de los artistas intérpretes o ejecutantes, los productores de fonogramas y los organismos de radiodifusión de 1961 y conocida como Convención de Roma, ratificada por ley 23.921

[6] ADPIC (Acuerdo sobre los Derechos de Propiedad Intelectual Relativos al Comercio) también conocido como TRIPS (Trade Related Aspects of Intellectual Property Rights), suscripto en Marrakech en abril de 1994 y que fue aprobado por la Argentina por ley 24.425.

[7] Tratado de la OMPI sobre Derecho de Autor de 1996 (WTC) y Tratado de la OMPI sobre Interpretación o Ejecución y Fonogramas de 1996 (WPPT), conocidos como los tratados Internet, que fueron ratificado por la ley 25.140

Capítulo II

ÁMBITO DE APLICACIÓN DE LOS DERECHOS DE AUTOR

1. Obras protegidas

Nuestra ley 11.723, en su texto original sancionado en el año 1933, establecía en el art. 1° que, a los efectos de la ley, las obras científicas, literarias y artísticas comprenden una serie de obras enumeradas en un listado de las obras protegidas, mencionando así:

- los escritos de toda naturaleza y extensión;
- las obras dramáticas, composiciones musicales, dramático-musicales;
- las cinematográficas coreográficas y pantomímicas;
- las obras de dibujo, pintura, escultura, arquitectura;
- modelos y obras de arte o ciencia aplicadas al comercio o a la industria;
- los impresos, planos y mapas;
- los plásticos, fotografías, grabados y discos fonográficos.

Finalizando la enumeración: "..., en fin: toda producción científica, literaria, artística o didáctica sea cual fuere el procedimiento de reproducción".

Como vemos por la frase final, la enumeración de obras protegidas no es taxativa sino meramente enunciativa, y se corresponde con el art. 2° del Convenio de Berna, que establece en su primera parte:

> "Los términos 'obras literarias y artísticas' comprenden todas las producciones en el campo literario, científico y artístico, cualquiera que sea el modo o forma de expresión, tales como los libros, folletos y otros escritos; las conferencias, alocuciones, sermones y otras obras de la misma naturaleza; las obras dramáticas o dramático-musicales; las obras coreográficas y las pantomimas; las composiciones musicales con o sin letra; las obras cinematográficas, a las cuales se asimilan las obras expresadas por procedimiento análogo a la cinematografía; las obras de dibujo, pintura, arquitectura, escultura, grabado, litografía; las obras fotográficas a las cuales se asimilan las expresadas por procedimiento análogo a la fotografía; las obras de artes aplicadas; las ilustraciones, mapas, planos, croquis y obras plásticas relativos a la geografía, a la topografía, a la arquitectura o a las ciencias."

En el año 1989, la ley 23.741 sustituyó la expresión "discos fonográficos" por la palabra "fonogramas", ya que el término discos fonográficos refería más al soporte material que al real significado de la obra musical protegida en el art. 1° que menciona: "...obras dramáticas, composiciones musicales...".

El término fonograma refiere a la primera fijación de una obra exclusivamente sonora, y como tal es un bien intangible.

Muchas veces se confunde el término refiriéndolo como sinónimo de disco, casete, cd, etc., cuando su significado es diferente.

El disco, casete o cd son los soportes materiales donde se ha fijado el fonograma.

Un disco, casete o cd contienen un fonograma, pero no son un fonograma.

La ley 25.036, sancionada en noviembre de 1998, y conocida como Ley del Software, incorporó al listado del art. 1° de la ley 11.723 a los programas de computación fuente y objeto y las compilaciones de datos o de otros materiales.

De esta forma se dio expresa protección penal frente al copiado de software, protección que la jurisprudencia había negado por considerar que la falta de mención del software en la enumeración del art. 1° de la ley privaba de tipicidad penal a la conducta de reproducción indebida de software, tipicidad penal que existía en cambio en la ley para los demás casos previstos expresamente por el artículo primero.

Recordemos que hasta ese momento si bien el software se consideraba protegido por los derechos de autor en sus aspectos civiles, por considerárselo incluido en la mención final del art. 1°: "... en fin: toda producción científica, literaria, artística o didáctica sea cual fuere el procedimiento de reproducción", no ocurría lo mismo en el ámbito penal, en donde la jurisprudencia había rechazado su protección por considerar que la falta de inclusión expresa en la enumeración del art. 1°, no le otorgaba la tipicidad penal exigida por el régimen penal[1].

Con el dictado de esta ley también nuestro país dio cumplimiento a las obligaciones que había asumido en el ADPIC y en el Tratado de la OMPI sobre Derecho de Autor de 1996 (WTC), en cuanto a que las obras de software (programas de ordenador, sean programas fuente o programas objeto en la terminología del art.10 párrafo 1 del ADPIC), y las bases de datos y demás compilaciones de datos o de otros materiales, serían protegidas mediante el derecho de autor y que se aplicarían también a ellos las disposiciones del Convenio de Berna.

Destaco que con esta incorporación del software dentro del régimen de los derechos de autor, se reafirmó la postura de la legislación argentina que no admitía el patentamiento de las obras de software. Recordemos al respecto que el art. 6° de la Ley 24.481 de Patentes establece que no se consideran invenciones, y por tanto no son patentables, los programas de computación. Esta postura de la ley argentina difiere de la de otras legislaciones, fundamentalmente la de países exportadores de software como EE.UU. y Japón, que desde hace no muchos años, protegen al software dentro del régimen de patentes, a fin de tener así una mayor protección.

[1] Cámara de Casación Penal, PELLICORI, Oscar y otros, *ED*. 176-240.

Vemos así cómo la ley 11.723 enumera en el art. 1° a las obras protegidas, enmarcándolas dentro del concepto de obra científica, literaria, artística o didáctica, pero no nos da el concepto de qué se entiende por tal tipo de obras.

Miguel Ángel Emery, citando a Satanowsky, nos dice que "toda la doctrina está conteste en que debe tratarse siempre de una expresión personal, original y novedosa de la inteligencia, resultado de la actividad del espíritu, que tenga individualidad, que represente o signifique algo y sea una creación integral"[2].

Por su parte, la Cámara Comercial ha dicho:

> "Es sabido que la ley 11.723 no define qué debe entenderse por obra o producción científica, literaria o artística, ni tampoco indica los requisitos que aquellas mismas han de reunir para merecer su protección. El art. 1° contiene una enumeración general, pero no taxativa, por lo que entran en su ámbito todas las obras intelectuales que constituyan una creación personal y original del espíritu"[3].

La ley extiende su protección a todas las obras intelectuales, en la medida en que constituyan creaciones personales y originales del espíritu, y aun en el caso de que no estén incluidas en la enumeración del art. 1° que, como ya dije, no es una enumeración taxativa sino meramente enunciativa.

La jurisprudencia ha establecido que son los jueces quienes están facultados para determinar si se dan estas características que configuran a la obra protegida, y por lo tanto para que proceda la protección legal[4].

2. Las ideas no están protegidas

Debo destacar también que el objeto de los derechos de autor no son las ideas en su sentido abstracto, sino que el objeto de la protección se dirige hacia la forma original que los autores han desarrollado de esas ideas.

Como bien señala Pablo Palazzi:

> "El Derecho de Autor ampara exclusivamente las obras, que son la expresión de una idea, pero no la idea en sí misma considerada... La exclusión de las ideas y demás conceptos afines del dominio del Derecho de Autor se funda en promover un balance justo y adecuado en los derechos que otorga esta propiedad intelectual. Si el derecho amparara las ideas, se estaría dando al titular de una obra un derecho mucho mayor que la obra en sí: se impediría el desarrollo de obras ulteriores que podrían ser fruto de

[2] Emery, Miguel Angel, *Propiedad Intelectual Ley 11.723*. Editorial Astrea, Buenos Aires, 1999, pág. 11.

[3] CNCiv. Sala D, abril 30-974, Guía Práctica del Exportador e Importador S.R.L. c. Empresa I.A.R.A. y otro, *LL* 155-533.

[4] CNCont.Adm.Fed., Sala III, Cuinat, Alberto c. Ministerio de Bienestar Social (Lotería de Beneficencia Nacional y Casinos), 7/7/1983, *ED* 114/681.

la propia expresión del nuevo autor, elaboradas en forma independiente, pero con base en una idea similar"[5].

Coincido plenamente con Palazzi. El fundamento de este principio de no protección de las ideas está dado por el justo equilibrio que debe existir entre el derecho del autor y el derecho de la comunidad. Se ampara la producción intelectual resultante de una idea, pero no se ampara esa idea, ya que si así fuera se impediría el posible desarrollo de otras producciones intelectuales, derivadas también de esa idea.

La ley 11.723 en su texto original nada establecía sobre esta cuestión, que no fue incluida sino hasta la reforma introducida en el año 1998 por la ley 25.036, donde se estableció claramente en la parte final del artículo 1°:

> "... La protección del derecho de autor abarcará la expresión de ideas, procedimientos, métodos de operación y conceptos matemáticos pero no esas ideas, procedimientos, métodos y conceptos en sí."

La norma es clara: la idea no tiene protección, lo que se protege es la forma en que la idea se expresa.

Las ideas en sí mismas	→	no están protegidas
Las obras resultado de la expresión de las ideas	→	están protegidas

A nivel internacional, el Convenio de Berna tampoco establecía nada al respecto. El tema fue tratado sólo en el Acuerdo ADPIC de 1995, en el cual en su artículo 9.2 se dispuso: "La protección del derecho de autor abarcará las expresiones pero no las ideas, procedimientos, métodos de operación o conceptos matemáticos en sí".

Posteriormente el Tratado de la OMPI sobre derecho de autor de 1996 reprodujo tal principio en forma idéntica, estableciendo también en su artículo 2: "La protección del derecho de autor abarcará las expresiones pero no las ideas, procedimientos, métodos de operación o conceptos matemáticos en sí".

Como vemos, el párrafo incluido en la ley 11.723 por la ley 25.036 fue tomado casi textualmente de las referidas normas convencionales internacionales, y encuentra también su similar norma en la legislación norteamericana en la Ley de Copyright, que establece: "En ningún caso, la protección acordada por el copyright a la obra original de un autor puede extenderse a las ideas, procedimientos, procesos, sistemas, métodos operatorios, conceptos, principios o descubrimientos, cualquiera que sea la forma en que ellos sean descriptos, explicados, ilustrados o incorporados en tal obra".

[5] PALAZZI, Pablo, *La exclusión del régimen de Derechos de Autor de las ideas, sistemas, métodos, aplicaciones prácticas y planes de comercialización*. Centro de Tecnología y Sociedad de la Universidad de San Andrés – 2009 (Inédito).

La jurisprudencia argentina, salvo algunos casos aislados, siempre aceptó tal principio, rechazando el amparo de las ideas como derechos de autor, distinguiendo claramente entre ideas y obras, y estableciendo que la ley protege sólo a las segundas, y que por lo tanto las ideas que no están plasmadas en una obra intelectual no tienen la protección de los Derechos de Autor.

La excepción la constituyen algunos pocos casos, entre los que sobresale el caso Pantano c. Jockey Club.

En ese caso el actor registró y depositó como obra inédita y bajo la denominación "memoria descriptiva de aplicación comercial", la inclusión del "placé" en el sistema de la apuesta triple de los hipódromos. Luego de ello presentó la idea entre otros al Jockey Club, que al tiempo implementó esta modalidad de apuesta, pero se negó a retribuir al autor. Éste demandó judicialmente y obtuvo sentencia favorable en ambas instancias, sentencia que condenó al Jockey Club a abonar al actor una importante suma en concepto de indemnización, basada en la pericia contable realizada en el juicio que demostraba un aumento importante en la apuesta triple, desde el momento en que se había implementado la idea de Pantano. En los fundamentos del fallo, la Cámara expresó:

> "La creación del actor a la que él califica impropiamente y con modestia 'idea' fue eso y algo más que eso, puesto que lo que él ofreció a la demandada fue la manifestación material de su pensamiento, fue su obra intelectual cuya aptitud para ser reproducida y utilizada, como lo fue, es prueba de la causa de autos, cuyo sustento está en la previa registración y posterior oferta a quien estaba en condiciones de utilizarla beneficiándose"[6].

Este fallo de la Cámara fue criticado por casi toda la doctrina, y distintas fueron las soluciones dadas por los Tribunales en otros numerosos reclamos judiciales relacionados con sistemas de juegos, tal por ejemplo el caso: Vivas, Carlos R. c. Lotería Nacional S.E., en donde se estableció:

> "Corresponde confirmar el pronunciamiento que rechazó la demanda de daños y perjuicios interpuesta contra la Lotería Nacional por explotar un juego que el actor había registrado, con otro nombre, como obra intelectual en la Administración General de la Propiedad Intelectual de España –en el caso, la demandada explotaba el juego conocido como 'loto' y el actor había registrado bajo el nombre de 'Bola Bin' un juego similar–, pues la obra que presentó el accionante no tiene 'individualidad propia y trascendente', ya que el texto registrado reproduce procedimientos y reglas similares a las utilizadas en otros juegos de azar instrumentados desde larga data en otros países"[7].

[6] CNCivil. Sala C, 19.04.1974, Pantano, Juan, c. Jockey Club de Buenos Aires, *LL*, 155-81.

[7] CNFed. Civ. y Com., Sala I, 2004/06/03, Viva, Carlos R. c. Lotería Nacional S.E., *LL* 2004-F, pág. 526.

Las ideas no pueden considerarse obras, y si se otorgase derechos exclusivos sobre esas ideas, se atentaría contra el interés general, ya que se frenaría el desarrollo de esas ideas en obras concretas.

Las ideas no son apropiables, estén o no materializadas en una obra, y lo que se protege es esa obra en la que se materializa la idea.

La jurisprudencia ha dicho también:

> "La Ley de Propiedad Intelectual protege sólo la forma, el modo de expresión, dejando dentro del dominio público la idea, la cual sí integra el fondo común de la humanidad"[8].

Ésta es una de las bases fundamentales de los derechos de autor, lo que sin embargo ha provocado reiterados debates en oportunidades que autores han reclamado por plagio, discutiéndose entonces si lo que se repetía era la concreción de una idea en cuyo caso existía el plagio, o lo que se repetía era simplemente la idea, que, al no pertenecer a nadie, no podía ser objeto alguno de plagio.

La Cámara Civil ha expresado a este respecto:

> "Como sostiene mayoritariamente la doctrina, el plagio no existe cuando en una obra sólo se apropian las ideas, pensamientos o sujetos generales de otra creación, desde que puede existir similitud y hasta identidad de esos elementos sin que exista plagio; ello así por cuanto la idea no tiene autor, a nadie pertenece en exclusividad ni persona alguna puede ejercer monopolio sobre ella"[9].

La línea divisoria entre idea y obra muchas veces es muy sutil, y marca por ejemplo un conflicto común relacionado con el tema y es el referido a los nuevos métodos, sistemas o planes de comercialización. Pareciera que el que ha ideado un nuevo método, sistema o plan, debiera gozar de la protección de los derechos de autor. Sin embargo, la jurisprudencia, ante tales reclamos, ha rechazado muchas veces las pretensiones en la medida en que no se hayan expresado concretamente en forma individual y original, aceptando en cambio la protección cuando el método, sistema o plan era más que una idea ya existente, ya que se encontraba desarrollada concretamente. Igual criterio se adoptó cuando se demostró la existencia de un plagio doloso sobre una obra intelectual.

Recientemente en el fallo Torbey c. Telecom, se efectuó un interesante análisis en un reclamo de protección de derechos sobre un plan de comercialización.

En el año 2000 un empleado de Telecom presentó un proyecto a la empresa, que consistía en un plan familiar de telefonía que proponía a los clientes una tarifa reducida para los llamados entre una línea fija y líneas de celulares del grupo. Al tiempo Telecom lanzó su "Plan Grupo Familiar", que en sustancia era

[8] CNCivil Sala C, septiembre 21-971, Martinoli, Carlos c. Rigual Rodriguez, Carlos A., *ED*, 41-503

[9] CNCivil Sala A, 31/10/1989, Nop SRL c. Normas Económicas SRL, *ED*, 136-154.

casi idéntico al proyecto del actor, pero no le reconoció la paternidad de la obra ni ninguna compensación económica.

Promovida acción judicial de daños y perjuicios derivados del presunto plagio, se hizo lugar en primera instancia a la demanda y recientemente la Cámara Civil confirmó el fallo, en donde si bien reitera el principio de la libertad de las ideas, consideró además que el plan de comercialización presentado por el actor era más que una idea ya que estaba desarrollada concretamente por escrito en forma original y consecuentemente se lo podía calificar como obra intelectual protegible bajo el régimen del derecho de autor.

Dijo allí la Cámara Nacional Civil:

> "Para que se configure el plagio es necesario que: a) la obra conforme una imitación, es decir, algo más que una inspiración y menos que una copia servil; b) la parte imitada constituya fundamento original y novedoso de la creación que ha dado nacimiento al derecho de autor; y c) lo imitado no sea la idea sino la línea argumental, la composición del plan o el desarrollo original dado a la acción.
>
> Cabe considerar que, en el caso, se encuentran configurados todos los elementos tipificantes del plagio, ya que de las pruebas aportadas surge que la empresa demandada ha imitado el desarrollo de un plan de comercialización original y propio de la creación del actor. El dolo resulta necesario para tipificar el plagio, pues es ineludible el conocimiento de que existe otra obra anterior cuya parte original es apropiada. Puesto que, en el caso, no cabe duda de que la demandada conocía que el producto comercializado consistía en una burda imitación del proyecto presentado por el actor, cabe concluir que el plagio resulta evidente, ya que su dolo o mala fe surge del conocimiento de la obra plagiada. En efecto, cuando resultare claramente la usurpación o apropiación indebida, no hacen falta excesivas indagaciones para determinar los propósitos del plagiario, sino que basta la imitación, la cual crea contra este último la presunción de mala fe, que resulta del conocimiento del derecho que usurpa. El autor de una obra intelectual tiene derecho al beneficio que hubiera podido obtener de no mediar la utilización ilícita o la mejor remuneración que hubiera podido percibir de haber autorizado la explotación; por esta razonable alternativa se evita que sea más beneficioso infringir el derecho de autor que respetarlo, pues si el utilizador paga un precio más bajo en juicio que negociando con el titular del derecho se alientan las infracciones"[10].

Creo que este fallo sigue la línea argumental del fallo Pantano c. Jockey Club antes comentado y que dije fue criticado por casi toda la doctrina. Considero que es, como en el caso de Pantano, una nueva y peligrosa excepción al principio de

[10] CNCivil. Sala K, 19/2/2009 – Torbey, Salid H v.Telecom Personal. S.A. *El Derecho,* 7.9.2009

que las ideas no se encuentran protegidas. Quizá pudo haberse hecho lugar a la demanda, pero por vía del enriquecimiento sin causa, pero no amparando a la idea de un plan de comercialización como si fuera una obra amparada por el régimen de los derechos de autor.

3. La creatividad y originalidad

Otras condiciones necesarias que debe tener la obra objeto del derecho de autor son la creatividad y la originalidad.

No existe obra protegible si esa obra no es original en el sentido de su individualidad creativa.

En mi entender no es absolutamente necesario, como en el régimen de patentes de la Propiedad Industrial, que la obra sea novedosa. La novedad no es condición necesaria, pero la originalidad o individualidad es requisito insustituible, y podríamos decir que una obra es original cuando expresa de alguna manera, en mayor o menor medida, el espíritu creador del autor sobre un tema o una idea, novedosa o no.

Alguna vez se ha confundido esta originalidad que debe poseer la obra con la necesidad de que la obra tenga un determinado valor o una extensión mínima.

Creo que son dos cosas diferentes. La obra puede ser original y estar protegida de la misma forma si contiene un alto estándar de calidad, o de extensión, como si no lo contiene. Ambas son obras protegidas por la ley en la medida en que sean una expresión personal, integral y original, resultado de la actividad del espíritu.

Como tan bien nos dice Piola Caselli:

> "Cada trabajo creativo, aunque pequeño, así como todo pequeño bien, puede pretender la tutela del derecho"[11].

La protección no apunta a las cualidades intrínsecas de la obra, y aun las obras de escasa calidad o extensión están protegidas si son personales, integrales, creativas y son el resultado de la actividad intelectual de su autor.

La Cámara Nacional en lo Civil ha expresado:

> "... La originalidad de la obra intelectual, necesaria para su protección legal, no requiere ser absoluta, pues basta que medie un aporte personal del espíritu de carácter intelectual –literario, artístico, musical o técnico–, que distinga a lo creado de los elementos o ideas que se conocían y que se utilizan cambiándolos de un modo distinto, aunque el enriquecimiento del caudal cultural anterior sea de modesta magnitud..."[12].

[11] Caselli, Eduardo Piola , *Trattato del Diritto di Autore e del Contratto di Edizioni*, Unione Tipográfico Editrice Torinese, 1927, pág. 69.

[12] CNCiv., Sala D, 24.2.97, A.G.I.S.A. c.Kaiser, Alberto, La Ley 1998-D, 483.

También nuestros tribunales han establecido:

"Cabe recordar que para que una obra intelectual esté protegida, la originalidad o individualidad no requiere novedad temática; basta 'que exprese lo propio del autor, que lleve la impronta de su personalidad' (Delia Lipszyc, *Derechos de autor y derechos conexos*, Bs. As., Ed. Unesco-Cerlalc-Zavalía, 1993, págs. 65/66), porque en el derecho de autor el término creación no tiene el significado corriente de sacar algo de la nada ni es necesario que la inspiración del autor esté libre de toda influencia ajena, por lo que aun cuando se utilizan ideas 'viejas' la creación no se afecta, desde que sólo es necesario que la obra sea distinta de las que existían con anterioridad, que no sea una copia o imitación de otra, para lo cual no cuenta el valor cultural o artístico que pueda tener ni el mérito que le adjudique cada uno según sus propios gustos"[13].

Me atrevo a decir que así como la originalidad es la característica de la obra protegida por los derechos de autor, la novedad y la distintividad son en cambio las notas que caracterizan al derecho de patentes y al derecho de marcas y que no son necesarias en los derechos de autor.

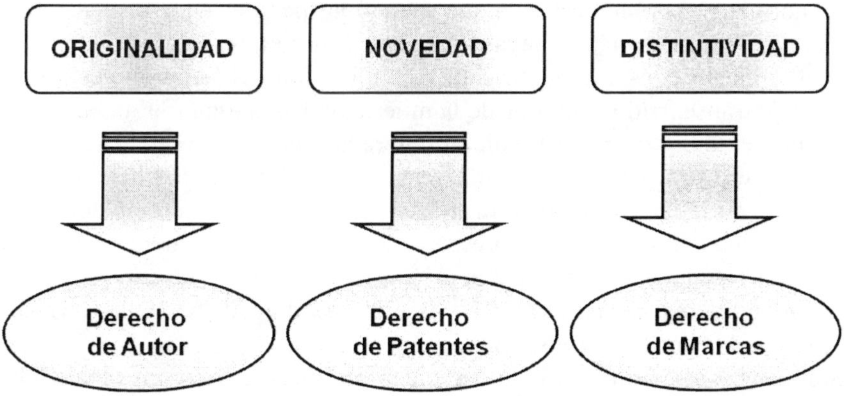

Por último vale decir que la originalidad que la ley exige como condición para que se dé una obra intelectual protegida, debe presumirse, debiendo cargar con la prueba de su inexistencia quien la niega, tal como lo ha expresado la Justicia[14].

[13] CNCiv., Sala G, 14.1093, Waveluk, Maria c. Iglesia Ortodoxa, JA 1995-II-367.

[14] CNCiv., Sala F, 3.12.2001, Taggino, José M. C. Arte Gráfico Editorial Argentina, La Ley 2001. F 824.

4. ALGUNOS CASOS PARTICULARES DE PROTECCIÓN. EL RETRATO FOTOGRÁFICO Y LAS CARTAS

Me referiré ahora a dos supuestos de protección que la ley trata en particular, como son los casos del retrato fotográfico y las cartas.

La temática del retrato está regulada en los arts. 31, 33 y 35 de la ley y por su parte los arts. 32, 33 y 35 se ocupan del tema de las cartas.

Con relación al retrato fotográfico y resumiendo las normas, puedo decir que la ley protege especialmente al retrato fotográfico de las personas, disponiendo que éste no puede se puesto en el comercio sin el consentimiento expreso de la persona retratada, y muerta ésta, de su cónyuge e hijos o descendientes directos de éstos o en su defecto del padre y de la madre. No existiendo estas personas la publicación del retrato es libre.

También dispone que la persona que haya dado su consentimiento puede revocarlo, pero debe resarcir los daños y perjuicios, y que es libre la publicación del retrato cuando se relacione con fines científicos, didácticos y en general culturales, o con hechos o acontecimientos de interés público o que se hubieran desarrollado en público.

La normativa también estipula que cuando las personas cuyo consentimiento sea necesario, sean varias, y haya desacuerdo entre ellas, resolverá la autoridad judicial, y que el consentimiento para la publicación del retrato no es necesario después de transcurridos 20 años de la muerte de la persona retratada.

Como vemos, y como lo ha dicho reiterada y calificada doctrina, lo que se trata de preservar acá no es un derecho de propiedad intelectual del autor de una obra fotográfica, que como tal entra en la enumeración y protección del art. 1° de la ley, sino que lo que se trata de preservar es el derecho de la persona fotografiada, en otros términos: el derecho a la propia imagen, que como tal está amparado por el amplio derecho a la intimidad y la privacidad de las personas, que integra el campo de los derechos personalísimos.

Son dos cosas distintas y fácilmente confundibles: el fotógrafo realizador de la obra posee los derechos de autor sobre su obra fotográfica que le da el art. 1° de la ley 11.723 y por el plazo que la ley le otorga, que veremos más adelante.

La persona fotografiada no posee derechos de autor, sino que posee una serie de derechos sobre su imagen, que son los regulados por estos arts. 31, 33 y 35, y que no atañen a los derechos de autor, sino que se refieren a derechos de privacidad e intimidad.

La jurisprudencia ha dicho claramente:

> "La protección legal de los derechos de la persona fotografiada o de sus derechohabientes, fallecida aquélla, hállase asegurada civilmente por el art. 31 de la ley 11.723 y no por el art. 1° de dicha ley. El fundamento de la protección civil de tipo resarcitorio que nace del art. 31 de la ley 11.723

es el derecho a la propia imagen, con prescindencia de lo artístico y técnico, para considerar solamente el bien personalísimo que significa"[15].

Recordemos por otra parte que el art. 1071 bis del Código Civil establece que

> "El que arbitrariamente se entrometiere en la vida ajena, publicando retratos, difundiendo correspondencia, mortificando a otros en sus costumbres o sentimientos, o perturbando de cualquier modo su intimidad, y el hecho no fuere un delito penal, será obligado a cesar en tales actividades, si antes no hubieren cesado, y a pagar una indemnización que fijará equitativamente el juez, de acuerdo con las circunstancias; además, podrá éste, a pedido del agraviado, ordenar la publicación de la sentencia en un diario o periódico del lugar, si esta medida fuese procedente para una adecuada reparación".

El término utilizado por la ley es el de retrato fotográfico. El concepto de imagen es más amplio que el de retrato, pero la jurisprudencia y doctrina han establecido que el concepto de imagen es comprensivo no sólo del retrato, sino también de cualquier otra forma gráfica que reproduzca o pretenda reproducir a una determinada persona.

Con relación a las cartas, la normativa establece que el derecho de publicar las cartas pertenece al autor. Después de la muerte del autor es necesario el consentimiento de las mismas personas mencionadas en el caso de la publicación del retrato. Que cuando las personas cuyo consentimiento sea necesario para la publicación de las cartas sean varias, y haya desacuerdo entre ellas, resolverá la autoridad judicial.

También se establece que para la publicación de una carta, el consentimiento no es necesario después de transcurridos 20 años de la muerte del autor de la carta. Esto aún en el caso de que la carta sea objeto de protección como obra, en virtud de la ley.

Si bien la carta puede constituir una obra intelectual y estar entonces amparada por los derechos de autor conforme al art. 1° de la ley, lo que aquí en los arts. 32, 33 y 35 se regula, está también relacionado con la preservación de la intimidad y la privacidad de las personas.

La Constitución Nacional consagra en el art. 18 el principio de la inviolabilidad de la correspondencia epistolar y de los papeles privados, y el Código Penal tipifica el delito de violación de la correspondencia en los arts. 153 y siguientes, delito que incluso hoy se ha extendido a la violación del correo electrónico a partir de la Ley 26388 de Delitos Informáticos que modificó el Código Penal.

[15] CNCrim. y Correc. Sala I, 14/3/1972, Rada Orlando, *ED,* 43-365.

Capítulo III

TITULARES DE LOS DERECHOS Y DURACIÓN DE LA PROTECCIÓN

1. Titulares de los derechos de propiedad intelectual

El art. 4° de la ey enumera a los titulares de los derechos de propiedad intelectual, y el art. 3° se refiere a la titularidad sobre las obras anónimas o seudónimas.

De allí que podamos decir que los titulares de los derechos son:

- El autor de la obra.
- Los herederos o derechohabientes del autor.
- Los que con permiso del autor la traducen, refunden, adaptan, modifican o transportan sobre la nueva obra intelectual resultante.
- Las personas físicas o jurídicas cuyos dependientes contratados para elaborar un programa de computación hubiesen producido un programa de computación en el desempeño de sus funciones laborales, salvo estipulación en contrario.
- El editor de una obra anónima o seudónima. El art. 3° menciona que al editor de una obra anónima o seudónima le corresponden los derechos del autor, quien podrá recabarlos para sí justificando su personalidad. Agrega que los autores que empleen seudónimos los pueden registrar, adquiriendo la propiedad de éstos.

A. Autores y coautores. Obra en colaboración y obra colectiva

El autor es el titular originario de la obra que ha creado y a él está dirigida la mayor parte de la protección que otorgan los derechos de autor. Esa protección se refiere, como veremos más adelante, a los derechos morales y patrimoniales que el autor tiene sobre su obra.

Como creador de la obra, el autor merece que el régimen legal lo proteja y ampare, para de esta forma recibir un premio por la labor intelectual realizada y un incentivo para seguir produciendo obras intelectuales.

El régimen de la ley 11.723 está fundamentalmente dirigido a la defensa de los derechos del autor sobre su obra.

El autor es la persona física que crea la obra por sí mismo en forma exclusiva.

Cuando el autor elabora la obra en común con otras personas, aparecen:

- la obra en colaboración;
- la obra colectiva.

La obra en colaboración es la producida por dos o más autores, y en la cual existe una inseparabilidad de las contribuciones individuales de cada autor que convergen en una sola obra de carácter común, no pudiendo separarse esas diversas contribuciones ni considerárselas creaciones independientes. A cada uno de los contribuyentes en este tipo de obras se los denomina creadores en colaboración o coautores, y entre ellos existe un condominio sobre la obra, al que rigen las normas del Código Civil.

Un caso particular de obra en colaboración es la obra cinematográfica, tema que trataremos más adelante en particular.

La obra colectiva es aquella en la que existen varias personas que participan en la elaboración de la obra, pero bajo la iniciativa y dirección de una de ellas, que es quien luego tiene la titularidad de los derechos sobre esa obra producida colectivamente entre varios. Acá también la obra se compone de una serie de contribuciones personales que, tal como en la obra en colaboración, no pueden separarse ni diferenciarse.

Como vemos, la diferencia fundamental entre obra en colaboración y obra colectiva radica en que en la primera todos los colaboradores son titulares del derecho o coautores, mientras que en la obra colectiva una de las personas que intervino en la creación de la obra toma la iniciativa y dirección y pasa a ser el titular del derecho sobre esa obra colectivamente producida entre varios.

No debemos confundir tampoco la obra en colaboración o la obra colectiva con la obra yuxtapuesta. En la obra yuxtapuesta existen dos obras que pueden ser interpretadas simultáneamente. El compositor escribe una melodía ajustada a una poesía, pero conserva su derecho sobre esa melodía. El autor de la poesía que es ejecutada juntamente con la melodía también conserva su derecho sobre el texto de la poesía. Ambas obras que conservan su individualidad configuran en determinados casos una obra yuxtapuesta.

Tampoco debemos confundir a la obra en colaboración o a la obra colectiva, con la obra derivada, que, como veremos al tratar el capítulo VI, es el resultado de la transformación por parte de su autor de una obra ya existente (obra derivada), o por parte de un tercero autorizado por su autor (obra derivada compuesta), o por parte del autor y un tercero o por parte de varias personas autorizadas por el autor (obra derivada compuesta en colaboración).

Obra exclusiva	▪ Una obra producida por un autor
Obra en colaboración	▪ Una obra producida por dos o más autores, con inseparabilidad de las contribuciones individuales ▪ Cada colaborador es coautor y titular de derechos
Obra colectiva	▪ Una obra producida por dos o más autores, con inseparabilidad de sus contribuciones ▪ La obra se realiza bajo la iniciativa y dirección de un colaborador ,que es el titular de los derechos
Obra yuxtapuesta	▪ Dos obras diferentes con sus respectivos autores, titulares de derechos, que pueden interpretarse simultáneamente
Obra derivada	▪ Obra resultado de la transformación de una obra ya existente, realizada por su autor, por un tercero o por su autor y un tercero

La ley 11.723 en sus arts. 16 al 19 y bajo el título "De la Colaboración", regula este tipo de obras en colaboración y colectivas..

"Art. 16.- Salvo convenios especiales los colaboradores de una obra disfrutan derechos iguales; los colaboradores anónimos de una compilación colectiva, no conservan derecho de propiedad sobre su contribución de encargo y tendrán por representante legal al editor.

Art. 17.- No se considera colaboración la mera pluralidad de autores, sino en el caso en que la propiedad no pueda dividirse sin alterar la naturaleza de la obra. En las composiciones musicales con palabras, la música y la letra se consideran como dos obras distintas.

Art. 18.- El autor de un libreto o composición cualquiera puesta en música, será dueño exclusivo de vender o imprimir su obra literaria separadamente de la música, autorizando o prohibiendo la ejecución o representación pública de su libreto y el compositor podrá hacerlo igualmente con su obra musical, con independencia del autor del libreto.

Art. 19.- En el caso de que dos o varios autores hayan colaborado en una obra dramática o lírica, bastará para su representación pública la autorización concedida por uno de ellos, sin perjuicio de las acciones personales a que hubiere lugar."

Entiendo que el autor debe ser necesariamente una persona física, pues no acepto que el acto creativo de la obra provenga de una persona jurídica. Algunas veces se ha hablado de que el Estado es el autor de los actos oficiales: leyes, decretos, tratados, sentencias. Creo que se trata de una mera ficción legal.

Debemos también distinguir el concepto de autor con el de titular de derechos de autor. Son dos conceptos distintos. El autor es el titular originario de los derechos de autor sobre la obra, pero pueden existir otras personas que sin ser autores son sí titulares de tales derechos, tal el caso de los herederos o de las personas (físicas o jurídicas) a las que el autor ha cedido o transferido total o parcialmente sus derechos sobre la obra.

El Convenio de Berna para la Protección de las Obras Literarias y Artísticas establece en su art. 15.1 una presunción de la calidad de autor a favor de quien aparezca con su nombre estampado en la obra.

La norma de Berna establece:

> "Para que los autores de las obras literarias y artísticas protegidas por el presente Convenio sean, salvo prueba en contrario, considerados como tales y admitidos, en consecuencia, ante los tribunales de los países de la Unión para demandar a los defraudadores, bastará que su nombre aparezca estampado en la obra en la forma usual. El presente párrafo se aplicará también cuando ese nombre sea seudónimo que por lo conocido no deje la menor duda sobre la identidad del autor".

Esta presunción, que obviamente admite prueba en contrario, fue receptada por muchas legislaciones. Nuestra ley no se encuentra entre ellas, pero entiendo que la presunción es plenamente vigente en el sistema argentino atento la aprobación del Convenio de Berna por la ley 25.140 y consecuentemente la validez de la norma de Berna para el sistema jurídico argentino.

B. Herederos o derechohabientes del autor

Ante el fallecimiento del autor, sus herederos o derechohabientes pasan a ser los titulares de los derechos que éste tenía sobre la obra, si bien no todos los derechos pasan a los herederos, ya que en principio sólo se transfieren a ellos los derechos patrimoniales y ciertos derechos morales, pero no todos.

No puedo dejar de señalar que la mayoría de los autores afirman que los derechos morales no son transmisibles a los herederos del autor.

Me permito discrepar con tal afirmación. Creo que algunos de los derechos morales del autor pasan a sus herederos, como continuadores de éste. Se transmiten así a los herederos, por ejemplo, el derecho de oponerse a la violación de la paternidad del autor sobre la obra y el derecho a defender la integridad de ésta.

La ley menciona los términos herederos o derechohabientes, entendiendo muchos que se trata de términos sinónimos. La propia ley incluso en algunos casos utiliza ambos términos como sinónimos (arts. 40, 45, 51, etc.).

Sin embargo, entiendo que los términos "derechohabiente" y "heredero" no son sinónimos, sino que se refieren a distintos titulares derivados de derecho de autor, siendo "heredero" aquel que resulta titular en virtud de una transmisión por causa de muerte, mientras que "derechohabiente" es quien resulta titular como consecuencia de un acto entre vivos, tal como enajenación o cesión total o parcial.

Hago presente que algunos autores interpretan que los derechohabientes son los sucesores por cesión de todos o algunos de los derechos intelectuales sobre la obra[1].

Tanto en el caso de los herederos como de los derechohabientes, si son varios, se crea una cotitularidad sobre los derechos a la cual entiendo deben aplicarse por analogía las normas del condominio del art. 2674 del Código Civil, pese a que para el Código Civil el condominio sólo existe sobre una cosa mueble o inmueble.

C. Titulares de obras derivadas

En tercer lugar, en el inc. *c)* del art. 4°, la ley menciona a los autores de la obra derivada, o sea a la obra que se basa en una obra preexistente (obra primigenia).

La ley nombra así a los traductores, los que refunden la obra, los que la adaptan, modifican o transportan. Todos ellos son titulares de los derechos sobre las obras en determinadas circunstancias que conciernen a su acción sobre la obra. Este tema será tratado más adelante en el capitulo VI al conciderar el tema del derecho de modificación, por lo que me remito a lo allí expresado.

D. Trabajador creador de obra de software

En cuarto lugar, en su inc. *d)*, la norma se refiere a un particular caso de creación de la obra de software. Esta parte del art. 4° de la ley, que fue incorporada en el año 1998 por la ley 25.036, establece que "son titulares del derecho de propiedad intelectual... Las personas físicas o jurídicas cuyos dependientes contratados para elaborar un programa de computación hubiesen producido un programa de computación en el desempeño de sus funciones laborales, salvo estipulación en contrario."

Entiendo que lo que la norma quiere significar es que si una empresa contrata a un trabajador, bajo relación de dependencia, para elaborar un programa, y durante su relación laboral el trabajador produce ése u otro programa, la titularidad del programa producido es propiedad de la empresa.

En este caso hay un desplazamiento del derecho patrimonial del autor sobre su obra hacia la empresa, desplazamiento que, personalmente entiendo, no incluye los derechos morales que continúan perteneciendo al autor.

[1] SATANOWSKY, Isidro, *Derecho Intelectual*, Tipográfica Editora Argentina, Buenos Aires, 1954, pág. 312.

Esta solución de la ley 11.723, consagra para la obra de software un principio diferente del establecido en el art. 82 de la Ley de Contrato de Trabajo, en donde se establece la propiedad por parte de la empresa de las invenciones o descubrimientos, fórmulas, diseños, materiales y combinaciones, pero solamente cuando el trabajador fue contratado para ese objeto específicamente, o sea para investigar o desarrollar una obra determinada. Esta norma de la Ley de Contrato de Trabajo indudablemente se aplica a todo tipo de obras excluyendo las de software, a las que sí se les aplica el art. 4° de la ley 11.723 antes comentado.

Esta sutil diferencia, entre la norma de la ley 11.723 y la de la Ley de Contrato de Trabajo, radica entonces en que para la ley 11.723, la propiedad de la obra de software pertenece a la empresa cuando el trabajador fue contratado para desarrollar un programa, sin importar si la nueva obra producida por el trabajador es la obra para la cual había sido contratado o es otra obra diferente.

En cambio, para la Ley de Contrato de Trabajo, para que la empresa sea la propietaria, la nueva obra debe ser el objeto del trabajo específico para el cual fue contratado el trabajador, pero si la nueva obra no integra el objeto de la contratación sobre la que tenía que desarrollar, la nueva obra es propiedad del trabajador y no de la empresa.

Cuando se discutió en la Cámara de Senadores en 1998 el proyecto de ley modificando la ley 11.723, el senador Yoma se opuso tenazmente a la redacción que tenía este art. 4°, con fundamento en que el mismo era contrario a lo dispuesto en la Ley de Contrato de Trabajo, en donde se indicaba que la propiedad era del trabajador, salvo aquel trabajo que le fue encomendado y para el que fue contratado. En tal sentido, el senador Yoma propuso modificar en el proyecto la referencia "cuyos dependientes contratados para elaborar un programa de computación hubiesen producido un programa de computación" por "cuyos dependientes contratados para elaborar un programa de computación hubiesen producido ese programa de computación". Tal postura, de modificar el término "un programa" por "ese programa", no fue aceptada por el resto del Senado.

Hago presente por último que la Ley de Patentes 24.481, en su texto modificado por la ley 24.572, establece en su art. 10 un criterio similar al de la ley 11.723 y diferente entonces también al de la Ley de Contrato de Trabajo. Incluso algunos autores afirman que este art. 10 de la ley 24.572 derogó de hecho la norma antes comentada de la Ley de Contrato de Trabajo. No comparto esa opinión, y creo que el supuesto contemplado en el art. 10 de la Ley de Patentes se refiere únicamente a obras incluidas en el régimen de las patentes industriales.

Por lo que existirían entonces tres supuestos diferentes sobre este tema, con los criterios antes expuestos de titularidad:

El de la Ley de Patentes, para las obras incluidas en el régimen de patentes.

El de la ley 11.723, para las obras de software.

El de la Ley de Contrato de Trabajo, para las restantes obras.

E. Obra anónima y seudónima

Por último, como mencioné al comienzo, el art. 3° se ocupa del caso de las obras anónimas y seudónimas, dando la titularidad de los derechos sobre éstas, en principio, al editor.

En efecto, la referida norma establece que al editor de una obra anónima o seudónima le corresponderán los derechos y las obligaciones del autor, sobre esa obra, pero también establece que el autor podrá recabarlos para sí justificando su personalidad.

En la parte final del art. 3° se establece que los autores que empleen seudónimos podrán registrarlos adquiriendo la propiedad de éstos. Creo que esta disposición debió ubicarse en el capítulo de la ley dedicado al registro; además, debemos tener en cuenta una importante doctrina que la Corte Suprema de Justicia de la Nación ha sentado con relación al seudónimo, al establecer:

> "El derecho resultante de la adopción de un seudónimo deriva directamente del interés que su titular tiene, cuando por su difusión hubiese adquirido una importancia similar a la del nombre verdadero, de evitar toda confusión perjudicial entre su actividad y la que cualquier otra persona desarrolle en el mismo campo o en otro análogo".
>
> "Un seudónimo, cuando adquiere notoriedad y prestigio por la difusión que logra gracias al reiterado desempeño de una actividad dada, se incorpora como bien jurídico al patrimonio de quien lo usa y, mientras dure su utilización, no puede ingresar en el patrimonio de otro, sin afectar la garantía de la propiedad"[2].

Conforme al glosario de derechos de autor de la OMPI, obra anónima es una obra divulgada sin indicar el nombre o seudónimo del autor; y seudónimo es el nombre ficticio elegido por un autor para identificar su paternidad sin revelar su verdadera identidad[3].

F. Carácter ganancial de los derechos de autor

Un tema interesante y que ha dado lugar a múltiples debates es el referido al carácter que tienen los derechos de autor frente al régimen patrimonial del matrimonio, o, para ser más concreto, a la determinación si los derechos de autor integran los bienes gananciales del matrimonio o son un bien propio del autor creador de la obra.

No hay duda de que los derechos morales son propios del autor y a él sólo pertenecen, pero distinta es la situación de los derechos patrimoniales sobre la otra creada durante el matrimonio.

La jurisprudencia, en un conocido fallo dictado en el año 1967, había determinado:

[2] Corte Suprema de Justicia de la Nación, julio 10-975 – Colombres, Juan C. c. La Taberna de Landrú, *ED* 64-111.

[3] OMPI – Glosario de derechos de autor y derechos conexos – Ginebra – 1978.

> "El derecho intelectual o de autor tiene dos aspectos: el moral y el pecuniario (económico o patrimonial). El primero es un derecho personalísimo y está fuera del comercio, no discutiéndose que pertenece exclusivamente al creador de la obra y que no entra en la sociedad conyugal. El segundo, en cambio, es un bien que, como "susceptible de valor", entra dentro de la categoría de "objetos inmateriales" que comprende el art. 2312 de nuestro Cód. Civil. Pese a la especial naturaleza jurídica del derecho intelectual y a la interdependencia que existe entre el derecho moral y el pecuniario, una vez que la obra –por su publicación, representación, etc.– ha ingresado al ámbito patrimonial, con la posibilidad jurídica de la 'enajenación' a terceros por medio de su cesión (arts. 2° y 51, ley 11.723), no puede desconocerse que, de acuerdo con nuestro régimen legal de la sociedad conyugal (arts. 1271 y 1272, y, en general, todo el contexto de este título del Código), en principio ese bien entra dentro de la categoría matrimonial de gananciales.
>
> Esa obra intelectual es el resultado del trabajo de uno de los cónyuges. Esto es innegable. Hay genio o talento, gracia o don, pero sin el trabajo no hay obra. Y si la sociedad conyugal es, en lo fundamental, una asociación de trabajo, puesto que tiene por base el esfuerzo común y la colaboración de los esposos, parece lógico que se incorporen a ella todas las consecuencias o productos de sus recíprocas actividades, cualesquiera sean sus formas y características. Para que alguna de ellas quede excluida, se necesita una norma expresa, salvo si se da una excepcionalísima situación particular de absoluta incompatibilidad, que, como se verá al final, no se plantea en el caso examinado.
>
> Tal es el sistema de nuestra ley, que se funda, por un lado, en su concepción sobre la esencia de la institución matrimonial y, por otro, en el presupuesto legal de que los esposos consienten una mutua cesión tácita de todo lo que logren con su trabajo"[4].

Con posterioridad a este fallo, la reforma del Código Civil introducida por la ley 17.711 incorporó al art. 1272 un último párrafo, que establece:

> "Los derechos intelectuales, patentes de invención o diseños industriales son bienes propios del autor o inventor, pero el producido de ellos durante la vigencia de la sociedad conyugal es ganancial".

Creo que esta nueva norma legal, modifica en parte lo que había establecido la jurisprudencia, por lo que puedo decir entonces que actualmente:

- Los derechos morales sobre una obra intelectual son bienes propios del autor.
- Los derechos patrimoniales sobre una obra intelectual son bienes propios del autor.

[4] CNCiv., Sala B, 7/9/67, Arlt Cristophersen, Roberto y otra. *LL* 128-905.

- Los réditos producidos por la obra intelectual durante el matrimonio son en cambio bienes gananciales del matrimonio.

2. La obra cinematográfica

Como dijimos antes, un caso particular de obra en colaboración es la obra cinematográfica, que a su vez es uno de los tipos de los que se denominan obras audiovisuales.

El Tratado de la OMPI sobre el Registro Internacional de Obras Audiovisuales de 1989 (Tratado de Ginebra), define a la obra audiovisual como toda obra que consista en una serie de imágenes fijadas relacionadas entre sí, acompañadas o no de sonidos, susceptible de hacerse visible y, si va acompañada de sonidos, susceptible de hacerse audible.

A su vez la doctrina ha distinguido entre diferentes tipos de obras audiovisuales:

- Obra cinematográfica.
- Obras videográficas (especialmente creadas para ser objeto de un videograma, pero cuyo único destino no es la radiodifusión).
- Obras televisivas, especialmente creadas para ser teledifundidas.

El Convenio de Berna en el art. 2.1. se refiere sólo a dos tipos de obras audiovisuales, mencionando entre ellas: "obras cinematográficas, a las cuales se asimilan las obras expresadas por procedimiento análogo a la cinematografía".

Podemos definir a la obra cinematográfica, o película, como todo registro de imágenes en movimiento, con sonido o sin él, cualquiera que sea su soporte, destinado a su proyección, televisación o exhibición por cualquier medio.

La obra cinematográfica es un claro ejemplo de una obra en colaboración, en la cual, a partir de una idea, se escribe un argumento, se redacta un guión y luego se procede a la producción y dirección que implica la filmación, edición, doblaje, sonorización y musicalización.

Como luego veremos, algunos de los intervinientes en estas diversas tareas son considerados coautores de la obra en colaboración.

A partir de la versión definitiva de la película se confeccionan copias que se distribuyen para ser exhibidas en salas cinematográficas.

Pero además de la exhibición en salas cinematográficas existen otras formas de comercialización de las películas, por medio de lo que se conoce como ventanas de comercialización.

- Video hogareño en sus formatos VHS, DVD o DIVX y cualquiera de sus variantes.
- Televisión abierta.
- Televisión por cable.
- Servicio de pago complementario dentro de la televisión por cable.

Recordemos acá que la obra cinematográfica es una obra en colaboración, que, como ya dijimos, es la producida por uno o más autores, y en la cual existe una inseparabilidad de las contribuciones individuales de cada autor que convergen en una sola obra de carácter común, no pudiendo separarse esas diversas contribuciones ni considerárselas creaciones independientes.

La jurisprudencia ha dicho a este respecto:

> "Una vez incorporados todos los elementos que la componen, la obra cinematográfica constituye una unidad autónoma, orgánica e indivisible, en la que los diferentes aportes se reúnen, transforman y confunden"[5].

El art. 20 de la ley 11.723, en su texto modificado por la ley 25.847 de diciembre del año 2003, confiere los derechos de autor de una película, salvo convenio especial, a tres sujetos a los que considera colaboradores de la obra con iguales derechos:

- al autor del argumento;
- al productor;
- al director de la película.

Cuando se trate de una obra cinematográfica musical, en que haya colaborado un compositor, éste tiene iguales derechos que el autor del argumento, el productor y el director de la película, apareciendo así un cuarto colaborador de la obra.

La jurisprudencia ha establecido que obra cinematográfica musical es aquella en la que el compositor participa con música original creada expresamente para esa obra cinematográfica.

En el fallo Andesmar dictado por la Suprema Corte de Justicia de Mendoza, ésta expresó:

> "El compositor de la música incorporada a una obra cinematográfica debe ser considerado colaborador de ésta sólo en el supuesto de que se trate de una obra cinematográfica musical; no en los otros supuestos"[6].

De allí que se pueda decir que, al menos en el concepto de la ley y la jurisprudencia, la obra cinematográfica es musical cuando contiene música creada especialmente para ella. Cuando la obra cinematográfica contiene composiciones musicales, pero que no fueron creadas para esa obra, aunque su incorporación se haya realizado con autorización de su compositor, éstas no son obras cinematográficas musicales, y consecuentemente el compositor no puede considerarse colaborador de la obra con iguales derechos que el autor del argumento, el productor y el director de la película.

Con anterioridad a la reforma de la ley 25.847, el director no estaba mencionado como colaborador de la obra cinematográfica, y sólo se lo consideraba como titular de un derecho conexo sobre esa obra, ya que el decreto 746 del año 1973 los consideró intérpretes de las obras cinematográficas, asimilándolos de esta manera a los actores, los directores de orquesta, cantantes, músicos ejecutantes, etcétera.

[5] CNCiv., Sala E, 23/11/1995, SADAIC v. Aries Cinematográfica S.R.L., *ED* 173-37 y *LL* 1996-D-171.

[6] SC.Mendoza, Sala I, 2000/11/15-SADAIC c. Andesmar S.A. Repertorio *LL* LXI-2001-J-Z, pág. 1673.

Este reconocimiento de la titularidad de un derecho conexo nunca fue considerado suficiente para los directores que siempre lucharon por conseguir que se los reconociera como coautores de la obra, reconocimiento que se dio en el año 2003 con la sanción de la ley 25.847, que modificó el art. 20 de la ley 11.723.

En la práctica común el productor cinematográfico "compra" los derechos del director, del autor de la música si es musical y del autor del argumento, y se constituye así en el titular derivado único de la obra.

> La ley, en su art. 21, otorga facultades adicionales a estos titulares al establecer: "Salvo convenios especiales: El productor de la película cinematográfica tiene facultad para proyectarla, aun sin el consentimiento del autor del argumento o del compositor, sin perjuicio de los derechos que surgen de la colaboración. El autor del argumento tiene la facultad exclusiva de publicarlo separadamente y sacar de él una obra literaria o artística de otra especie. El compositor tiene la facultad exclusiva de publicar y ejecutar separadamente la música."

La primera parte de la norma consagra una presunción *iuris tantum* de legitimidad a favor del productor de la obra cinematográfica, presunción que la ley no le otorga con relación a los demás tipos de obras audiovisuales (videográficas o televisivas).

Podríamos también decir que esta facultad que otorga la ley al productor cinematográfico es para la proyección, pero que aquélla no se extiende a otros actos de comunicación de la obra, para los cuales necesita una expresa autorización de los restantes titulares de los derechos sobre la obra.

En la segunda y tercera parte la norma otorga también facultades al autor del argumento y al compositor, facultades que son lógicas y totalmente congruentes con el acto creativo.

El art. 22 establece también que el productor de la película cinematográfica, al exhibirla en público, debe mencionar su propio nombre, el del autor de la acción o argumento o aquel de los autores de las obras originales de las cuales se haya tomado el argumento de la obra cinematográfica, el del compositor, el del director artístico o adaptador y el de los intérpretes principales.

A esta obligación se suma la obligación de registro establecida en el art. 34, tercer párrafo, que establece que debe inscribirse sobre la obra fotográfica o cinematográfica la fecha, el lugar de publicación, el nombre o la marca del autor o editor, y que el incumplimiento de este requisito no dará lugar a la acción penal prevista en esta ley para el caso de reproducción de dichas obras, agregando en su cuarto párrafo, y con relación a las películas cinematográficas, que: " las cesiones totales o parciales de derechos temporales o espaciales de explotación de películas cinematográficas sólo serán oponibles a terceros a partir del momento de su inscripción en el Registro Nacional de Propiedad Intelectual".

Hago presente que tanto el Acuerdo ADPIC en su art. 11, como el Tratado de la OMPI sobre Derecho de Autor de 1996 (WTC) en su art. 7.1., establecen, en textos muy parecidos, el derecho de los autores de autorizar o prohibir el arrendamiento comercial al público de los originales o copias de sus obras cinematográficas.

3. Plazos de duración de la protección

Todos los sistemas jurídicos actuales establecen plazos de duración de los derechos patrimoniales sobre las obras.

El fundamento de estos derechos de duración ilimitada para el autor y de duración limitada para los herederos y derechohabientes, la debemos buscar en dos finalidades, que en parte se contraponen entre sí: el estímulo a la creación del autor determina que para éste el plazo de duración de los derechos sea ilimitado, mientras que la posibilidad al libre acceso de todos los integrantes de la comunidad a las obras determina una duración limitada para los herederos y derechohabientes.

Sustancialmente se establece el plazo en toda la vida del autor, y un determinado número de años para los herederos o derechohabientes del autor a partir de su fallecimiento.

El plazo para después de la muerte del autor ha sido fijado generalmente en 30 o 50 años, y la tendencia actual es al aumento de dicho plazo teniendo en cuenta la prolongación del promedio de la vida, así como por estimarse adecuado que debe cubrir el período de vida de dos generaciones después de la muerte del autor. Tal el caso de nuestro país, en donde el plazo, originariamente establecido en 30 años, fue aumentado a 70 años en el año 1997. En el año 1998 ingresó en el Parlamento argentino un proyecto de ley del diputado Nemirovsci, en el cual se extendía el plazo *post mortem autoris* a 80 años, pero no fue aprobado.

Diferente es también la determinación de a qué herederos corresponde este derecho post mortem del autor. Algunos países establecen el derecho sólo para determinados familiares: cónyuge, hijos y padres en Brasil y Perú; en cambio, otros países como la Argentina dan el derecho a favor de todos los herederos.

Este tratamiento dispar en las diferentes legislaciones puede traer problemas en las relaciones internacionales. De allí que el Convenio de Berna ha considerado el tema con tratamiento diverso en las diferentes etapas del Convenio, hasta que finalmente, en la revisión de Bruselas del año 1948, se adoptó el plazo mínimo obligatorio de 50 años, plazo éste que se repite en el art. 7° de la Revisión del Acta de París de 1971 y también en el art. 12 del ADPIC.

En el texto de 1967 de Estocolmo, se establecieron plazos menores obligatorios para cierto tipo de obras, como las cinematográficas y fotográficas.

Como vimos al comienzo, el art. 17 de la Constitución Nacional establece que

> "...Todo autor o inventor es propietario exclusivo de su obra, invento o descubrimiento, por el término que le acuerde la ley...".

La ley 11.723, en sus arts. 5°, 8° y 34 regula los diferentes plazos de protección según sea el destinatario de tal protección, plazos éstos que trataré de sintetizar, concordándolos con los plazos establecidos en los Convenios Internacionales firmados y ratificados por la Argentina, que consecuentemente integran el plexo normativo argentino.

- Para los autores la propiedad intelectual dura de por vida (art. 5°). La Ley argentina adopta el sistema consagrado por la mayoría de los Estados y por los Convenios Internacionales, y concede la protección a los autores durante toda su vida.
- Para los herederos o derechohabientes, el art. 5° establece que el plazo es de hasta setenta años contados a partir del primero de enero del año siguiente al de la muerte del autor. Como ya dije, la ley 11.723 en su texto original establecía para los herederos o derechohabientes un plazo más breve de treinta años[7], pero en el año 1997 por ley 24.870 se elevó el plazo a los setenta años. Debemos también recordar acá que, como ya dije, el término heredero no es sinónimo de derechohabiente, ya que estos últimos son titulares derivados pero no por la muerte del autor, sino como consecuencia de un acto entre vivos tal como la enajenación o cesión total o parcial. Atento a ello, entiendo que debemos distinguir dos situaciones diferentes. Para los herederos, tal como dice la ley, el plazo es de hasta setenta años contados a partir del primero de enero del año siguiente al de la muerte del autor, pero este plazo no se puede aplicar a los derechohabientes que han adquirido la obra por un acto entre vivos y respecto de los cuales no puede existir para ellos un plazo post mortem del autor, debiendo, ante este vacío legal, interpretarse que el plazo de setenta años es a partir del 1° de enero del año siguiente al de la enajenación o cesión total o parcial.
- Para las obras en colaboración el plazo de setenta años comenzará a regir a partir del 1° de enero del año siguiente al de la muerte del último colaborador (art. 5°).
- Para las obras póstumas el plazo de setenta años comenzará a correr a partir del primero de enero del año siguiente al de la muerte del autor (art. 5°). Se entiende por obra póstuma la que no ha sido publicada durante la vida del autor. El art. 7° de la ley así lo establece, agregando que también son obras póstumas las obras publicadas durante la vida del autor pero que éste antes de su fallecimiento "las deja refundidas, adicionadas, anotadas o corregidas de una manera tal que merezcan reputarse como obras nuevas".
- En el caso de autor fallecido sin herederos y declarándose vacante su herencia, los derechos pasan al Estado por todo el término de ley (art. 5°).

[7] Del informe del senador Sanchez Sorondo elevando el Proyecto de Ley al Senado surge que el plazo de 30 años fue establecido entonces fundamentalmente teniendo en cuenta que era el término de la prescripción en materia de propiedad.

Esta norma es congruente con el régimen general de las sucesiones vacantes establecido por el Código Civil en los arts. 3539 a 3544, y creo que entonces, para que el Estado pueda ejercer los derechos, debe cumplir con todo el mecanismo que establece la normativa civil mencionada. Cumplida esta normativa del Código Civil referida a las sucesiones vacantes, el Estado pasa a ser titular de los derechos, como si fuera un heredero, o sea por el término de setenta años a partir del 1 de enero del año siguiente al de la muerte del autor.

- Para las obras anónimas pertenecientes a instituciones, corporaciones o personas jurídicas, la propiedad dura cincuenta años contados desde su publicación (art. 8°)
- Para las obras fotográficas, la ley en el art. 34 establece que el plazo es de veinte años a partir de la primera publicación.

Es criticable que la ley haya establecido un plazo de sólo 20 años para las obras fotográficas, no reconociendo en este caso la vigencia del derecho de autor durante toda su vida como en los restantes supuestos. Entiendo que este criterio fue adoptado por considerar, equivocadamente, que las fotografías sólo configuran una obra menor. Creo que debió fijarse para la obra fotográfica plazos similares que los de la obra cinematográfica. Es de esperar que una futura modificación de la ley contemple esta falencia.

De todas formas creo que a partir de la ley 25.140 que aprobó el Convenio de Berna y de la ley 24.425 que adoptó el Acuerdo ADPIC, el plazo de protección de la obra fotográfica es de 25 años, ya que están vigentes los arts. 1 a 21 del Convenio de Berna de 1971, y en dicho convenio en el art. 7° párrafo 4 se establece que el plazo de protección mínimo para la obras fotográficas es de veinticinco años contados desde la realización de tales obras.

Fundo esta afirmación en el hecho de que el Convenio de Berna ha sido aprobado por la ley 24.425 y, conforme al art. 75 inc. 22 de la Constitución Nacional, los tratados internacionales tienen jerarquía superior a las leyes. Agrego a ello que la Corte Suprema de Justicia ha establecido la operatividad inmediata de los tratados cuando la norma del tratado está dirigida a una situación de la realidad en la que puede operar inmediatamente, sin necesidad de instituciones que deba establecer el Congreso.

En tal sentido ha dicho la Corte Suprema: "Cuando la Nación ratifica un tratado que firmó con otro Estado, se obliga internacionalmente a que sus órganos administrativos y jurisdiccionales lo apliquen a los supuestos que ese tratado contemple, siempre que contenga disposiciones lo suficientemente concretas de tales supuestos de hecho que hagan posible su aplicación inmediata"[8]

[8] Corte Sup., 07/07/1992 - Ekmekdjian, Miguel Ángel v. Sofovich, Gerardo y otros, *Fallos de la Corte Suprema,* Tomo 315-2, pág. 1495.

Destaco también que el Tratado de la OMPI sobre Derecho de Autor (WTC) de 1996, también aprobado por la Argentina por ley 25.140, en su art. 9° establece respecto de las obras fotográficas que las Partes Contratantes no aplicarán las disposiciones del Artículo 7.4.) del Convenio de Berna. Ello significaría que los Estados signatarios no pueden fijar plazos para la obra fotográfica más breves que el establecido por el art. 7° primera parte, que dispone que la protección se extenderá durante la vida del autor y cincuenta años después de su muerte. Entiendo que esta norma, a contrario de la anteriormente analizada del Convenio de Berna, no es operativa pese a la aprobación por ley, por la forma de redacción de la norma, pero implica un claro compromiso de la Argentina de legislar en tal sentido en el futuro.

- Para las obras cinematográficas, conforme al actual art. 34 en su redacción introducida por la ley 25.006, el derecho de propiedad es de cincuenta años a partir del fallecimiento del último de los colaboradores (autor del argumento, productor y director de la película y compositor si se trata de una obra cinematográfica musical, conforme art. 20). De allí entonces que personalmente interpreto que al estatuirse un plazo post mortem de cincuenta años, se ha dado protección a los autores colaboradores de las obras cinematográficas por toda su vida, y después del fallecimiento del último colaborador, a los herederos de éstos por cincuenta años.

Los dos últimos párrafos del art. 34 establecen la obligatoriedad de la inscripción de la obra fotográfica o cinematográfica, con relación a la fecha, lugar de publicación y nombre o marca del autor o editor. En caso de que tal inscripción no se realice se produce la pérdida del derecho a la acción penal por reproducción ilícita de estas obras, y hace inoponible a terceros las cesiones totales o parciales de derechos temporales o espaciales de explotación de películas cinematográficas. Más allá de la mala y confusa redacción de la norma, considero que la pérdida del derecho a la acción penal es totalmente injusta y no se da con relación a otro tipo de obras, y con relación a la inoponibilidad a terceros de las cesiones, tal inoponibilidad ya está regulada para todas las obras en el art. 63 y la interpretación y jurisprudencia de esa norma.

- Para los artistas intérpretes o ejecutantes sobre sus interpretaciones o ejecuciones fijadas en fonogramas y para los productores de fonogramas, rige el plazo de 70 años contados a partir del primero de enero del año siguiente al de su publicación (conforme art. 5° bis ley 11.723 incorporado por ley 26.570).
- Para los restantes titulares de derechos conexos, la ley argentina no establece plazo alguno de duración de tales derechos, pero por aplicación de convenios internacionales entiendo que:
  - Para los artistas intérpretes o ejecutantes, salvo el caso precedente, el plazo de cincuenta años contados a partir del final de año en que se haya realizado la interpretación o ejecución.

- Para los organismos de radiodifusión, el plazo de veinte años a partir del final del año en que se hayan difundido las emisiones de radiodifusión.

Este tema será tratado más ampliamente en el capítulo VIII.5).

Para los autores	Por toda la vida del autor
Para los herederos o derechohabientes	Hasta 70 años contados a partir del 1º de enero del año siguiente al de la muerte del autor
Para obras en colaboración	Hasta 70 años contados a partir del 1º de enero del año siguiente al de la muerte del último colaborador
Para las obras póstumas	Hasta 70 años contados a partir del 1º de enero del año siguiente al de la muerte del autor
Para obras anónimas de instituciones o pers. jurid.	Hasta 50 años contados desde su publicación
Para obras fotográficas	Hasta 25 años a partir de su realización
Para obras cinematográficas	Para los autores colaboradores por toda su vida, y a los herederos por 50 años después del fallecimiento del último colaborador
Para titulares de fijaciones en fonograma y sus productores	Hasta 70 años contados a partir del 1° de enero del año siguiente al de su publicación
Para los organismos de radiodifusión	Hasta 20 años a partir del final del año en que se hayan difundido las emisiones de radiodifusión

4. Plazos de duración de la protección de la obra extranjera

El art. 15 de la ley 11.723 establece:

"La protección que la Ley argentina acuerda a los autores extranjeros, no se extenderá a un período mayor que el reconocido por las Leyes del país donde se hubiere publicado la obra. Si tales Leyes acuerdan una protección mayor, regirán los términos de la presente Ley."

Personalmente creo que la redacción de esta norma no es todo lo precisa ni clara que debiera ser, y de allí que muchas veces ha sido interpretada incorrectamente.

Es por ello que creo necesario aclarar su real significado.

Para la ley argentina, conforme a esta norma, la obra extranjera está protegida en principio en la Argentina por el término de protección otorgado para la obra nacional, aun en el caso de que en el país de origen el plazo de protección sea mayor.

Asimismo, si en el país de origen el plazo de protección fuera menor que el establecido por la ley argentina para la obra nacional, queda limitado el plazo de protección en la Argentina de esa obra extranjera al plazo menor que establezca el país de origen de ésta.

Destaco que, acorde con lo antes referido, el decreto 41.233/34 reglamentario de la ley 11.723, en su art. 8° establece que en el registro de obras extranjeras deberá anotarse el tiempo de protección en el país de origen, cuando aquél fuera menor que el acordado por la ley 11.723.

5. Dominio público pagante

Vencidos estos plazos de duración de la protección de las obras a las que nos hemos antes referido, éstas pasan del dominio privado al dominio público, siendo totalmente libre la publicación, reproducción, difusión, comunicación pública o cualquier otra forma de transmisión, de las obras que, a partir de este momento, no generan derechos autorales.

Muchos países han establecido a partir de entonces el sistema del dominio público oneroso, por el cual, pese a que la obra pertenece al dominio público, la utilización de ésta genera un derecho o gravamen a favor del Estado, que generalmente se destina a instituciones que fomentan las actividades creativas.

En la Argentina el decreto ley 1224/58 de creación del Fondo Nacional de las Artes, y el decreto 6255/58 de reglamentación de aquél, han instituido el dominio público pagante, por el cual existe un gravamen que está destinado a contribuir con la formación de un fondo de fomento de las artes.

La resolución 15.850/1977 del Fondo Nacional de las Artes y sus sucesivas modificaciones establecen el cuerpo legal sobre los derechos del dominio público pagante, estableciendo allí en qué casos se debe tributar el gravamen:

a) Derechos de representación:
   1. De obras teatrales, líricas, literarias, coreográficas, ballets, recitales de poesías y oratorias, que se transmitan o difundan públicamente en forma directa o reproducidas por cualquier medio, conocido o a conocerse.
   2. De obras teatrales, líricas, literarias, coreográficas, ballets, recitales de poesías y oratorias, que se transmitan o difundan por radiotelefonía, ya sea directamente o reproducidas por cualquier medio conocido o a conocerse.
   3. De obras teatrales, líricas, literarias, coreográficas, ballets, recitales de poesías y oratorias que se transmitan o difundan por televisión, ya sea directamente o reproducidas por cualquier medio conocido o a conocerse.

b) Derechos de inclusión:
   1. De obras teatrales, musicales, cinematográficas, literarias, coreográficas, ballets en videotape, filmaciones y películas cinematográficas de todo género, incluso las de fines publicitarios.

c) Derechos de exhibición:
   1. De obras teatrales, musicales, literarias, líricas, coreográficas, ballets en películas cinematográficas.

d) Derechos de ejecución:

1. De obras musicales de cualquier género ejecutadas en locales públicos ya sea directamente o reproducidas por cualquier medio conocido o a conocerse.
2. De obras musicales de cualquier género transmitidas o difundidas por radiotelefonía, ya sea directamente o reproducidas por cualquier medio conocido o a conocerse.
3. De obras musicales de cualquier género transmitidas o difundidas por televisión, ya sea directamente o reproducidas por cualquier medio conocido o a conocerse.

e) Derechos de reproducción:

1. De obras teatrales, literarias, líricas, coreográficas, ballets y musicales, reproducidas en disco, cinta, alambre, videotape, hilo o cualquier otro sistema conocido o a conocerse.
2. De obras escultóricas, arquitectónicas, mediante calcos o vaciados o cualquier otro procedimiento conocido o a conocerse.

f) Derechos de edición:

1. De obras literarias, musicales y científicas.
2. De láminas, fotografías, diapositivas con reproducción de obras pictóricas, escultóricas, dibujos y/o mapas...

El art. 6° de la referida resolución 15.850/1977 establece que el uso de obras caídas en dominio público con fines exclusivamente culturales o didácticos en lugares con libre y gratuito acceso de público, donde no se incluya publicidad comercial paga o gratuita de modo directo o indirecto, estará exceptuado del pago de derechos.

Por su parte, las resoluciones 3456/97, 3457/97 y 3458/97 dictadas también por el Fondo Nacional de las Artes, han fijado el monto de los gravámenes que se deben abonar en cada caso.

Si bien la administración de este fondo está a cargo del Fondo Nacional de las Artes, éste ha concertado contratos con diversas sociedades de Gestión Colectiva de Derechos a fin de que éstas sean las que recauden este gravamen; estas entidades son la Sociedad General de Autores de la Argentina (ARGENTORES) para la parte literaria, y la Sociedad Argentina de Autores y Compositores de Música (SADAIC) para la parte musical, reservándose la percepción del gravamen el Fondo Nacional de las Artes en el caso de los derechos de edición de obras literarias, musicales y científicas, así como de láminas, fotografías, diapositivas con reproducción de obras pictóricas, escultóricas, dibujos y/o mapas.

Capítulo IV

OBJETO Y CONTENIDO DE LOS DERECHOS DE AUTOR

El derecho de propiedad que el régimen de derechos de autor confiere a los autores, si bien es un derecho único, incluye aspectos o derechos de carácter moral o extrapatrimonial y aspectos o derechos materiales o patrimoniales.

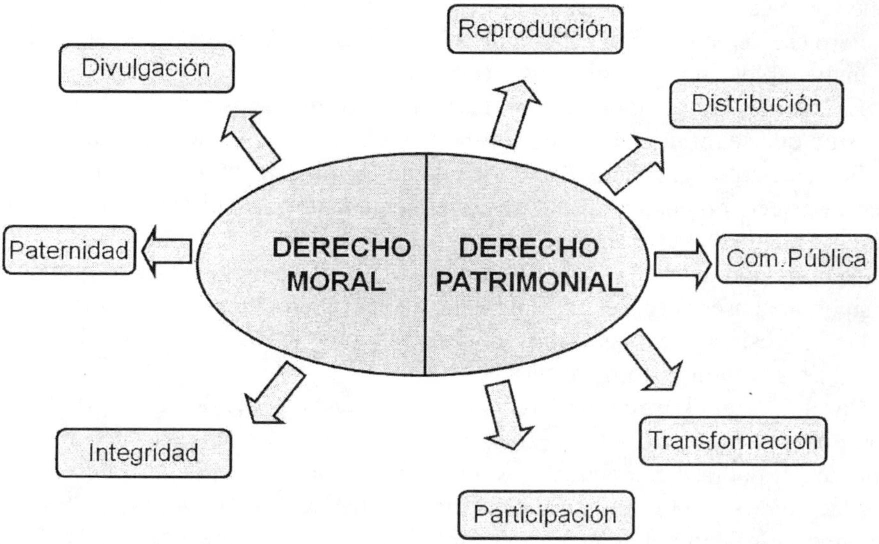

Los derechos morales garantizan al autor intereses personales y de integridad de la obra. Los derechos patrimoniales le permiten obtener un beneficio económico por la utilización de aquélla por parte de terceros.

Han dicho nuestros tribunales:

> "Los derechos intelectuales tienen una naturaleza *sui generis*, son autónomos y están integrados por dos elementos: el personal o moral del autor y el patrimonial o económico. La distinción entre ambos es únicamente científica y didáctica, ya que en realidad el intelectual es indivisible, pues el llamado derecho moral no es un derecho distinto e indepen-

diente del patrimonial, sino un haz de facultades inalienables e imprescriptibles, porque están en la raíz del derecho del creador"[1].

"El derecho intelectual tiene por fundamento a través de la obra misma, la personalidad de su autor y se trata de un derecho integrado por dos elementos el inmaterial o personal por una parte y el patrimonial o económico por la otra"[2].

1. Los derechos morales

Como ya dije los aspectos morales o extrapatrimoniales son una parte del derecho que tiene el autor sobre su obra y constituyen prerrogativas personales inherentes a la persona y por tanto de carácter perpetuo, a diferencia de los derechos patrimoniales que están limitados en el tiempo.

En el sistema del copyright, como ya vimos, el derecho está dirigido casi exclusivamente a su aspecto patrimonial. En el sistema de los derechos de autor es tan válido el derecho moral sobre la obra, como el derecho patrimonial que se tiene sobre ésta.

Pero ese derecho moral está unido a la calidad de autor y es perpetuo, absoluto, inalienable, irrenunciable e imprescriptible.

La ley 11.723 no regula en forma armónica los derechos morales de los autores, sino que se refiere a ellos en forma incidental en varios de sus artículos.

En el artículo 51, cuando se refiere a la posibilidad del autor o sus derechohabientes de ceder o enajenar total o parcialmente la obra, manifiesta que el adquirente no puede: "alterar su título, forma y contenido".

Agregando luego en el art. 52 que: "Aunque el autor enajenare la propiedad de su obra, conserva sobre ella el derecho a exigir la fidelidad de su texto y título, en las impresiones, copias o reproducciones, como asimismo la mención de su nombre o seudónimo como autor".

Por su parte, el artículo 83 reconoce la protección del derecho moral de la obra por terceros o de oficio al establecer: "Después de vencidos los términos del artículo 5°, podrá denunciarse al Registro Nacional de Propiedad Intelectual la mutilación de una obra literaria, científica o artística, los agregados, las transposiciones, la infidelidad de una traducción, los errores de concepto y las deficiencias en el conocimiento del idioma del original o de la versión. Estas denuncias podrá formularlas cualquier habitante de la Nación, o procederse de oficio, y para el conocimiento de ellas la dirección del Registro Nacional constituirá un jurado que integrarán: ...".

También en el art. 22 establece el derecho a la mención de su nombre del autor cinematográfico, en el art. 39 la imposibilidad del editor de alterar el texto de una obra, en el art. 47 la inmodificabilidad de la obra teatral por el empresario

[1] CNCiv., Sala C,19/9/78, Cresseri, Artidorio, suc. c. SADAIC. *ED* 81-169, *LL* 1979-B, 108,109.

[2] CNCiv., Sala B, 16/5/77, C., Artidorio, Suc. c. SADAIC. *LL* 1977-D, pág. .336.

encargado de su representación y, por último, en el art. 56 segunda y tercera parte cuando se establece el derecho al respeto de la interpretación, estipulando que el intérprete de una obra literaria o musical y el director del coro o de la orquesta pueden oponerse a la divulgación de su interpretación, cuando la reproducción o ejecución de la obra sea hecha en forma tal que pueda producir grave e injusto perjuicio a sus intereses artísticos.

Éstas, como antes dije son las únicas referencias de la ley 11.723 con relación a los derechos morales de los autores y en el último caso al derecho moral del titular de un derecho conexo.

Pero además de ellas, debemos tener en cuenta lo que establece el artículo 6 bis del Convenio de Berna para la Protección de las Obras Literarias y Artísticas, aprobado por la República Argentina mediante ley 25.140, donde se consagran los derechos morales de los autores sobre sus obras al establecer:

> "1) Independientemente de los derechos patrimoniales del autor, e incluso después de la cesión de estos derechos, el autor conservará el derecho de reivindicar la paternidad de la obra y de oponerse a cualquier deformación, mutilación u otra modificación de la misma o a cualquier atentado a la misma que cause perjuicio a su honor o a su reputación.
>
> 2) Los derechos reconocidos al autor en virtud del párrafo 1) serán mantenidos después de su muerte, por lo menos hasta la extinción de sus derechos patrimoniales, y ejercidos por las personas o instituciones a las que la legislación nacional del país en que se reclame la protección reconozca derechos. Sin embargo, los países cuya legislación en vigor en el momento de la ratificación de la presente Acta o de la adhesión a la misma, no contenga disposiciones relativas a la protección después de la muerte del autor de todos los derechos reconocidos en virtud del párrafo 1) anterior, tienen la facultad de establecer que alguno o algunos de esos derechos no serán mantenidos después de la muerte del autor.
>
> 3) Los medios procesales para la defensa de los derechos reconocidos en este Artículo estarán regidos por la legislación del país en el que se reclame la protección."

Esta normativa de Berna es ley para la Argentina, atento a la ratificación efectuada del Convenio por ley 25.140, por lo cual debe integrarse con las normas de la ley 11.723, para darnos el cuadro total de la regulación de los derechos morales.

Debo señalar sin embargo, que el Acuerdo ADPIC, en su art. 9.1., establece:

> "Los Miembros observarán los artículos 1 a 21 del Convenio de Berna (1971) y el apéndice del mismo. No obstante, en virtud del presente Acuerdo ningún Miembro tendrá derechos ni obligaciones respecto de los derechos conferidos por el artículo 6 bis de dicho Convenio ni respecto de los derechos que se derivan del mismo".

Esta norma de ADPIC pareciera que confunde el tema y quita valor al reconocimiento de los derechos morales del Convenio de Berna; sin embargo, comparto la calificada opinión de Carlos A. Fernández Ballesteros, quien comentando esta norma del ADPIC expresa: "Una excepción importante de la aplicación de las normas de Berna se refiere a los derechos morales; en virtud del Acuerdo sobre los ADPIC no existen ni obligaciones ni derechos respecto de tales derechos (contenidos en el art. 6° bis del Convenio de Berna). En consecuencia no puede invocarse el Acuerdo respecto de los mismos; no puede someterse a consideración del Consejo de los ADPIC ninguna cuestión vinculada a los derechos morales; el Convenio de Berna sigue siendo el único aplicable en esta materia. Sin embargo, el art. 9° constituye el reconocimiento del Convenio de Berna como pilar inalterable de todo el sistema de protección internacional del derecho de autor; mismo aun si 'a los efectos del presente acuerdo' se establece que 'los miembros no tendrán derechos ni obligaciones en lo que se refiere a los derechos (morales) conferidos por el art. 6° bis de dicho Convenio o los derechos que de ella deriven'. Es decir que la amenaza de desaparición de los derechos morales se restringe finalmente a los litigios que pudieran derivar en el sistema de la OMC"[3].

Con relación a los derechos morales, nuestra Corte Suprema de Justicia por su parte ha establecido:

> "Los derechos morales del autor, destinados a amparar aquellos aspectos más vinculados con la personalidad creadora, contienen facultades inalienables e imprescriptibles, y a ellas se refiere, aunque de manera asistemática, la ley 11.723 en los arts. 22, 39, 47, 51 y 52. En cambio, los derechos patrimoniales no gozan de tales atributos y a su respecto es plenamente compatible la remisión que el art. 12 de la ley 11.723 efectúa al derecho común, bien que en las condiciones y con las limitaciones que su texto consagra"[4].

Podríamos entonces estar ya en condiciones de analizar las características de estos derechos morales de los autores sobre sus obras.

En primer lugar, el autor es quien decide *divulgar* o no la obra. Se podría desdoblar este concepto de divulgación en:

- Derecho a dar a conocer la obra.
- Derecho a mantener reservada la obra.
- Derecho de retractarse o retirar de circulación la obra y mantenerla luego en reserva. Muchos lo llaman derecho de retracto o arrepentimiento.

Es importante determinar a partir de qué momento se considera divulgada una obra, ya que a partir de allí los derechos patrimoniales sobre ella, que nacieron con su creación, se ponen de manifiesto.

[3] FERNÁNDEZ BALLESTEROS, Carlos A. , *Marco Jurídico Internacional del Derecho de Autor y de los Derechos Conexos. De Berna (1886) a los Tratados de la OMPI* (1996), Documento Desarrollado en la II Jornada de Derecho de Autor en el Mundo Editorial, Buenos Aires, 28 y 29 de abril de 2004 (Inédito).

[4] Corte Suprema, 23/11/1989 - Casiraghi, Félix y otros c. La Rioja, Pcia. de s/ daños y perjuicios. *Fallos de la Corte Suprema,* T. 312, P. 2257.

Personalmente creo que la obra se considera divulgada cuando es puesta en conocimiento público por decisión del autor, saliendo de su ámbito o esfera privada.

En segundo lugar el autor tiene el derecho a que se reconozca su *paternidad* sobre la obra, o sea que se le reconozca como el creador de ésta, pudiendo disponer su anonimato o que sea indicado su nombre o el uso de un seudónimo. Este derecho del autor a que se le reconozca la paternidad sobre su obra se conserva aún después de la cesión de la obra, pudiendo consecuentemente reivindicar su paternidad y oponerse a cualquiera que quiera deformarla, mutilarla o modificarla de cualquier modo, antes o después de ceder o transferir la obra.

Este derecho de paternidad le confiere al autor también el derecho de defender su autoría ante terceros que la pretendan o se la impugnen.

A este respecto ha dicho nuestro máximo Tribunal:

> "Debe distinguirse entre el derecho de los autores al disfrute patrimonial exclusivo de su creación intelectual, del derecho a que se les reconozca la paternidad espiritual de la obra que, dada su intrínseca naturaleza moral, resulta inseparable de la personalidad de los creadores"[5].

En tercer lugar, el autor tiene derecho a que se respete la *integridad* de la obra, o sea hacerla respetar como él la ha creado, pudiendo oponerse a cualquier modificación o mutilación de ésta. Este derecho a hacer respetar la integridad de la obra es transmisible a los herederos o derechohabientes del autor y lleva implícito el derecho a oponerse a todo acto de menosprecio con respecto a la obra que sea perjudicial para el honor o reputación del autor.

También la Cámara Comercial en un interesante fallo describe los derechos morales de los autores sobre sus obras, cuando expresa:

> "Cuando se trata del autor de alguna obra de arte, el derecho moral tiene por objeto defender su personalidad de posibles lesiones a su capacidad o calidad creadora, es un derecho de la personalidad del creador inalienable e irrenunciable en razón a su obra. Nace como derecho subjetivo en cabeza exclusiva del autor con varios de los caracteres de los derechos de aquélla y se funda en el principio de que la personalidad humana es intangible y trata de evitar que se perjudique, en lo esencial, los intereses personales o artísticos del autor (cfr. Isidro Satanowsky, *Derecho Intelectual*, Ed. Tipográfica Editorial Argentina, –TEA, Bs.As., 1954, p. 510, punto B). En otros términos, designa el conjunto de facultades destinadas a la protección de la personalidad del autor de una de las posibles lesiones a su capacidad o calidad creadora, y está integrado, entre otros, 'por el derecho a exigir que se respete su paternidad intelectual y la integridad de su obra' que en Francia se denomina 'Derecho de respeto': al nombre del autor, a

[5] Corte Suprema, 4/11/1975, Gatto, Horacio c. Fermata Argentina SRL, *ED* 67-370.

su calidad de tal y a su obra. En razón de ello, cuando ese derecho es lesionado, se le causa un agravio moral que debe ser resarcido (cfr. Incom, esta Sala, 5.2.96, Fioravanti c. Techint)"[6].

Por último destaco que los derechos morales nacen con la creación de la obra y su existencia y reconocimiento es independiente del registro de la obra. El cumplimiento de esta obligación, que más adelante veremos, no tiene influencia alguna en estos derechos del autor o sus derechohabientes sobre la obra.

Para concluir, podría decir que los derechos morales tienen para el autor las siguientes características:

- Son personales e inherentes a su persona, pues nacen de un acto creador del autor.
- Son perpetuos, por ser inherentes a la persona, a diferencia de los derechos patrimoniales que están limitados en el tiempo.
- Son extrapatrimoniales pues no pueden estimarse en dinero, si bien su violación puede producir derechos resarcitorios de carácter patrimonial a favor del autor.
- Son transmisibles a los herederos por causa de muerte, y en algunos casos son transmisibles también a los derechohabientes.
- Son absolutos, ya que pueden ser oponibles *ergaomnes*.
- Son inalienables ya que, en su gran mayoría, permanecen en el autor aun luego de transferidos los derechos patrimoniales sobre la obra.
- Son irrenunciables e inexpropiables, por ser prerrogativas inherentes a la persona.
- Son imprescriptibles, ya que no se pueden adquirir ni perder por el transcurso del tiempo.

La Cámara Civil ha resumido estas características en el fallo Cresseri c. SADAIC, donde expresó:

"El principio de perpetuidad de los derechos de autor se desprende de dos hechos básicos: 1°) la obra queda siempre dentro de la esfera del autor. La vigencia sin término del derecho moral es un lógico complemento de la inalienabilidad del mismo. El autor puede siempre reivindicar su derecho moral, que subsiste por sobre todos los plazos a favor de terceros a que haya podido someter su obra, y que sólo rigen en el aspecto pecuniario; 2°) la obra constituye por sí misma algo autónomo, perfecto, cerrado, cuya pureza debe mantenerse por encima de los plazos que condicionan el derecho pecuniario"[7].

[6] CNCom., Sala A, 25.10.07, Cresta, Norberto c. Galería de arte de Santi y de Santi, Héctor s/ordinario, Fuente: Base Jurisprudencia Utsupra.com. Nª A00250355268

[7] CNCiv., Sala C, 19/9/78, Cresseri, Artidorio, suc. c. SADAIC. *ED* 81-169, *LL* 1979B-108, 109.

2. Los derechos patrimoniales

Estos derechos subjetivos patrimoniales le dan al autor la exclusividad de la explotación de su obra por cualquier procedimiento y, consecuentemente, la facultad de obtener beneficios económicos derivados de aquélla.

Son derechos que poseen el actor y sus herederos o derechohabientes a gozar de los beneficios económicos que derivan de la obra, derechos que se extienden por un período determinado de tiempo y que son transmisibles a terceras personas físicas o jurídicas, a título gratuito u oneroso.

En la práctica, es muy raro que los autores o sus herederos, personalmente hagan uso de estos derechos patrimoniales. Es difícil encontrar un autor que publique su obra en forma personal. En general los autores delegan en terceros la utilización de sus obras. Esos terceros pueden ser editores o sociedades de gestión de derechos, o quienes se encargan de la explotación de la obra en nombre del autor.

Nuestra Corte Suprema ha dicho que debe distinguirse entre el derecho de los autores al disfrute patrimonial de su creación intelectual, del derecho a que se les reconozca la paternidad espiritual de la obra que, dada su intrínseca naturaleza moral, resulta inseparable de la personalidad de los creadores[8].

Los derechos patrimoniales se encuentran dentro de la esfera de los derechos reales, pero como un típico dominio imperfecto sobre un bien inmaterial, tanto por la limitación del plazo para los herederos o derechohabientes del autor, como por su condición de revocable.

Así lo ha entendido la doctrina, y al respecto es interesante leer en el informe con que se elevó el proyecto de ley al Senado lo que el senador Sánchez Sorondo expresó:

> "... la comisión entiende fijar su criterio a este respecto, estableciendo que el derecho de propiedad sobre la obra artística, literaria o científica, es un derecho real, dentro de lo que esta terminología significa en nuestro Derecho Civil, un derecho real sometido al término de su ejercicio y en cuanto a las condiciones especiales de su realización a lo que disponga la ley especial y es precisamente esta ley la que aconsejamos la consideración del Senado...".

La propiedad intelectual que confieren los derechos de autor tiene también otra diferencia con el dominio clásico. La forma de adquisición de la propiedad intelectual es el acto de creación de su autor, diferente de las formas de adquisición del dominio establecidas por el Código Civil.

Los derechos patrimoniales del autor sobre su obra, a diferencia de los derechos morales, son de carácter temporal, irrenunciable y transmisible.

[8] CSJN, 27.9.74, *Fallos* 293; 362.

Como bien nos señala Delia Lipszyc[9]: "Los derechos patrimoniales no están sujetos a *numerus clausus*. Los derechos de explotación de que dispone el autor son tantos como formas de utilización de la obra sean factibles, no sólo en el momento de la creación de la obra, sino durante todo el tiempo en que ella permanezca en el dominio privado."

Los derechos patrimoniales de explotación del autor son genéricos y tan numerosos como numerosas sean las formas de explotación que se pueda dar a la obra creada.

> El artículo 2° de la ley 11.723 efectúa una enumeración, evidentemente no taxativa sino meramente enunciativa, de los derechos patrimoniales del autor, al establecer: "El derecho de propiedad de una obra científica, literaria o artística, comprende para su autor la facultad de disponer de ella, de publicarla, de ejecutarla, de representarla, y exponerla en público, de enajenarla, de traducirla, de adaptarla o de autorizar su traducción y de reproducirla en cualquier forma."

Múltiples son las clasificaciones que podríamos dar de los derechos patrimoniales; sin embargo, por razones metodológicas me atrevo a clasificar estos Derechos en:

- *Derecho de disposición:* La ley establece que el derecho de propiedad de una obra, "comprende para su autor la facultad de disponer de ella", adoptando similar criterio que el derecho de disposición de las cosas que establece el Código Civil en el artículo 2513, cuando preceptúa: "Es inherente a la propiedad el derecho de poseer la cosa, disponer o servirse de ella, usarla y gozarla conforme a un ejercicio regular...".
  Este derecho de disposición es un derecho de carácter exclusivo que tiene como corolario los restantes derechos patrimoniales del autor: reproducción, distribución, alquiler, comunicación pública, transformación y participación.
- *Derecho de reproducción:* Derecho de autorizar o prohibir la reproducción de la obra por cualquier procedimiento o bajo cualquier forma.
- *Derecho de distribución:* Derecho de poner a disposición del público el original o copias de la obra mediante su venta, o cualquier otra forma de transferencia de la propiedad, o mediante el alquiler o la cesión temporal de la obra.
- *Derecho de comunicación pública:* La comunicación pública es el acto por el cual una pluralidad de personas pueda tener acceso a la obra sin previa distribución de ejemplares a cada una de ellas, y genera consecuentemente un derecho de contenido patrimonial para el autor.
- *Derecho de transformación:* Derecho de autorizar a otro la modificación de la obra, ya sea por traducción, adaptación o cualquier otra modificación

[9] LIPSZYC, Delia, *Derecho de autor y derechos conexos*, Ediciones Unesco-Cerlalc-Zavalía, Buenos Aires, 2007, pág. 175.

en su forma de la que se derive una obra diferente. En el caso de las bases de datos, se considera transformación su reordenación.

- *Derecho de participación*: Es el derecho que tienen los autores de obras artísticas de recibir una parte del precio que se obtiene en las sucesivas ventas de la obra original por ellos creadas. Hasta la fecha no ha sido instrumentado en la Argentina.

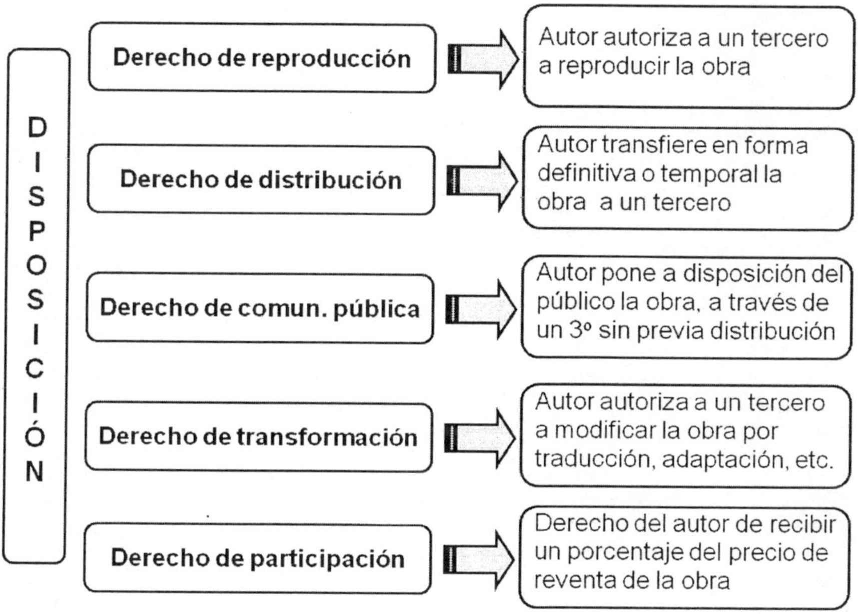

Estos derechos patrimoniales son independientes entre sí, por lo que el otorgamiento de uno de ellos no se extiende a los demás. Puede entonces el autor demandar por la utilización fuera del destino expreso de la autorización, como también por la explotación luego de concluido el plazo de vigencia o en ámbitos diferentes de los convenidos.

Capítulo V

LOS DERECHOS PATRIMONIALES. DERECHO DE REPRODUCCIÓN

El derecho de propiedad del autor sobre su obra tiene como lógica consecuencia una serie de derechos de orden patrimonial, uno de los cuales, y posiblemente el más importantes es el derecho de reproducción.

El derecho de reproducción es la facultad exclusiva que tiene el autor, o en su caso el editor de la obra, de autorizar o prohibir su reproducción, y se encuentra consagrado por todos los Convenios Internacionales a partir del Convenio de Berna, y receptado por la totalidad de las legislaciones del mundo que protegen desde hace muchos años a las obras intelectuales contra la reproducción sin la autorización del titular de los derechos de propiedad intelectual.

Nuestra ley 11.723 otorga claramente al autor este derecho de reproducción en el art. 2° de la ley 11.729, entendiendo por reproducción a la realización de una o más copias de la totalidad o de una parte de una obra, por cualquier procedimiento y bajo cualquier forma.

El objeto reproducido puede ser cualquiera de las obras protegidas por el régimen de los derechos de autor, y recordemos acá que la ley argentina ampara ampliamente a las obras científicas, literarias y artísticas, mencionando la ley a algunas de ellas en un listado meramente enunciativo.

Consecuentemente, cualquier acto de reproducción que no cuente con la expresa autorización de su autor, herederos o derechohabientes o del titular de los derechos sobre la obra, configura un acto ilícito generador de responsabilidad civil, conforme al art. 2° de la ley 11.723, y puede tipificar además el delito de defraudación normado en los arts. 71, 72 y 72 bis de la ley, como veremos al tratar el capítulo XIII.

Lamentablemente en las últimas décadas nuevas técnicas y tecnologías de la información y la comunicación han facilitado enormemente la reproducción de las obras, tanto en el campo de la obra escrita como de la obra musical o audiovisual.

La facilidad y la alta calidad que se obtiene en el copiado, tanto de la obra escrita como de la música y de las películas en archivos digitales comprimidos, son una realidad, que facilita enormemente la reproducción y la trasmisión, muchas veces sin respetar los derechos de los autores y titulares de derechos.

Los sectores más afectados por esta reproducción ilícita, producto en gran parte de las nuevas tecnologías y de la digitalización de las obras, han sido la industria discográfica, la industria del software y la industria de las obras audiovisuales. En menor medida ha sido el impacto con relación al libro y a la industria editorial, si bien esta última se enfrenta desde no hace mucho con un fenómeno como es el de la digitalización de los libros y su inclusión en sitios de Internet, sin la autorización debida de los titulares de los derechos.

Como ya hemos visto, la totalidad de las legislaciones del mundo protegen desde hace muchos años a las obras intelectuales contra la reproducción sin la autorización del titular de los derechos de propiedad intelectual.

Casi todas las normativas, al brindar esa protección a las obras científicas, literarias y artísticas, lo hacen estableciendo expresamente que "la protección existe frente a cualquier procedimiento de reproducción", adoptando así el amplio concepto que de reproducción han dado los diferentes Convenios Internacionales a partir del Convenio de Berna.

1. Diferentes formas de reproducción

Este derecho de reproducción del autor implica entonces, entre otras, la facultad exclusiva de:

- Autorizar la edición de una obra por cualquier procedimiento gráfico.
- Autorizar la reproducción mecánica mediante copiadoras de fonogramas, videogramas, cd, dvd, o de cualquier otro soporte.
- Autorizar la reproducción reprográfica por medio de la fotocopia o del escaneo.
- Autorizar la reproducción digital o en Internet.
- Autorizar la reproducción por cualquier otro medio existente o a existir.

Es común encontrar hoy en día contratos de edición en los que el autor autoriza la reproducción gráfica de la obra, pero en los que nada se dice de otras formas posibles de reproducción, como podría ser la reproducción en formato digital o en Internet. En este caso el derecho del editor debe ajustarse a lo acordado, y cualquier reproducción en formato digital o en Internet que realice no está comprendida en el contrato y debe ser acordada complementariamente para no pasar a ser una reproducción indebida.

El Convenio de Berna en el art. 9.1 establece:

> "Los autores de obras literarias y artísticas protegidas por el presente Convenio gozarán del derecho exclusivo de autorizar la reproducción de sus obras por cualquier procedimiento y bajo cualquier forma".

Estableciendo luego que

> "Se reserva a las legislaciones de los países de la Unión la facultad de permitir la reproducción de dichas obras en determinados casos especiales, con tal que esa reproducción no atente a la explotación normal de la obra ni cause un perjuicio injustificado a los intereses legítimos del autor".

Como vemos en la primera parte del artículo, se establece el derecho exclusivo del autor de autorizar la reproducción, y en la segunda parte se acepta que las legislaciones de los países de la Unión de Berna[1] puedan crear excepciones a ese derecho del autor siempre que no se atente con la explotación normal de la obra ni se cause un perjuicio injustificado al autor.

Esta norma de Berna, reiterada en el art. 10 del Tratado de la OMPI sobre Derecho de Autor de 1996 (WTC), consagra la posibilidad de que los Estados establezcan limitaciones o excepciones al derecho de reproducción, siempre que se cumpla lo que se conoce como regla de los tres pasos:

- Reproducción sólo en casos especiales.
- No atentar contra la explotación normal de la obra.
- No causar perjuicio injustificado a los intereses del autor.

En la República Argentina la ley 11.723 de Propiedad Intelectual consagra en sus artículos 1° y 2° el principio de la protección de las obras intelectuales, contra la reproducción no autorizada, estableciendo expresamente la facultad exclusiva del autor de una obra de "reproducirla en cualquier forma", y consecuentemente de autorizar su reproducción.

La ley argentina adoptó ya en su momento el principio que luego establecería el Convenio de Berna y referido al derecho exclusivo del titular del derecho de propiedad intelectual sobre una obra de autorizar su reproducción.

Este principio se ve reafirmado en los arts. 72 y siguientes de nuestra ley, en donde se crean tipos penales para quienes reproduzcan, por cualquier medio o instrumento, una obra inédita o publicada sin autorización de su autor o derechohabientes.

Debo destacar que cuando se dictó la ley 11.723 pocos eran los procedimientos de reproducción existentes, pero con el paso del tiempo, los cambios tecnológicos primero y las innovaciones informáticas después, facilitaron enormemente la reproducción por nuevos procedimientos y equipos, reproducción ésta que muchas veces no cuenta con la debida autorización del autor.

2. Excepciones o limitaciones al derecho de reproducción

La ley argentina también establece algunas excepciones o limitaciones al derecho de reproducción, que por ser de interpretación restrictiva deben estar marcadas taxativamente por la ley.

En todos los casos, si se da la excepción, no se requiere la autorización del titular del derecho.

Estas excepciones o limitaciones pueden ser de diferente carácter, distinguiéndose en doctrina entre:

[1] Unión Internacional para la Protección de las Obras Literarias y Artísticas, creada por el Convenio de Berna para la Protección de las Obras Literarias y Artísticas, e integrada por los Estados firmantes del referido convenio.

- Excepciones que autorizan la utilización libre y gratuita, a las que se las denomina en doctrina "restricciones no remunerativas" o "utilizaciones libres y gratuitas".
- Excepciones que autorizan la utilización, pero que están sujetas a remuneración, designándoselas como "licencias no voluntarias", distinguiéndose dentro de ellas a las licencias legales y a las licencias obligatorias.

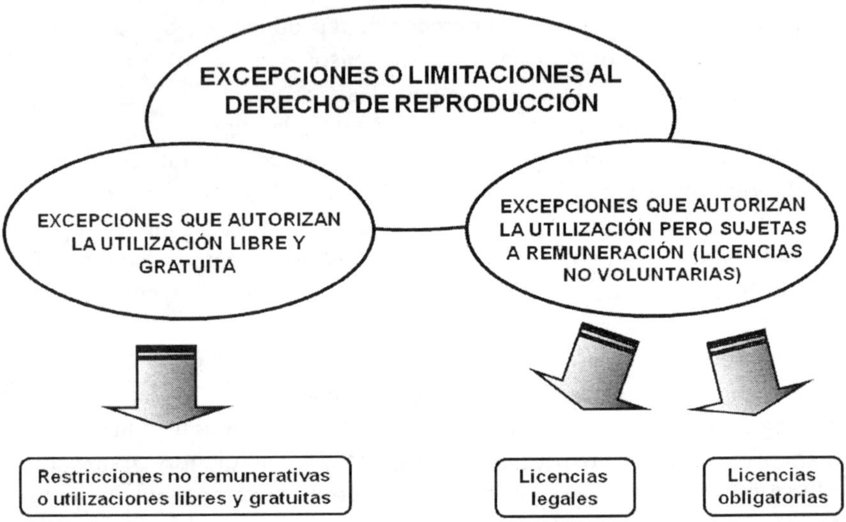

Las restricciones no remunerativas o utilizaciones libres y gratuitas, como los términos lo indican, son limitaciones al derecho exclusivo del autor de autorizar la reproducción, y permiten, en ciertas circunstancias y dentro de ciertos límites, la utilización libre y gratuita de las obras.

Con relación a las licencias no voluntarias, el autor percibe una remuneración, pero mientras que en las licencias legales la remuneración la fija una norma legal o una autoridad competente, en las licencias obligatorias, la remuneración en principio la fijan las partes y sólo en caso de no existir acuerdo la determina una autoridad.

Delia Lipszyc condiciona estas licencias no voluntarias al cumplimiento de tres requisitos: "1) Las licencias no voluntarias pueden conferir únicamente un derecho no exclusivo. 2) Son incesibles. 3) No deben lesionar, en ningún caso, el derecho moral del autor. 4) Deben asegurar el derecho del autor a recibir una remuneración equitativa mediante la fijación de tarifas o bien instituyendo una instancia judicial o arbitral encargada de establecerlas en caso de que las partes no arriben a un acuerdo amistoso. 5) Sus efectos se limitan al país que las ha establecido"[2].

[2] Lipszyc, Delia, *Derecho de autor y derechos conexos*, Ediciones Unesco-Cerlalc-Zavalia, Buenos Aires, 2007, pág. 240.

Me referiré en particular a cada una de las excepciones aceptadas por nuestro régimen legal.

A. El derecho de cita

Esta excepción al derecho de autorizar la reproducción está contemplada en el art. 10 de la ley, que establece: "Cualquiera puede publicar con fines didácticos o científicos, comentarios, críticas o notas referentes a las obras intelectuales, incluyendo hasta mil palabras de obras literarias o científicas u ocho compases en las musicales y en todos los casos sólo las partes del texto indispensables a ese efecto. Quedan comprendidas en esta disposición las obras docentes, de enseñanza, colecciones, antologías y otras semejantes. Cuando las inclusiones de obras ajenas sean la parte principal de la nueva obra, podrán los tribunales fijar equitativamente en juicio sumario la cantidad proporcional que les corresponde a los titulares de los derechos de las obras incluidas".

Como vemos, la primera parte del artículo es una de las excepciones comprendidas en las que denominamos restricciones no remunerativas, pero la última parte de la norma se refiere ya no al derecho de cita sino a una inclusión de la obra de un tercero que constituye la parte principal de la nueva obra, y en ese caso estamos frente a una licencia no voluntaria que genera remuneración.

En el sentido de la ley, la cita es un fragmento breve de otra obra escrita, sonora o visual y cuya finalidad es fundamentar y aclarar las opiniones de quien menciona la cita.

La jurisprudencia ha dicho:

> "El derecho de cita que confiere el art.10 de la ley 11.723, es una restricción al derecho del autor impuesta en beneficio público. Favorece la producción intelectual, facilitando la crítica y la investigación"[3].

Para que el fragmento transcripto opere como derecho de cita deben cumplirse los requisitos enumerados en el art. 10.

Tal como éste refiere, la cita debe tener una finalidad científica o didáctica, y a este respecto la jurisprudencia ha establecido:

> "La ley de propiedad intelectual permite en forma limitada incluir en una obra parte de otra u otras siempre que ello lo sea con fines didácticos o científicos, fijando como metro para su licitud el máximo de mil palabras para el caso de obras literarias. El autor tiene el derecho exclusivo de usar y gozar de su obra de la manera más absoluta, salvo las limitaciones que resulten de la propia naturaleza y del interés público al progreso de la cultura"[4].

También ha dicho que

[3] Juzg. Prim.Inst. en lo Civil, 28/03/42, Chaneton, Abel c. Caso Sedano Acosta, Juana, *LL* 26-164.

[4] CNac.Civil, Sala A, 26/12/75, *ED* 67-456.

"la utilización de material ajeno, en virtud del derecho de cita, sólo es admisible en las obras que tienen fines científicos o didácticos"[5], y que "Tratándose de obras musicales, a pesar de hacerse en forma de comentario o crítica musical, si la parte extractada constituye parte principal de la nueva obra científica o literaria deberá pagarse el derecho de autor, en razón de constituir el fundamento primordial de su rendimiento económico"[6].

Con relación a la extensión de la cita, si bien la norma adopta el sistema conocido como "de cita tasada", estableciendo que se debe limitar la utilización hasta las mil palabras (tratándose de obras literarias) y ocho compases (tratándose de obras musicales), esta extensión limitada no rige con relación a obras breves, y en tal sentido se ha expresado que no cabe ampararse en el "derecho de cita" si la trascripción de un párrafo constituye el tema principal o único de la publicación que lo utiliza[7].

Lipszyc agrega que "debe indicarse siempre la fuente de la cita y el autor de la obra citada a fin de respetar el derecho moral del autor y de que no se confundan la opinión de quien cita con la del autor citado"[8].

Por último, entiendo que siendo el derecho de cita una excepción, debe ser considerada de interpretación restrictiva, por lo que en el régimen de la ley argentina no está contemplado el derecho de cita respecto de dibujos, grabados, fotografías, videos, y cualquier otro tipo de obra que no sean de texto o musicales. Creo por ello que en estos casos no se puede usar este derecho de cita sin contar con la correspondiente autorización expresa del autor.

B. Los discursos parlamentarios

La publicación de los discursos parlamentarios sin fines de lucro es una limitación al derecho de reproducción de carácter no remunerativo que surge *a contrario sensu* de lo establecido por el art. 27 segunda parte, que preceptúa que los discursos parlamentarios no podrán ser publicados con fines de lucro sin la autorización del autor. De allí entonces que si la publicación del discurso parlamentario se efectúa sin un fin lucrativo, tal publicación es libre y no requiere autorización alguna.

También se ha dicho que "No viola el derecho del autor quien reproduce palabras aisladas de un discurso insusceptibles de proporcionar, siquiera parcialmente, una noción del contenido de las obras que se pretende tutelar"[9].

Con relación a los discursos políticos o literarios y en general las conferencias sobre temas intelectuales, la ley en la primera parte del art. 27 establece para su

[5] CNac.Civil, sala D, 28/02/57, *LL* 86-648.

[6] CNac.Civ, Sala 1°, 10/11/43, *LL* 33-717.

[7] Cnac.Civ, Sala D, 28/02/57, *LL* 86-648.

[8] Lipszyc, Delia, *Derecho de autor y derechos conexos*, Ediciones Unesco-Cerlalc-Zavalía, Buenos Aires, 2007, pág. 232.

[9] CNacCiv., Sala D, 28/02/57, J.A. 957-II-509.

publicación la necesaria autorización del autor en todos los casos, exceptuándose únicamente del requisito de tal autorización cuando se trata de "la información periodística".

C. Las noticias de interés general

Evidentemente las noticias de interés general no son propiedad de nadie y pueden ser publicadas y trasmitidas libremente pues están en el dominio público.

Nos encontramos acá nuevamente frente a una restricción no remunerativa contemplada en el art. 28 *in fine* de la ley, que establece que las noticias de interés general podrán ser utilizadas, transmitidas o retransmitidas, pero que cuando se publiquen en su versión original es necesario expresar la fuente de donde han sido tomadas.

Por el contrario, la ley en la primera parte del art. 28 y refiriéndose a la propiedad sobre las publicaciones en diarios y revistas establece: "Los artículos no firmados, colaboraciones anónimas, reportajes, dibujos, grabados o informaciones en general que tengan un carácter original y propio, publicados por un diario, revista u otras publicaciones periódicas por haber sido adquiridos u obtenidos por éste o por una agencia de informaciones con carácter de exclusividad, serán considerados como de propiedad del diario, revista, u otras publicaciones periódicas, o de la agencia".

D. Los fines educativos y la ejecución por organismos públicos

La representación, la ejecución y la recitación de obras literarias o artísticas no publicadas con fines educativos, y la ejecución o interpretación de piezas musicales por organismos musicales del Estado, son también restricciones no remunerativas.

El art. 36 de la ley, en su primer párrafo, reafirma el derecho exclusivo del que gozan los autores de autorizar la reproducción de este tipo de obras, pero en su segundo y tercer párrafo establece estas dos excepciones a ese derecho exclusivo, al disponer:

> "... será lícita y estará exenta del pago de derechos de autor y de los intérpretes que establece el artículo 56, la representación, la ejecución y la recitación de obras literarias o artísticas ya publicadas, en actos públicos organizados por establecimientos de enseñanzas, vinculados en el cumplimiento de sus fines educativos, planes y programas de estudio, siempre que el espectáculo no sea difundido fuera del lugar donde se realice y la concurrencia y la actuación de los intérpretes sea gratuita. También gozarán de la exención del pago del derecho de autor a que se refiere el párrafo anterior, la ejecución o interpretación de piezas musicales en los conciertos, audiciones y actuaciones públicas a cargo de las orquestas, bandas, fanfarrias, coros y demás organismos musicales pertenecientes a institu-

ciones del Estado Nacional, de las provincias o de las municipalidades, siempre que la concurrencia de público a los mismos sea gratuita."

Como vemos, se trata de dos excepciones o restricciones no remunerativas, la primera se refiere a la representación, la ejecución y la recitación de obras literarias o artísticas, debiendo darse los siguientes requisitos:

- Que se trate de una obra ya publicada. La norma legal menciona esta condición de que se trate de una obra publicada; sin embargo, puedo afirmar que en el caso de las obras inéditas, existe también la posibilidad de que esta representación, ejecución o recitación pueda efectuarse sin autorización del autor, ya que, como veremos más adelante, la ley argentina en el art. 63 establece la obligación de inscripción de todo tipo de obras, estipulando que la falta de tal inscripción produce la suspensión de los derechos.
- Que la utilización sea en actos públicos organizados por establecimientos de enseñanza, vinculados con el cumplimiento de sus fines educativos, planes y programas de estudio.
- Que el espectáculo no sea difundido fuera del lugar donde se realice.
- Que la concurrencia del publico sea gratuita.
- Que la actuación de los intérpretes sea gratuita.

La segunda excepción se refiere a la ejecución o interpretación de piezas musicales en conciertos, audiciones y actuaciones públicas, requiriéndose aquí:

- Que la ejecución o interpretación sea a cargo de las orquestas, bandas, fanfarrias, coros y demás organismos musicales pertenecientes a instituciones del Estado Nacional, de las provincias o de las municipalidades.
- Que la concurrencia del público sea gratuita.

E. Excepciones destinadas a los ciegos y personas con otras discapacidades perceptivas

La ley admite la reproducción y distribución de obras científicas o literarias en sistemas especiales para ciegos y personas con otras discapacidades perceptivas, siempre que la reproducción y distribución sean hechas por entidades autorizadas, así como para las obras que se distribuyan por vía electrónica, encriptadas o protegidas por cualquier otro sistema que impida su lectura a personas no habilitadas.

Estas dos excepciones al derecho de los autores (la norma menciona erróneamente exención al decir: "se exime") se encuentran dentro de las restricciones no remunerativas, ya que la ley expresamente establece que se las exime del pago de los derechos de autor. Fueron incorporadas al texto del art. 36 de la ley 11.723 por la ley 26.285 dictada en agosto de 2007 sobre un proyecto del diputado Terragno.

En ambos supuestos se trata de proteger a los ciegos y otras personas con discapacidades visuales, y ayudarlos a acceder a las obras, ya sea mediante los mecanismos tradicionales o a través de nuevas técnicas, todos estos sistemas englobados dentro de lo que, conforme los fundamentos de la ley, se denomina recursos de tiflotecnología.

Para poder entender el significado de la norma, que creo no es muy claro y que se encuentra metodológicamente mal ubicado dentro de la ley, ya que está junto con la normativa de excepciones al derecho de comunicación pública cuando el caso se refiere a una excepción al derecho de reproducción, debo decir que Tiflolibros es una red de intercambio gratuito de textos para invidentes, vía Internet, constituida en Buenos Aires en 1999 y que tiene una lista de usuarios integrada hoy por más de 2.000 miembros, casi todos ciegos o con disminuciones visuales severas o personas con discapacidades físicas o neurológicas que les impiden la lectura convencional.

Actualmente Tiflolibros tiene un fondo editorial de 17.000 libros en formato digital. Los usuarios de Tiflolibros se comunican vía Internet para acceder a las obras, habiendo Tiflolibros introducido las siguientes normas y recaudos:

1°) Sólo pueden acceder a los Tiflolibros quienes tengan nombre de usuario y contraseña, que la asociación entrega únicamente a aquellas personas que acrediten su discapacidad mediante certificado médico o carnet de asociación de ciegos.

2°) Para impedir el uso indebido de los textos, dos programadores ciegos desarrollaron el Tiflolector: un software que no permite copiar, cortar ni imprimir parte alguna del texto. El Tiflolector trabaja con archivos encriptados, con extensión .tfl, que sólo son legibles mediante el lector de pantalla de computadora que usan las personas ciegas. En la Biblioteca del Congreso hay tales lectores, en virtud de un convenio suscrito con Tiflolibros.

3°) Tiflolibros ha firmado, además, acuerdos con editoriales como Grupo Editorial Planeta Argentina, Grupo Alfaguara, Taurus, Aguilar, Fondo de Cultura Económica y Edebé, las cuales ceden sus libros en formato digital y autorizan la difusión en las condiciones establecidas por la propia Tiflolibros.

Adecuándose a este mecanismo el texto del art. 36 de la ley establece una serie de recaudos necesarios para evitar el menoscabo de los derechos de autor y el legítimo interés comercial, estableciendo que:

- Las reproducciones y distribuciones sólo pueden ser hechas por un organismo estatal o una asociación sin fines de lucro, con personería jurídica, dedicada a asistir a personas ciegas o con otra discapacidad que les impida la lectura convencional.
- La distribución electrónica debe hacerse encriptada o protegida por otro método que requiera el uso de claves de acceso, y estas claves deben ser asignadas y administradas por los organismos estatales o asociaciones sin fines de lucro a que se refiere el punto anterior.
- El encriptado, o método alternativo de protección, que vede el acceso a personas no habilitadas, es considerado esencial, dado que la difusión no protegida podría causar perjuicio injustificado a los intereses legítimos del autor, o ir en detrimento de la explotación normal de las obras. Esto significa que la transmisión de obras no protegidas viola la ley 11.723.

- Las obras destinadas a ciegos o personas con otras discapacidades equivalentes deben consignar los datos del organismo estatal o asociación sin fines de lucro que edite o distribuya y el nombre de la persona física o jurídica a la cual pertenezcan los derechos de autor.
- Asimismo, en las propias obras debe advertirse que su uso indebido será reprimido con prisión, conforme al artículo 172 del Código Penal.

F. La publicación del retrato

El art. 31 *in fine* de la ley 11.729 establece que es libre la publicación del retrato cuando se relacione con fines científicos, didácticos y en general culturales, o con hechos o acontecimientos de interés público o que se hubieren desarrollado en público, configurando así una excepción al derecho de reproducción.

En lo demás el art. 31 protege el retrato fotográfico, el cual no puede ser puesto en el comercio sin el consentimiento expreso de la persona retratada o sus herederos.

Tanto el art. 31 de la ley 11.723 como el art. 1071 bis del Código Civil protegen el uso de la imagen de las personas, y consecuentemente amparan en particular al retrato fotográfico, pero establecen esta excepción cuando se trata de fines científicos, didácticos y en general culturales, o con hechos o acontecimientos de interés público o que se hubieren desarrollado en público, en cuyo caso no es necesaria la autorización.

Fuera de este caso de excepción, la publicación del retrato sin la debida autorización expresa configura un ilícito civil generador del deber resarcitorio.

La jurisprudencia ha reiterado este criterio:

> "... De lo expuesto debe necesariamente seguirse que en el caso en estudio resulta de aplicación lo dispuesto por el Art. 31 de la ley 11.723 en tanto establece que 'el retrato fotográfico de una persona no puede ser puesto en el comercio sin el consentimiento expreso... (siendo)... libre la publicación del retrato cuando se relaciona con fines científicos, didácticos y en general culturales, o con hechos o acontecimientos de interés público o que se hubieran desarrollado en público'.
>
> De tal manera que siendo por cierto, tal como lo indican la lógica y el sentido común –pilares de la sana crítica–, la publicación efectuada por el diario *La Nación* que diera lugar a estas actuaciones de carácter científico, estadístico y que hacen al interés de la comunidad, entiendo que no existe mérito alguno para considerar que en el caso se ha lesionado antijurídicamente el derecho a la imagen del accionante Herrera, ni que fuera necesario consentimiento expreso de su parte para su publicación. Así lo ha señalado la doctrina y jurisprudencia al afirmar que cuando existe un interés general, que justifique la libre publicación de una imagen no se vulnera lo concerniente a los derechos personalísimos (v. Salas-Trigo Represas t. 3, pág. 428 y ss., entre otros). Es el interés general a informar sobre un tema científico

no agraviante, el que configura la excepción a la protección dispuesta tanto por el citado artículo 31 y por el 1071 bis del Cód. Civil..."[10].

Distinta es la situación de la publicación del retrato con otros fines. En ese caso se requiere autorización para ser puesto en el comercio y no puede tampoco cambiarse el destino de la autorización otorgada. La Justicia estimó que era fundado el reclamo promovido por una modelo de publicidad a quien le fue tomada una fotografía mediante la remuneración de práctica para el aviso de una firma y en una revista determinada apareciendo luego la fotografía en otra revista[11].

Es interesante el fallo Bocanera, Orlando c. Diario Clarín y otro s. Daños y perjuicios, en donde se expresó:

> "... En distintos supuestos, la jurisprudencia destacó que la publicación de fotografías por un medio periodístico, obtenidas algunas subrepticiamente, o provistas por terceros, o por el propio afectado para un fin distinto, o bien facilitadas por la autoridad policial, y sin autorización del interesado, viola su derecho a la imagen, pues para la difusión pública es necesaria la previa conformidad del fotografiado... La autorización debe ser expresa pues literalmente así lo exige el art. 31 de la ley 11.723, que reformando la exigencia, se apartó en ello de su fuente, el art. 11 del Real decreto Italiano de 1925 que admitía el consentimiento tácito..."[12].

G. La copia de salvaguarda de un programa de software

La modificación de la ley 11.723 por parte de la ley 25.036 además de incorporar a las obras de software en el listado del art. 1° de la ley, introdujo también en el art. 9°, como segundo párrafo, esta limitación al derecho de reproducción, o restricción no remunerativa, posibilitando la reproducción por parte del licenciatario de un programa de software de una única copia del programa, a los efectos de su salvaguarda.

La realización de esta copia de salvaguarda, a la que se llama habitualmente *back up*, era una práctica habitual, producto de la necesidad de salvaguardar el programa que se había obtenido por medio de un contrato de licencia frente a una posible pérdida o deterioro del original, generalmente muy frágil en el medio informático. De allí la incorporación de esta excepción al régimen legal que se refiere únicamente al caso de los programas de computación.

[10] CNac. Civil, Sala K; 2/09/2003, Herrera, Ramón S. c. Sociedad Anónima La Nación s/ Daños y perjuicios, http://www.justiniano.com/jurisprudencia/especificos.htm.

[11] Cnac. Com., sala B, 14/05/69, *LL* 136-460.

[12] CNac. Civil, Sala H; 15/04/2004, Bocanera, Orlando c. Diario Clarín y otro s/ Daños y perjuicios, http://www.justiniano.com/jurisprudencia/especificos.htm.

Destaco que muchas veces en la práctica se considera insuficiente la realización de una única copia, ya que las reglas de seguridad informática aconsejan poseer más de una copia *back up*, guardadas incluso en lugares distintos, a los fines de minimizar la posibilidad de pérdida del programa de software.

Estos programas son de enorme valor, muchas veces no tanto por el costo original del programa sino por los datos incorporados a ellos en forma inseparable.

El régimen bancario incluso, en la Comunicación A 2659 del Banco Central, ha establecido la obligación de las instituciones del sistema bancario de contar con dos copias de salvaguarda, almacenada una de ellas en un edificio ubicado a una distancia razonable del centro de procesamiento.

El nuevo párrafo del art. 9° marca una serie de condiciones que deben cumplirse para validar esta excepción:

- Debe ser una única copia del ejemplar original de un programa de computación.
- Está destinada a quien obtuvo una licencia de uso del programa, de su autor.
- Debe contar con una identificación precisa de quién es el licenciado y la fecha en que se realizó.
- Su único destino es servir de ejemplar de salvaguarda.

H. La reproducción de las leyes y sentencias

Si bien, como antes dije, las excepciones o limitaciones al derecho de reproducción deben estar marcadas taxativamente por la ley, existe una de estas excepciones que sin estar indicada expresamente por la ley 11.723, considero que es totalmente válida, y me refiero a la libre reproducción de las leyes en su sentido amplio (leyes, decretos, ordenanzas, etc.), así como las sentencias de los Tribunales de Justicia.

El carácter público que poseen las normas legales y las sentencias de los Tribunales hace que carezcan de la tutela de los derechos de autor.

No nos olvidemos además de que el Código Civil sienta en su art. 20 el principio de la inexcusabilidad del conocimiento de las normas, por lo que si se otorgaran derechos exclusivos sobre las normas jurídicas, no se podría exigir luego su cumplimiento ni se podría aplicar este principio de inexcusabilidad del conocimiento de ellas.

Distinta es la situación de los escritos judiciales redactados por abogados y presentados en expedientes judiciales, en donde en mi entender no cabe excepción alguna. El escrito judicial, cuando posee originalidad e individualidad, es una obra intelectual que como tal está protegida por los derechos de autor, y respecto de la cual no existe excepción alguna al derecho exclusivo de su autor de autorizar su reproducción.

Diferente sería la situación de los informes o dictámenes legales confeccionados por un abogado para su cliente sobre un tema legal. Estos documentos también merecen la protección de los derechos de autor en la medida de su originalidad e individualidad. Recordemos acá que el objeto de los derechos de autor no son las ideas en sí mismas, sino que lo que se protege es la forma original y creativa que los autores han desarrollado de esas ideas.

Consecuentemente, en la medida en que el dictamen o informe reúna estos requisitos, merece la protección legal, pero debemos tener en cuenta que en algunos casos si bien el abogado debe ser considerado el autor, la titularidad de los derechos sobre esta obra intelectual (informe o dictamen) puede corresponder a un tercero que encargó la confección de ese informe o dictamen y pagó una suma de dinero como retribución por ella, y de esta forma adquirió la titularidad de los derechos patrimoniales sobre tal obra y consecuentemente podría utilizar esa obra para su beneficio. Es mi criterio personal, pero admito que es un tema difícil de resolver y nuestra ley no trae elemento alguno específico, si bien si hiciéramos aplicación analógica a este caso del art. 55 de la ley referido a la enajenación de planos, croquis y trabajos semejantes, podríamos llegar a la opinión contraria y considerar que la enajenación del dictamen legal no da derecho al adquirente más allá de la utilización del dictamen para el caso concreto consultado.

I. Licencia obligatoria con relación a los herederos

El derecho que la ley otorga a los herederos o derechohabientes por determinado tiempo no es de carácter absoluto, ya que en determinadas circunstancias dicho derecho cede frente a terceros que deseen utilizar la obra.

Tal el caso de la licencia obligatoria, que la ley 11.723 establece en el art. 6°, en donde regula dos situaciones en las cuales los herederos o derechohabientes titulares de los derechos sobre la obra no pueden oponerse:

- A que terceros la reediten cuando han dejado pasar diez años sin disponer su publicación.
- A que terceros la traduzcan después de diez años del fallecimiento del autor.

Interpretando el primero de los dos casos, la jurisprudencia ha establecido claramente que el plazo de diez años cuenta después de publicada la última edición de la obra[13].

Se entiende que en ambas circunstancias los herederos o derechohabientes han actuado en contra del interés general y de allí que se desplace su derecho a favor de terceros que quieran reeditar o traducir la obra.

En estos casos corresponde el pago a los titulares desplazados de una retribución pecuniaria por la reedición o traducción de la obra, retribución que, conforme la norma legal, es fijada por árbitros en caso de no existir acuerdo entre las partes.

Destaco que esta especie de sanción a los herederos por su inacción no implica la pérdida del derecho patrimonial, sino sólo la pérdida del derecho a prestar su consentimiento.

[13] Cám.Nac.Crim y Correcc., Sala 2ª, 25/8/78, *ED* 81/687

J. Licencia legal establecida en el decreto 1155/58

La Convención Universal sobre Derechos de Autor de 1952 establece en su art. V una licencia obligatoria sobre las obras no traducidas después de transcurridos siete años y conforme el cumplimiento de una serie de requisitos que detalla.

En virtud de ello el decreto 1155/58 estableció la posibilidad para cualquier argentino o extranjero, domiciliado en la Argentina, y previa petición al Ministerio de Justicia por intermedio de la Dirección Nacional del Derecho de Autor, de traducir y publicar en el país las obras originariamente escritas en idioma extranjero y protegidas en la Convención Universal sobre Derechos de Autor de Ginebra de 1952, cuando no haya sido publicada su traducción al castellano luego de transcurridos siete años de la primera publicación, por el titular o los derechohabientes. En ese caso se deberá, entre otras condiciones, depositar el diez por ciento del valor total de la venta al público de la edición declarada para ser entregada al titular del derecho.

Posteriormente a este decreto, el Convenio de Berna (Acta de París de 1971), en su art. 8, reconoció el derecho del autor a la traducción en sentido amplio, estableciendo que los autores de obras literarias y artísticas protegidas por el Convenio gozarán del derecho exclusivo de hacer o autorizar la traducción de sus obras mientras duren sus derechos sobre la obra original.

Atento a que la Argentina ha aprobado el Convenio de Berna, puede interpretarse que esta licencia obligatoria, que había establecido la Convención Universal y el decreto 1555/58, se ha vuelto inoperante, y que para poder traducir y publicar una obra debe siempre contarse con la autorización de su autor, cualquiera que sea el plazo transcurrido desde su publicación sin haberse efectuado su traducción.

K. La problemática de las obras huérfanas

Se denominan obras huérfanas a aquellas obras publicadas que siguen estando protegidas por el régimen de derechos de autor, pero cuyo autor, sus herederos o los titulares de los derechos sobre aquéllas son imposible de identificar o localizar.

Cualquier obra publicada puede transformarse en obra huérfana cuando se desconoce si el autor vive o ha fallecido, así como dónde se domicilia el autor o, en el caso de su fallecimiento, quiénes son sus herederos y dónde se domicilian, o si existen otros titulares de derechos.

Esto provoca las siguientes dos posibles y más comunes situaciones de orfandad:

1) Se conoce el nombre del autor de la obra pero se desconoce su domicilio Consecuentemente, no se puede reeditar la obra mientras que no se acredite su fallecimiento.
2) Se conoce el nombre del autor de la obra y se sabe que éste ha fallecido. Consecuentemente, no se puede reeditar la obra mientras que no se localice a los herederos y éstos no presten su conformidad o transcurran setenta años desde el fallecimiento del autor

La legislación argentina, como la mayor parte de las legislaciones del mundo no contempla estas situaciones, en las que quizá cabría una excepción al derecho de reproducción, o algún sistema en el cual previa demostración de la búsqueda del titular se pudiera reeditar la obra huérfana, sin violar el derecho del presunto titular.

La Federación Internacional de Entidades de Derechos de Reproducción, IFRRO, emitió no hace mucho una declaración abogando por que los usuarios demuestren su buena fe llevando a cabo una búsqueda minuciosa de los titulares antes de usar sus obras. Por otra parte, resalto la importancia de que se creen bases de datos con información pública sobre las "obras huérfanas" y pide que se reconozca el derecho a una remuneración para los titulares de esas obras si aparecen o se los localiza tras haberse reproducido sus obras.

En España, no hace mucho un grupo parlamentario presentó en el Senado un proyecto de modificación a la Ley de Propiedad Intelectual, estableciendo una excepción al derecho de reproducción con relación a las obras huérfanas la norma propuesta, que no fue aprobada, establecía que eran *obras consideradas huérfanas, aquellas de las que no ha resultado posible localizar a los titulares de los derechos de explotación, y que con relación a éstas, después de una búsqueda legítima, podrían ser utilizadas sin autorización.*

Canadá es uno de los únicos Estados que contempla el tema en su legislación. Allí existe un organismo, la Copyright Board, que examina y autoriza licencias de uso de todo tipo de obras huérfanas. Para obtener tal autorización, el usuario debe demostrar que ha realizado "esfuerzos razonables" para localizar –sin éxito– al titular de la obra que quiere utilizar, estableciendo el organismo un importe como contraprestación, que el usuario deberá abonar a la entidad, y sobre el que tiene derecho el titular de la obra durante el término de cinco años.

Creo que tanto éste como el proyectado sistema español son interesantes y deberían servir de fuente en una futura modificación de nuestra ley de propiedad intelectual.

3. La copia privada

Se denomina copia privada a la copia de una obra protegida por los derechos de autor, que se realiza para exclusivo uso personal del copista, en ejemplar único.

Destaco que, para la ley argentina, la reproducción de una obra para fines privados y aun sin fines comerciales no está incluida en las excepciones a los derechos de su titular, por lo que tal accionar es ilícito.

Ésta es la posición adoptada por la ley argentina, posición ésta que no es seguida por todas las legislaciones internacionales en donde en muchas de ellas la reproducción para uso personal del copista y sin finalidad lucrativa no requiere autorización del titular del derecho sobre la obra y consecuentemente no configura ilícito.

Tal el caso de EE.UU., donde la doctrina del *fair use* permite la reproducción para uso privado en una serie de situaciones.

También en España, en donde desde hace algunos años existe como excepción el derecho de copia privada sujeta a remuneración.

Se admite allí la reproducción de una obra divulgada como libro o publicación similar, pero exceptuando los programas de ordenador, mediante aparatos o instrumentos técnicos no tipográficos, en la medida en que esa reproducción sea realizada exclusivamente para uso privado del copista en el ámbito doméstico, sin fin lucrativo, ni uso colectivo ni distribución mediante precio.

En tal caso se origina una remuneración compensatoria equitativa y única a favor de sus titulares de los derechos y cuya recaudación reciben los autores, editores, productores y artistas, asociados a alguna entidad privada de gestión de derechos, en compensación por las copias que se hacen de sus trabajos en el ámbito privado. Esta remuneración proviene de una tasa aplicada a diversos medios de grabación.

Esta reproducción no tiene que contar con la autorización previa de sus titulares para su realización.

Destaco que actualmente se encuentra en el Parlamento argentino un proyecto de ley que, modificando la ley 11.723, incorporaría al régimen argentino la excepción de copia privada. En el proyecto se establece como excepción el derecho de reproducción, que las obras divulgadas en forma de libro puedan reproducirse sin la autorización de sus autores y editores, a condición de que dicha reproducción se efectúe para uso privado y la copia obtenida no sea objeto de utilización lucrativa, estableciendo también el proyecto que los autores y editores, en estos casos, tendrán derecho a una compensación equitativa por los derechos de propiedad intelectual que dejaran de percibir por la reproducción, que surgirá de un canon a aplicar a los fabricantes o importadores de equipos que permitan la reproducción de las obras.

Creo que el proyecto es bueno y tiene su antecedente normativo en la legislación europea sancionada en los últimos años, que a su vez tomó en cuenta la directiva 2001/29/CE del Consejo de Europa, en donde se prevé la posibilidad de que los Estados establezcan excepciones o limitaciones en relación con las reproducciones en cualquier soporte efectuadas por una persona física pasa su uso privado y sin fines comerciales, siempre que los titulares reciban una compensación equitativa.

Considero también que la excepción de copia privada al estilo europeo, o sea con una remuneración compensatoria a favor del autor que resulte de una tasa aplicada a los instrumentos de reproducción, solucionaría en parte el problema actual de la permanente y creciente reproducción doméstica de imposible control.

4. El derecho de reproducción en Internet

Evidentemente, la ley 11.723 por la época en que fue dictada, no contempla expresamente la circulación de las obras por la red Internet, y menos aún alguna excepción a los derechos exclusivos de autorizar la reproducción por parte de los titulares del derecho, con relación a esta nueva forma de trasmitir la obra.

Debemos tener en cuenta que tanto al tiempo del dictado de la ley como al de algunas de sus modificaciones posteriores, aún no existía el entorno digital y la red Internet, por lo que obviamente la ley no pudo contemplar las nuevas situaciones derivadas de esta nueva forma de transmisión. En cuanto a las leyes dictadas en los últimos años, ellas se refieren a otros aspectos de los derechos de propiedad intelectual, pero en ningún caso regulan la temática de la transmisión y reproducción de la obra por Internet.

Como ya lo explicamos, conforme la ley 11.723, el autor es el único que puede autorizar la reproducción de su obra por cualquier procedimiento y bajo cualquier forma, por lo que cualquier acto de reproducción en Internet, no autorizado por el autor, es un acto ilícito generador de responsabilidad civil.

La normativa argentina tipifica también, en el art. 72 y siguientes de la ley 11.723, como delito especial de defraudación a la reproducción por cualquier medio o instrumento de una obra inédita o publicada sin autorización de su autor o derechohabientes. Quedaría así configurado este delito no sólo por la reproducción ilícita de la obra escrita, sino también por la reproducción ilícita de la obra divulgada a través de Internet, pero debemos tener en cuenta que, tal como lo explicaremos al tratar el régimen penal, para configurarse este tipo de delitos, la jurisprudencia ha exigido la existencia de una conducta dolosa.

Personalmente entiendo que consecuentemente, conforme a la normativa vigente, estarían incluidos en el supuesto de reproducción ilícita generador de responsabilidad civil o excepcionalmente del delito penal (cuando existe dolo):

- El acto de incorporar una obra a un sitio de Internet (*upload* de la obra) sin la autorización del titular de los derechos sobre esa obra.
- La descarga de la obra desde el servidor en donde está alojada la Web, al ordenador del usuario para que éste pueda visualizarla (*download* de la obra). Técnicamente en este caso el contenido intelectual que se encuentra alojado en el *hosting* del sitio Web se transfiere automáticamente a la memoria RAM de la computadora del usuario, permitiendo así la visualización en pantalla.
- El almacenamiento simultáneo que se produce en la memoria caché de la computadora. Con la visualización de la obra por parte del usuario, simultáneamente se produce su almacenamiento también en la memoria caché del disco del ordenador del usuario, a fin de que la repetida visualización de esa obra no provoque en cada oportunidad una transferencia desde el sitio de *hosting*, y así lograr una mayor velocidad en la visualización.
- El almacenamiento para uso privado en el disco duro del ordenador del usuario o en cualquier otro elemento de almacenamiento externo.
- La realización de una copia papel de la obra en una impresora.

  Todos estos actos que configuran el día a día de cualquier persona que ingrese en Internet:

  - Son actos de reproducción, conforme al concepto de reproducción del Convenio de Berna y de la ley argentina.

- Son actos que requerirían, en cada caso, la autorización del autor, y que de lo contrario serían actos violatorios del derecho del autor y configuran al menos un ilícito de carácter civil, y tipificarían el delito de reproducción ilícita contemplado en los arts. 72 y siguientes de la ley cuando se trate de conductas dolosas.

Trataremos este tema más ampliamente en el capítulo XIV.

5. La cesión del derecho de reproducción

Al comienzo de este capítulo expresé que el derecho de reproducción es la facultad del autor de autorizar o prohibir la reproducción de su obra.

También dijimos en el capítulo IV que el derecho de reproducción es uno de los derechos de carácter material o patrimonial que posee el autor.

Consecuentemente, este derecho de autorizar la reproducción, que primogénitamente lo tiene el autor, podría pasar a un tercero en el caso de que el autor ceda o enajene la obra o contrate la edición de ésta con un editor mediante el contrato de edición.

En el primer caso de la cesión o venta de la obra, entiendo que el derecho de autorizar la reproducción pasa al tercero adquirente automáticamente y sólo una cláusula expresa en contrario posibilitaría la reserva de este derecho por parte del autor. No olvidemos que en la cesión o enajenación se transfieren los derechos patrimoniales, conservando el autor únicamente los derechos morales.

Distinta creo es la situación en el caso del contrato de edición, en donde justamente la principal obligación que asume el editor es la edición de la obra.

Pero esa edición está referida normalmente a una impresión múltiple de la obra en papel.

Consecuentemente, si en el contrato se omite considerar el tema del derecho de autorizar la reproducción de la obra por cualquier procedimiento y bajo cualquier forma, tal derecho no pasa al editor, quien sólo puede reproducir la obra en los límites de su contrato de edición. Tendría que existir una cláusula expresa en tal sentido. Es común ver hoy en día en los contratos de edición la estipulación por la cual el autor cede al editor la facultad de autorizar la reproducción en Internet o para autorizar la reproducción parcial de la obra a entidades de gestión colectiva de derechos.

Capítulo VI

OTROS DERECHOS PATRIMONIALES

1. Derecho de distribución

Dije al comienzo que los derechos de autor confieren a éste un derecho de propiedad sobre su obra, derecho que consecuentemente el autor puede transferir a terceros en forma definitiva por venta o enajenación o cualquier otra forma de transmisión de la propiedad, o en forma temporal mediante el alquiler, el leasing o el préstamo de uso.

De esta forma el autor pone a disposición del público el original o copia de su obra a través de la transferencia definitiva o temporal de la propiedad sobre aquélla.

El derecho de propiedad del autor sobre su obra es muy similar al derecho de propiedad de nuestro Código Civil, que lo define como el derecho real en virtud del cual una cosa se encuentra sometida a la voluntad y a la acción de una persona.

A ese derecho real al que llama propiedad el Código Civil le da facultades, y una de ellas es la de poseer la cosa, disponer o servirse de ella, usarla y gozarla conforme a un ejercicio regular (art. 2513).

Ese derecho de disposición sobre la propiedad es similar en gran medida al derecho de disposición del autor sobre su obra intelectual.

Pareciera que el término derecho de distribución denota un sentido diferente al de transferencia de la propiedad, pero sin embargo ése es el sentido que la doctrina nacional e internacional y la jurisprudencia han dado al término derecho de distribución, y no debemos por otra parte confundir este derecho de distribución, en el cual existe una transferencia de la obra a un tercero, con el derecho de comunicación pública, en donde no existe transferencia del derecho de propiedad sobre la obra.

La ley 11.723 en su art. 2° menciona entre las facultades patrimoniales del autor la de enajenarla, y en sus arts. 51 a 55 contempla el contrato de enajenación o venta que mas adelante veremos en detalle, pero sólo en un artículo (el 36 *in fine* modificado no hace mucho), y referido a los invidentes menciona el término distribución: "... Se exime del pago de derechos de autor la reproducción y distribución de obras científicas o literarias...".

Podría entonces decir que el derecho patrimonial del autor de una obra intelectual incluye el derecho de disposición sobre ella, y que tal derecho de disposición comprende la facultad de distribuir copias de la obra mediante.

- La venta o enajenación.
- El alquiler, el leasing o el préstamo de uso.
- Cualquier otra forma de transmisión total o parcial, temporal o definitiva, de la obra.

Éste es el concepto de distribución que han elaborado la doctrina y la jurisprudencia, partiendo de las normas de nuestra ley 11.723 y con el respaldo de la legislación de fondo, fundamentalmente el Código Civil, aplicable conforme al art.12 de la ley 11.723.

La Cámara Nacional en lo Civil ha expresado:

> "El derecho intelectual está asimilado al derecho real de dominio, de modo que el autor goza sobre su obra de todos los derechos del propietario, entre los cuales se encuentran los de publicarla, exponerla en público y enajenarla por la vía que estime más apropiada"[1].

El Observatorio Iberoamericano del Derecho de Autor (ODAI) define al derecho de distribución como el derecho patrimonial que reconoce la facultad exclusiva de autorizar o prohibir la entrega de ejemplares de la obra al público, ya sea mediante venta, arrendamiento o alquiler[2].

Pero también las Convenciones Internacionales han establecido este derecho de distribución como una de las facultades del autor, en el Acuerdo ADPIC y en su expresión más moderna como el tratado de la OMPI sobre Derecho de Autor de 1996.

En el acuerdo ADPIC en el art. 11 se establece:

> "Derechos de arrendamiento. Al menos respecto de los programas de ordenador y de las obras cinematográficas, los Miembros conferirán a los autores y a sus derechohabientes el derecho de autorizar o prohibir el arrendamiento comercial al público de los originales o copias de sus obras amparadas por el derecho de autor. Se exceptuará a un Miembro de esa obligación con respecto a las obras cinematográficas a menos que el arrendamiento haya dado lugar a una realización muy extendida de copias de esas obras que menoscabe en medida importante el derecho exclusivo de reproducción conferido en dicho Miembro a los autores y sus derechohabientes. En lo referente a los programas de ordenador, esa obligación no se aplica a los arrendamientos cuyo objeto esencial no sea el programa en sí."

En el Tratado de la OMPI sobre Derecho de Autor de 1996 se ha ratificado también este criterio al establecer en los arts. 6 y 7:

[1] CNCiv., Sala K, 15.8.2007, Petre, Horacio G. c. Rosico de Bachian Hnos S.A., JA. 2008-I, 442.

[2] http://www.odai.org/preguntas-frecuentes#20.

"Derecho de distribución.1) Los autores de obras literarias y artísticas gozarán del derecho exclusivo de autorizar la puesta a disposición del público del original y de los ejemplares de sus obras mediante venta u otra transferencia de propiedad..." (art. 6°).

"1) Los autores de.......gozarán del derecho exclusivo de autorizar el alquiler comercial al público del original o de los ejemplares de sus obras... (art. 7°).

Es interesante mencionar que el texto refundido de la Ley de Propiedad Intelectual de España, en su art. 19.1., define a la distribución de la siguiente manera: "Se entiende por distribución la puesta a disposición del público del original o de las copias de la obra, en un soporte tangible, mediante su venta, alquiler, préstamo o de cualquier otra forma".

2. Derecho de comunicación pública

El derecho de comunicación pública es el derecho que tiene el autor de percibir un rédito patrimonial, cuando su obra, que no ha sido transferida a un tercero, es transmitida a una pluralidad de personas.

A diferencia que en el derecho de distribución, acá la propiedad sobre la obra no se transfiere a un tercero, sino que continúa en cabeza de su titular.

Tanto el Convenio Berna como el Tratado de la OMPI sobre Derechos de Autor de 1996 contemplan este derecho.

El Convenio de Berna establece en su art. 11:

"1) Los autores de obras dramáticas, dramático-musicales y musicales gozarán del derecho exclusivo de autorizar: 1°, la representación y la ejecución pública de sus obras, comprendidas la representación y la ejecución pública por todos los medios o procedimientos; 2°, la transmisión pública, por cualquier medio, de la representación y de la ejecución de sus obras.

2) Los mismos derechos se conceden a los autores de obras dramáticas o dramático-musicales durante todo el plazo de protección de sus derechos sobre la obra original, en lo que se refiere a la traducción de sus obras."

El Tratado de la OMPI sobre Derechos de Autor de 1996 se ha referido al tema en el art. 8 al establecer:

"Derecho de comunicación al público. Sin perjuicio de lo previsto en los Artículos 11.1)ii), 11bis.1)i) y ii), 11ter.1)ii), 14.1)ii) y 14bis.1) del Convenio de Berna, los autores de obras literarias y artísticas gozarán del derecho exclusivo de autorizar cualquier comunicación al público de sus obras por medios alámbricos o inalámbricos, comprendida la puesta a disposición del público de sus obras, de tal forma que los miembros del público puedan acceder a estas obras desde el lugar y en el momento que cada uno de ellos elija".

Esta comunicación a terceros incluye, entre otros casos posibles:

- La ejecución en vivo de una obra artística o musical.
- La transmisión por radio, televisión o Internet de una obra artística o musical.

La ley 11.723 se refiere genéricamente a este derecho en el art. 2, cuando establece que "El derecho de propiedad de una obra científica, literaria o artística, comprende para su autor la facultad... de ejecutarla, de representarla, y exponerla en público...".

Por su parte, el art. 50 de la ley establece: "A los efectos de esta Ley se consideran como representación o ejecución pública, la transmisión radiotelefónica, exhibición cinematográfica, televisión o cualquier otro procedimiento de reproducción mecánica de toda obra literaria o artística".

El art. 36 de la ley, en forma parcial, y a mi entender poco clara, establece el derecho exclusivo de los autores de obras literarias, dramáticas, dramáticas musicales y musicales de autorizar la comunicación pública en algunas circunstancias puntuales, estableciendo también algunas excepciones.

Por su parte, creo que el art. 33 del decreto reglamentario 41.233/34 es más claro en el concepto cuando establece:

> "A los efectos del art. 36 de la ley 11.723, se entiende por representación o ejecución pública aquella que se efectúe –cualquiera que fueren los fines de la misma– en todo lugar que no sea un domicilio exclusivamente familiar y, aun dentro de éste, cuando la representación o ejecución sea proyectada o propalada al exterior. Se considerará ejecución pública de una obra musical la que se efectúe por ejecutantes o por cantantes, así como también la que se realice por medios mecánicos: discos, film sonoros, transmisiones radiotelefónicas y su retransmisión o difusión por altavoces".

De lo expuesto resulta que el autor de una obra, titular de los derechos de autor sobre ésta, tiene el derecho de autorizar su comunicación pública a una pluralidad de personas, así como el derecho de percibir un rédito patrimonial por esa comunicación, cuando ésta se realiza:

- En vivo en un lugar público frente a numerosas personas y fuera del ámbito familiar.
- Transmitida en vivo al exterior por cualquier medio (radio, TV, Internet, etc.).
- Transmitida al exterior por cualquier medio (radio, TV, Internet), a partir de cualquier tipo de fijación sonora o visual.

Podríamos concluir entonces que toda transmisión que se realice en todo lugar que no sea un domicilio exclusivamente familiar, y aun dentro de éste cuando sea proyectada o propalada al exterior, entra dentro del ámbito de lo que es la comunicación pública.

Es interesante al respecto un fallo plenario dictado por la Cámara Nacional en lo Civil, que estableció la siguiente doctrina plenaria:

"La comunicación al público de grabaciones fonográficas que difunde el hotelero dentro de las habitaciones del establecimiento no se considera comprendida en la excepción prevista en el artículo 33 del decreto-ley 41.233 –domicilio exclusivamente familiar– (t.o. conforme decreto 9723/ 45) a efectos de la exención del pago de los aranceles a los que se refieren los decretos 1670/74 y 1671/74"[3].

Este fallo plenario unificó la jurisprudencia contradictoria de la Cámara Nacional de Apelaciones en lo Civil delimitando claramente el concepto de domicilio exclusivamente familiar, utilizado por el art. 33 del decreto 41.233 referido algunos párrafos atrás, y que producía la excepción en cuanto a la obligación de pago de derechos.

En el plenario, la Cámara, además de establecer la doctrina antes referida con relación a que la comunicación pública dentro de las habitaciones de un hotel no debía ser considerada excepción al pago de aranceles por no ser un domicilio exclusivamente familiar, pese a parecerlo, efectuó un análisis sumamente interesante de lo que era ámbito público y ámbito privado con relación a los derechos a la intimidad y a los derechos a la propiedad intelectual.

Es así como en el fallo, la mayoría, en forma impersonal, dijo:

"Cuando una palabra (público) es susceptible de tener diversos significados en el ámbito del derecho a la intimidad y en el de los derechos intelectuales, debe estarse a la significación que tiene para este último, por ser la normativa específica que regula las cuestiones atinentes a tales derechos. Lo privado para el derecho a la intimidad puede ser público para los derechos intelectuales como lugar de recepción de obras protegidas (Suprema Corte de Justicia de Mendoza, Sala I, *in re* Sociedad de Autores y Compositores de Música SADAIC en jº 109.905 SADAIC c. Casablanca p/ Cobro de pesos s/ Inc. Cas., del 26/5/04, publicado en el Dial.com-editorial albremática, 11/6/04). Difieren los objetivos contemplados en cada caso, pues a los efectos del derecho a la intimidad lo que busca el legislador y el juez es proteger el poder jurídico, que corresponde a toda persona, de conducir su vida con un mínimo de interferencias. Por el contrario, en el caso del derecho patrimonial de autor y de los derechos conexos de intérpretes y productores de fonogramas, el fin general de la protección y el que preside la calificación de un lugar como privado o público es el de salvaguardar el ejercicio del monopolio o monopolios reconocidos por ley a los creadores de obras, a los artistas de interpretaciones o ejecuciones y a los que realizan inversiones en ciertas industrias culturales (tales como la producción de fonogramas y la radiodifusión, entre otras) frente a la clase

[3] CNCiv., en pleno, 2005/09/15 - Aadi Capif ACR c. Catalinas Suites S.A. s/cobro de sumas de dinero, Aadi Capif ACR c. Argot S.A. y otro s/cobro de sumas de dinero y Aadi Capif ACR v. Hung Pai Ying y otro s/cobro de sumas de dinero, *LL* 2006-B pág. 653.

de injerencias que consisten en una explotación de esas obras, interpretaciones o ejecuciones, o de los bienes o servicios típicos de tales industrias, que afecte negativamente esos monopolios y sea realizada sin su autorización... Es de hacer notar que lo que se persigue en definitiva es la retribución justa y equitativa por la explotación lucrativa de las obras e interpretaciones cualquiera sea el medio empleado para ello. Desde otro ángulo también cabe agregar que la comunicación de música a los huéspedes dentro de las habitaciones del hotel en las cuales se encuentran alojados, cualquiera sea la modalidad de su difusión, es pública aunque el lugar no sea público porque su transmisión la realiza un intermediario –el hotelero– para personas que no forman parte de su círculo familiar o el de sus amigos íntimos. En consecuencia, la propagación de música en estas circunstancias no puede quedar circunscripta dentro de la excepción –domicilio exclusivamente familiar– prevista en el artículo 33 del decreto– ley 41.233 (t.o. conforme decreto 9723/45)".

Un supuesto muy particular de comunicación pública lo constituye la explotación en Internet de una obra, en el que la doctrina que actualmente prevalece considera que cuando existe una explotación *on line* de una obra, tal acto es un acto comunicación pública. La legislación europea así lo está considerando, basándose para ello en lo establecido por la directiva 2001/29/CE.

Si bien este tema lo trataremos más adelante al ver la Gestión Colectiva de los Derechos de Autor, podemos adelantar acá que en materia de derechos de autor se ha hecho necesaria la gestión colectiva de los derechos para poder recaudar y administrar esos derechos cuando ellos derivan de la comunicación pública de la obra.

Así, existen por mandato legal o por delegación de sus titulares varias entidades de gestión colectiva de los derechos de los autores:

- SADAIC, para los autores y compositores de música.
- Argentores, para los autores de obras dramáticas y dramáticos musicales
- Sava, para los autores de artes visuales.
- Cadra, para los autores de libros y otras publicaciones.
- AADDI-CAPIF, para los artistas, intérpretes y ejecutantes y productores de fonogramas.

En todos estos casos el crédito que se genera a favor del autor, y que éste percibe a través de estas entidades de gestión, es diferente del que pueda generarse a favor de los artistas, intérpretes y ejecutantes, a favor del productor de fonogramas o a favor del ente de radiodifusión (titulares todos éstos de derechos conexos), y que se percibe también a través de las entidades de gestión colectiva.

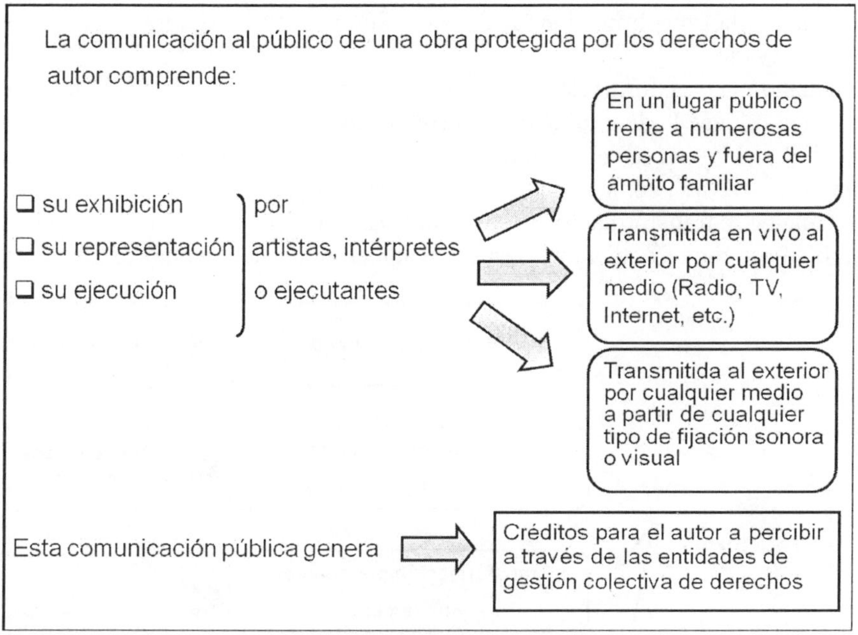

3. Derecho de transformación

El derecho de transformación de una obra es otra facultad que tiene el autor de efectuar una modificación, actualización, traducción, adaptación u otro tipo de transformación de su obra o de autorizar a que un tercero efectúe esa tarea.

La obra originaria permanece idéntica en su individualidad y nace a partir de ella, como consecuencia de esa transformación, una nueva obra que es la obra derivada.

Esta obra derivada, por ser una nueva obra diferente de la obra original, debe contar con algún grado de originalidad y creatividad para estar protegida por el derecho de autor como una nueva obra. Si no fuera así, y no poseyera originalidad y creatividad, no podríamos hablar de una nueva obra derivada, sino que estaríamos simplemente frente a una copia que no posee en consecuencia la protección del derecho de autor.

Cuando la obra se encuentra en el dominio privado, es necesaria obviamente la autorización del autor, no siendo indispensable ésta con relación a las obras que han pasado al dominio publico, si bien el que la transforma debe respetar siempre los derechos morales del autor, no desvirtuando la sustancia de la obra original ni lesionando a su autor, y debiendo mencionar el título de la obra original y el nombre de su autor, además del nombre de la obra derivada y de su autor transformador.

A. Tipos de obras derivadas

Cuando la transformación la realiza el autor, a la nueva obra se la denomina obra derivada.

Cuando la transformación la realiza un tercero con la autorización del autor, a la nueva obra se la denomina obra derivada compuesta.

Si el autor y un tercero han intervenido en esa transformación, será entonces una obra derivada compuesta creada en colaboración.

Cuando la transformación la realizan varias personas autorizadas por el autor, también estamos frente a una obra derivada compuesta en colaboración.

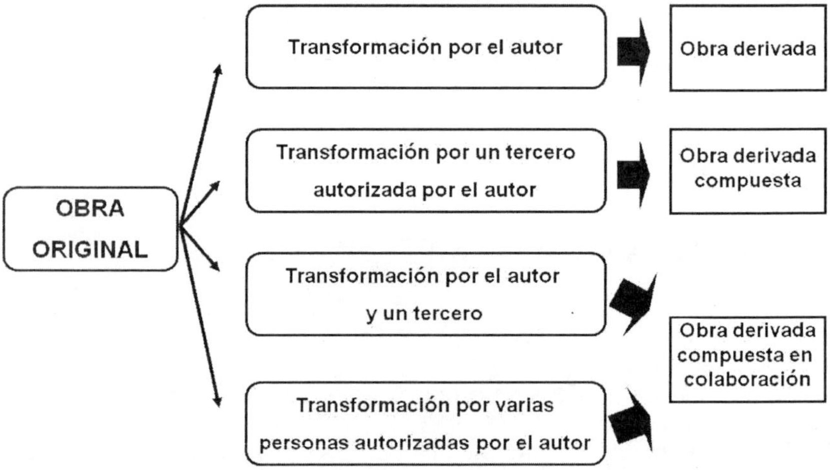

Si bien el art. 2° de la ley 11.723 no menciona expresamente este derecho, limitándose únicamente a mencionar la facultad "de adaptarla o de autorizar su traducción", entiendo que esta facultad debe ser entendida dentro del amplio concepto que surge del art. 2° cuando se menciona el derecho de disponer de la obra.

Señalo también que el art. 4° de la ley, al referirse a los titulares del derecho de propiedad intelectual, menciona en el inc. *c)* a: "Los que con permiso del autor la traducen, refunden, adaptan, modifican o transportan sobre la nueva obra intelectual resultante".

Como resultado de esa transformación de la obra y por medio de alguno de los actos que mencionaré, se produce el nacimiento de la obra derivada.

Muchos son los actos de transformación que pueden dar lugar a esa obra derivada, y podría mencionar entre ellos:

- La actualización.
- La adaptación.
- La traducción.
- El resumen.
- La antología y la compilación de obras o de fragmentos de obras.
- El arreglo y la orquestación en el campo de la obra musical.

- Cualquier otro acto de transformación que dé como resultado una nueva obra derivada.

Como dije la obra derivada puede ser fruto de la creación intelectual del autor de la obra original o también de un tercero que de algún modo ha adquirido el derecho o ha sido autorizado para ello.

El Convenio de Berna establece claramente en su art. 2.3. que estarán protegidas como obras originales, sin perjuicio de los derechos del autor de la obra original, las traducciones, adaptaciones, arreglos musicales y demás transformaciones de una obra literaria o artística.

Los arts. 23, 24, 25 y 26 de nuestra ley refieren algunos supuestos particulares de este derecho de transformación de la obra.

Para una mayor comprensión de estas normas trataré de interpretarlas y sistematizarlas:

Obras derivadas resultantes de traducción:

- El autor de una obra puede contratar con un tercero la traducción de ésta, debiendo el respectivo contrato de traducción inscribirse en el Registro Nacional de la Propiedad Intelectual dentro del año de publicación en el país, de la obra traducida.
  - La inscripción del contrato da al traductor el derecho de propiedad sobre la obra traducida en las condiciones convenidas con el autor.
  - La falta de inscripción del contrato suspende el derecho hasta que se la efectúe, recuperándose el derecho en el acto mismo de la inscripción, sin perjuicio de la validez de las traducciones realizadas durante el tiempo que el contrato no estuvo inscripto y, consecuentemente, suspendido el derecho.
- Con relación a las obras que se encuentran en el dominio publico, el traductor de ellas adquiere el derecho de propiedad sobre su versión de traducción, pero no puede impedir que terceros vuelvan a traducir la obra. Creo que este derecho de propiedad sobre su traducción le da idénticos derechos a los de un autor, si bien debe mencionar siempre que se trata de una traducción de determinada obra, pudiendo incluso registrar a su nombre la traducción (esto último conforme al art. 29 del decreto 41.233/34)

Obras derivadas resultantes de transformaciones:

- El que adapte, trasporte, modifique o parodie una obra, con la autorización del autor, adquiere sobre la obra transformada el derecho de coautor, salvo convenio en contrario con el autor. Se trata del supuesto de una obra derivada compuesta. Algunos autores y alguna jurisprudencia[4] han entendido que los derechos de quien efectúa la modificación son los de un autor originario. No comparto esta opinión por el contrario, creo que conforme al texto legal

[4] CNCivil, Sala H, 8/4/1988- *LL* 1998-D-948.

se trata de un coautor, o sea que comparte el derecho con el autor de la obra transformada. Avala mi opinión también alguna jurisprudencia[5].

- El que adapte, trasporte, modifique o parodie una obra que se encuentre en el dominio público será dueño de la obra transformada, pero no puede impedir que terceros vuelvan a transformar la obra. El carácter de dueño que menciona la normativa entiendo que aquí sí es asimilable al carácter de autor y le da idénticos derechos, pudiendo incluso registrar a su nombre la nueva obra (esto último conforme al art. 29 del decreto 41.233/34)

B. El supuesto del autor empleado

Ya que nos estamos refiriendo a supuestos en que terceros colaboran con la transformación de la obra, vamos a tratar brevemente un tema interesante y frecuentemente conflictivo, que es el de las obras creadas dentro de una relación laboral. La pregunta allí es: ¿Quién es el titular de la obra?

La ley 11.723 no se refería al tema, por lo que recurriendo a los principios de la locación de servicios del Código Civil, aplicable conforme al art. 12 de la ley 11.723, podemos concluir que las obras intelectuales creadas bajo una relación laboral concebida al efecto de efectuar tales creaciones, son propiedad del empleador en cuanto a los derechos patrimoniales sobre la obra.

Tal la interpretación unánime de nuestra jurisprudencia que ha dicho: "La paternidad de la obra intelectual corresponde a su creador, pero como propiedad pertenece jurídicamente al empleador que, bajo la forma de compensación económica mensual, retribuyó al trabajo de su dependiente, quien produjo la obra con ocasión del servicio y dentro de sus funciones específicas o implícitas"[6].

Como vimos en el capítulo III 1) 4, con relación a la obra de software rige un sistema especial establecido por la ley 25.036, me remito a lo allí expresado.

Distinto sería el caso de la obra intelectual creada por el trabajador, dentro del horario laboral, pero cuando el trabajador no está contratado a tal fin. Pareciera injusto entonces que la propiedad fuera del empleador que nada tuvo que ver con la creación intelectual. Imaginemos al efecto un trabajador que durante su trabajo, en actividad o no, imagina y crea una poesía, una canción u otro tipo de creación literaria o musical. Evidentemente, no podemos quitarle el derecho como autor en tal circunstancia, y consecuentemente le corresponden tanto los derechos patrimoniales como los derechos morales.

4. Derecho de participación

Este moderno derecho patrimonial de los autores tuvo su origen en Francia en 1920, por lo que es común designarlo con su término en francés: *droit de suite*.

[5] CNCivil, Sala F, 1/19/1981- *ED* 114-692.

[6] CNCiv,Sala B, 22.7.63, *LL* 112-211.

Es un derecho intransmisible e inalienable, del que goza el autor de una obra original de artes plásticas o gráficas, que por su propia esencia quedan fijadas en un soporte material, a obtener una participación económica en las sucesivas reventas de su obra.

De esta forma el autor o sus herederos o derechohabientes perciben una remuneración a medida que se producen enajenaciones sucesivas de su obra. Esta remuneración generalmente se fija en un porcentaje sobre el precio de las sucesivas transacciones o reventas a las que estén sujetas sus obras, porcentaje que oscila entre el 0,25 y el 5% según sea el país que lo ha adoptado y que se gradúa también en base al valor de la obra vendida, disminuyendo el porcentaje en la medida del aumento del precio de venta de la obra.

Destaco que el objeto de este derecho es la obra material, o sea el soporte que contiene a la obra protegida.

Si bien el derecho de participación no existe en la legislación argentina, a titulo ejemplificativo enunciaré una lista de obras a las que se podría aplicar este derecho, sin que ello signifique que no puedan existir otros supuestos.

- Cuadros
- Collages
- Pinturas
- Dibujos
- Grabados
- Estampas
- Litografías
- Esculturas
- Tapices
- Cerámicas
- Objetos de cristal
- Fotografías
- Manuscritos de escritores o compositores

El Convenio de Berna contempla este derecho en el art. 14 ter cuando expresa:

"... En lo que concierne a las obras de arte originales y a los manuscritos originales de escritores y compositores, el autor o, después de su muerte, las personas o instituciones a las que la legislación nacional confiera derechos gozarán del derecho inalienable a obtener una participación en las ventas de la obra posteriores a la primera cesión operada por el autor...".

Destaco que esta estipulación de Berna no se ha incorporado a la legislación argentina ya que no es una norma operativa sino meramente programática, atento que el referido art. 14 expresa también que tal protección no será exigible en los países de la Unión mientras la legislación nacional del autor no admita esta protección y en la medida en que la permita la legislación del país en que esta protección sea reclamada, y que las legislaciones nacionales determinarán las modalidades de la percepción y el monto a percibir.

En Europa en septiembre de 2001 se dictó la directiva 2001/84/CE del Parlamento Europeo y del Consejo, relativa al derecho de participación en beneficio del autor de una obra de arte original, directiva que ha sido transpuesta en todas las legislaciones europeas. La directiva hace extensivo el derecho a los derechohabientes del autor tras su muerte.

En nuestro país, en marzo de 2007, la diputada Morandini presentó un proyecto de ley en el Parlamento que incorporaba a la ley 11.723 el art. 54 bis y contemplaba este derecho. La mencionada norma, que no fue aprobada establecía:

"Artículo 54 bis: *Droit de suite*. Los autores de obras de arte o manuscritos originales, sus herederos o derechohabientes, gozan del derecho irrenunciable e inalienable a percibir del vendedor una participación del tres por ciento del precio obtenido de las ventas posteriores a la primera cesión realizada.

En el caso de que la venta se hiciera en subasta o por medio de comerciantes profesionales de obras de arte, los intermediarios responderán solidariamente con el vendedor del pago del derecho, a cuyo efecto retendrán el importe de la participación que proceda, considerándose depositarios de dicha suma. Dentro de un plazo de quince días de realizada la venta deberán notificarla a la sociedad de gestión colectiva que se cree a tales fines, o en su caso al autor o a sus derechohabientes, haciéndoles entrega de las sumas retenidas y de la documentación correspondiente".

Como dije, en la República Argentina este derecho no existe. Sin embargo, en algunos países extranjeros, como Uruguay, se reconoce este derecho a los artistas argentinos.

La Sociedad Argentina de Artes Visuales (SAVA) se ocupa del cobro de este derecho en la República Argentina con relación a sus socios que tengan nacionalidad extranjera de un país que reconozca este derecho.

Asimismo, los socios de SAVA, que tengan nacionalidad extranjera de un país que reconozca el *droit de suite*, como Italia o España, podrán cobrar el derecho.

Capítulo VII

CONTRATOS VINCULADOS CON LOS DERECHOS DE AUTOR

La ley 11.723 contempla cuatro contratos vinculados con los derechos de autor, si bien regula solamente a los tres primeros:

- El contrato de edición regulado en los arts. 37 a 44.
- El contrato de enajenación o venta regulado en los arts. 51 a 55.
- El contrato de representación teatral regulado en los arts. 45 a 50.
- El contrato de licencia de software mencionado en el art. 55 bis, incorporado a la ley 11.723 por la ley 25.036.

Sin embargo, el hecho de que la ley sólo regule a estos tres contratos y mencione un cuarto, no significa que no puedan existir otros contratos relacionados con los derechos de autor.

Tal el caso de los contratos de locación, impresión y/o cualquier otro contrato que tenga relación con la explotación económica de una obra protegida por el régimen de los derechos de autor.

1. El contrato de edición

El art. 37 de la ley 11.723 establece: "Habrá contrato de edición cuando el titular del derecho de propiedad sobre una obra intelectual, se obliga a entregarla a un editor y éste a reproducirla, difundirla y venderla. Este contrato se aplica cualquiera sea la forma o sistema de reproducción o publicación".

Mediante el contrato de edición, el autor y el editor convienen en dar a conocer la obra al público.

El régimen de los derechos de autor le da al autor la facultad exclusiva de autorizar que su obra salga de su dominio privado exclusivo y sea editada y de esta forma dada a conocer a terceros.

El Convenio de Berna en el art. 3.3. establece:

> "Se entiende por 'obras publicadas', las que han sido editadas con el consentimiento de sus autores, cualquiera sea el modo de fabricación de los ejemplares, siempre que la cantidad de éstos puesta a disposición del público satisfaga razonablemente sus necesidades, estimadas de acuerdo con la índole de la obra. No constituyen publicación la representación de una obra

dramática, dramático-musical o cinematográfica, la ejecución de una obra musical, la recitación pública de una obra literaria, la transmisión o radiodifusión de las obras literarias o artísticas, la exposición de una obra de arte ni la construcción de una obra arquitectónica."

Normalmente el contrato de edición se refiere a la reproducción gráfica de la obra, pero el art. 37 específicamente establece que este contrato se aplica cualquiera, sea la forma o sistema de reproducción o publicación.

De allí entonces que este contrato no sólo se refiere a la edición gráfica de la obra, sino que también puede darse con relación a la grabación sonora o a la fijación audiovisual, en cuyo caso estamos frente al contrato de edición de obra musical o al contrato de edición de obra audiovisual.

En los últimos años la irrupción de las nuevas tecnologías de la información y la comunicación ha hecho que podamos encontrar también este contrato de edición vinculado con la reproducción digital o en la red Internet.

Podemos entonces hablar al menos de cinco tipos de contratos de edición:

- Contrato de edición gráfica.
- Contrato de edición de obra musical.
- Contrato de edición de obra audiovisual.
- Contrato de edición digital.
- Contrato de edición en la red Internet.

A. Contrato de edición gráfica

El contrato de edición gráfica es aquel en el que el autor de una obra literaria, artística o musical, o sus herederos o derechohabientes, autorizan a un editor a reproducir gráficamente una cantidad determinada de ejemplares de la obra, a su difusión y a su venta al público, asumiendo el editor esta obligación de reproducción gráfica, difusión y venta, así como la obligación de pagar al autor una remuneración dineraria.

Distingo que en esta definición he incluido la reproducción gráfica de una obra musical, refiriéndome en este caso a la edición gráfica de partituras musicales, por lo que no debemos confundir esta modalidad de la edición gráfica con la edición de obra musical que veremos más adelante.

Del texto del art. 37 surgen las tres obligaciones principales que asume el editor al recibir una obra intelectual de su autor y que caracterizan a este contrato.

- La reproducción.
- La difusión.
- La venta.

Estas tres obligaciones que el editor asume por el contrato le generan los respectivos derechos, tal como claramente lo establece el art. 39 de la ley, que preceptúa que el editor sólo tiene los derechos vinculados a la impresión, difusión y venta, sin poder alterar el texto, y sólo podrá efectuar las correcciones de imprenta, si el autor se negare o no pudiere hacerlo.

De esta forma la norma ha querido dejar en claro que los derechos morales del autor quedan en cabeza de éste, y el editor tiene la obligación de respetarlos.

La Cámara Nacional en lo Comercial ha expresado:

> "Nuestro derecho entiende por 'edición' el acto mediante el cual el autor contrata la impresión, difusión y venta de la obra, siendo necesario para tipificarlo la concurrencia de tales elementos"[1].

Por su parte, el autor asume la obligación de entregar la obra al editor en el plazo convenido para ello, para que éste pueda entonces efectuar la reproducción, la difusión y la venta.

Dentro del régimen general de los contratos, el contrato de edición evidentemente es un contrato atípico pues, aun teniendo muchos puntos de afinidad, no lo podemos asimilar al contrato de sociedad, ni al contrato de cesión o de compraventa, ni a ninguno de los demás contratos típicos contemplados por la legislación general civil y comercial.

Es un contrato bilateral, en el cual una de las partes que es el autor, titular de los derechos patrimoniales y morales sobre su obra, la entrega, y la otra parte es el editor que recibe la obra y se obliga a reproducirla, difundirla y venderla.

El contrato de edición es un contrato comercial y está regido consecuentemente por las normas del Código de Comercio y por la jurisdicción comercial, ya que el editor es un comerciante, ello conforme normas del Código de Comercio.

La jurisprudencia así lo ha determinado reiteradamente:

> "... lo señalado demuestra que se está ante un contrato reglado por la ley 11.723, art. 37, denominado de edición, de carácter comercial, dada su naturaleza de contrato de empresa, cuanto que la actividad desarrollada por la demandada constituye actos que realiza con habitualidad"[2].

Es un contrato oneroso, característica ésta que surge del art. 40 de la ley, que establece: "En el contrato deberá constar el número de ediciones y el de ejemplares de cada una de ellas, como también la retribución pecuniaria del autor o sus derechohabientes; considerándose siempre oneroso el contrato, salvo prueba en contrario. Si las anteriores condiciones no constaran se estará a los usos y costumbres del lugar del contrato".

Este criterio de la ley ha sido reafirmado por la jurisprudencia de la Cámara Nacional en lo Comercial:

> "El art. 40 de la ley 11.723 establece que el contrato de edición se considerará siempre oneroso, salvo prueba en contrario, y que, faltando estipulación sobre ese punto, el precio se determina con los usos y costumbres del

[1] CNCom, Sala A, 23/3/95, Martinez Barrios de Toso, Diana c. Estrada Ángel y Cía S.A., *LL* 1996-D,157.

[2] CNCom., Sala A, 15/8/84, Baldo, Alfredo M. c. Editorial Latinoamericana SRL, *LL* 1985-B, 11111174.

lugar de celebración del contrato. Ante la presunción de onerosidad que el art. 40 de la ley 11.723 establece para el contrato de edición, la gratuidad de un trabajo publicado sólo puede resultar de un convenio expreso de partes; pesando la carga de la prueba de dicha gratuidad sobre el editor…”[3].

Por su parte, también la Cámara Nacional en lo Civil ha establecido el mismo criterio:

> “El contrato de edición se considera siempre oneroso salvo prueba en contrario”[4].

La retribución pecuniaria del autor generalmente es un porcentaje sobre el precio de venta de cada ejemplar de la obra, pero pueden sin embargo darse otras formas de retribución, tal como una suma fija, o una combinación entre un porcentaje y una suma fija, o un anticipo que luego se va deduciendo de los porcentajes que se van generando a favor del autor. En caso de no haberse estipulado la forma de retribución, ésta se debe determinar por los usos y costumbres y conforme lo habitual en contratos similares.

La doctrina en general considera que el contrato de edición es un contrato consensual y no formal, ya que no requiere una formalidad instrumental especial y puede ser demostrado por cualquier medio. La jurisprudencia en los pocos casos existentes ha establecido idéntico criterio, ya que ha dicho que el régimen argentino no consagra la forma escrita para la celebración de este contrato[5].

Personalmente no comparto esa opinión y, por el contrario, creo que el contrato debe celebrarse por escrito, ya que ello surge indirectamente del art. 40, que establece expresamente una serie de datos que deben constar en el contrato (número de ediciones, ejemplares de cada edición, retribución pecuniaria).

Por otra parte, esta formalidad de efectuarlo por escrito facilita la prueba y posibilita la inscripción que determina el art. 66, que establece: “El Registro inscribirá todo contrato de edición, traducción, compraventa, cesión, participación, y cualquier otro vinculado con el derecho de propiedad intelectual, siempre que se hayan publicado las obras a que se refieren y no sea contrario a las disposiciones de esta Ley”.

Con relación a la obligación establecida en el art. 40 de hacer constar en el contrato el número de ediciones y el de ejemplares de cada una de ellas, la jurisprudencia ha exigido el cumplimiento de la norma al establecer:

> “Cabe confirmar la resolución que admitió la demanda interpuesta contra una editorial con el fin de que se declare resuelto el contrato de edición suscripto entre ambos sin plazo de duración, puesto que la accionada omi-

[3] CNCom., Sala A, agosto 28-1985, Canil Alberto L.M. c. Rodolfo Arias, *ED* 117-643.

[4] CNCiv., Sala J, 6.2.2007, Mayer, Marcos P. c. Editorial Planeta de Agostini SAIC, JA 2007-II, 452.

[5] CNCiv. Sala F 29.8.80, Alonso, Norberto c. Impregraf Editora e Impresora, *ED* 102-642.

tió consignar en cada edición el número de ejemplares, infringiendo así lo dispuesto por el art. 14 de la ley 20.380 –derogada por la ley 25.446– (Adla, XXXIII-B, 1551; 4044) y convirtiendo en 'clandestina' la edición de la obra"[6].

Es interesante señalar que el art. 36 del decreto 41.233, reglamentario de la 11.723, establece que, a los efectos del cumplimiento del art. 40 de la ley, y en garantía de los derechos de autores y editores, cada uno de los ejemplares de que conste cada edición de un libro deberá ser numerado, firmado, sellado o estampillado por el autor o sus representantes y que la ausencia de estos requisitos hace caer al ejemplar dentro de las previsiones de los arts. 71 y 72.

Esta obligación raramente es cumplida por los editores, que en general omiten la numeración, firma y sellado o estampillado de cada ejemplar de las ediciones.

Debo destacar que en el contrato de edición, y conforme al art. 38 de la ley, el autor conserva en su totalidad los derechos de propiedad sobre la obra, salvo que expresamente renunciare a ellos en el contrato firmado con el editor.

De allí que el autor conserva los derechos morales, reteniendo además, conforme lo establece el art. 38 segunda parte de la ley, algunos derechos patrimoniales, como son los derechos de traducción y transformación, pudiendo también defender la obra contra los defraudadores de su propiedad, aun contra el mismo editor.

Podría darse el caso de que el autor, al firmar el contrato de edición con el editor, transfiriese a éste la totalidad de los derechos sobre la obra, mediante el pago de un precio. En este caso estaríamos frente a un contrato de enajenación o venta de la obra y no frente a un contrato de edición.

Es interesante leer con relación a este último supuesto un fallo de la Cámara Nacional en lo Comercial que expresa:

> "Si de las cláusulas del contrato resulta que los autores transfirieron al editor todos los derechos de propiedad intelectual que les correspondía o pudiere corresponderles sobre la obra en cuestión, autorizando a este último a disponer de dicha obra como propietario único y exclusivo, pudiendo corregirla y reimprimirla cuando lo creyese conveniente, en consecuencia, abonado el precio pactado por dicha transferencia e inscripta la enajenación en el Registro correspondiente, el contrato quedó concluido sin restar prestaciones recíprocas pendientes de ninguno de los contratantes"[7].

B. Obligación de reproducción, difusión y venta

La reproducción gráfica de la obra es la primera de las obligaciones que el editor asume como consecuencia del contrato con el autor.

[6] CNCom. Sala C, 05/04/2005, Iagupsky, Perla L. c. Ediciones Colihue S.R.L., *LL* 2006-B, 123.

[7] CNCom., Sala C, 23/3/79, *ED* 85-174.

Muchos autores hablan de impresión de la obra en lugar de reproducción de la obra, pero creo que ello es equivocado conforme la legislación argentina, y que el término utilizado por el art. 37 es el correcto. La reproducción incluye otras formas de duplicación gráfica además de la impresión, tal como determina la norma. Por otra parte, el contrato de impresión es un contrato diferente y que generalmente se da entre el editor que ha recibido la obra y un tercero que efectúa la tarea material de imprimirla.

Normalmente en el contrato de edición se establece el plazo en el cual la obra será reproducida por el editor. El art. 42 de la ley establece que en caso de que no exista plazo fijado para la publicación por el editor, aquél será fijado equitativamente por la Justicia en juicio sumario y bajo apercibimiento de indemnización.

El art. 39 establece que el editor no puede alterar el texto y sólo puede efectuar las correcciones de imprenta, si el autor se negare o no pudiere hacerlo.

La Cámara Civil ha dicho:

> "Al autor de colaboraciones firmadas en diarios, revistas y otras publicaciones periódicas le es atribuible el carácter de propietario de las mismas, mientras que el editor solamente tiene los derechos vinculados con la impresión, difusión y venta de la obra, sin facultad de alterar el texto original"[8].

El editor debe también difundir la obra para que el público a la que va destinada la pueda adquirir, y por último debe proceder a la venta de los ejemplares.

La jurisprudencia de nuestros tribunales ha establecido:

> "... el autor de una obra intelectual no puede ver agotada su satisfacción moral con el simple hecho de la creación, sino en que la misma es reconocida en su calidad por terceros a través de su divulgación y conocimiento. La conducta de la editora impidió la concreción de ese anhelo y por lo tanto ha ocasionado un daño extrapatrimonial que debe ser compensado a la víctima..."[9].

C. Obligación de registro e inscripción de las obras

Existen otras obligaciones complementarias del editor y que están vinculadas con la registración y catalogación de la obra.

Estas obligaciones son:

- El registro y depósito de la obra en el Registro Nacional de Propiedad Intelectual, que establecen los arts. 57 a 64 de la ley 11.723.
- La inscripción en el International Standard Book Number (ISBN).
- La catalogación de la obra.

Con relación al depósito y registro de la obra, si bien nos referiremos al tema más adelante en el capítulo referido a la Protección de la Propiedad Intelectual,

[8] CNCiv., Sala F, marzo 16-1981), *ED* 93-411.

[9] CNCom., 18.6.93, L.Carlos vs.P.Sur SRL, *ED*. 156-505.

podemos adelantar acá que es obligación del editor, bajo pena de multa, efectuar el depósito y registro de cuatro ejemplares de las obras publicadas.

El ISBN es un identificador único internacional para los libros, y debe encontrarse impreso en el dorso de la portada o primera hoja del libro. Fue creado en Inglaterra en 1966 y fue adoptado en 1970 como estándar internacional ISO 2108. Actualmente el ISBN utiliza 7 dígitos.

Con relación a la catalogación de la obra (CDD), tiene la finalidad de auxiliar a las editoriales y librerías en la divulgación y comercialización del libro y a las bibliotecas en el proceso de catalogación, permitiendo la identificación del libro por sí mismo. Para esta catalogación se utilizan las normas internacionales de descripción bibliográfica y la Clasificación Decimal Dewey (CDD), que es el sistema de clasificación bibliográfica más usado en el mundo.

La ley 22.399, del 11/2/1981, instituyó la obligatoriedad del ISBN con relación a todo libro editado en la República Argentina.

Por su parte, la resolución 407/81, del Ministerio de Cultura y Educación, estableció que la Subsecretaría de Cultura actuaría como "Agencia Nacional ISBN", facultándola a convenir con otros organismos o entidades públicas o privadas la atención de los mecanismos operativos del sistema. En cumplimiento de ello se firmó un convenio entre la Secretaría de Cultura y la Cámara Argentina del Libro, por el cual esta última se ha hecho cargo desde entonces de administrar el sistema.

El art. 21 de la ley 25.446 de Fomento del Libro y la Lectura establece también la obligación del ISBN así como de la catalogación de las obras (CDD).

El trámite para la obtención del ISBN y del CDD, se realiza ante la Cámara Argentina del Libro, con anterioridad a la impresión, para poder hacerlos constar en los ejemplares al imprimirse.

D. Obligación del autor de entregar la obra

La obligación fundamental del autor es entregar la obra para que el editor pueda entonces reproducirla, difundirla y venderla.

Normalmente, en el contrato se establece tanto el plazo de entrega de la obra por parte del autor, como el plazo para su publicación por parte del editor, pero la ley 11.723 en su art. 42 establece que de no existir esos plazos será el tribunal el que los fijará equitativamente y bajo apercibimiento de una indemnización correspondiente.

El art. 42 utiliza el término "equitativamente", significando que el criterio a utilizar por el juez es el de la equidad. Con relación a la indemnización correspondiente, entiendo que se corresponde con el ejercicio del pacto comisorio como efecto de un contrato bilateral.

También es normal estipular en el contrato que el autor declare ser el autor exclusivo de la obra, ejercer el derecho pacífico sobre ésta y que se compromete a no autorizar otra edición o reproducción por el término convenido en el contrato.

A este tipo de cláusulas entre las partes, que evidentemente tienen efectos entre ellas, la jurisprudencia les ha dado también valor muchas veces frente a terceros, cuando el editor ha actuado de buena fe.

> "Acreditado que la empresa que ha editado los libros impugnados, lo hizo en base a un contrato firmado de buena fe con quien creía que era el autor de tales textos, sin saber que los mismos eran producto de un plagio, no puede responsabilizársela por el hecho, pero ello no la libera de la obligación de detener la explotación de dichas obras"[10].

En este caso se dispuso que el editor debía suspender la edición de la obra que había sido plagiada y retirar los ejemplares del mercado, pero se lo eximió de los daños y perjuicios que se hicieron recaer únicamente sobre el autor de la infracción.

E. Finalización del contrato de edición

La ley en los arts. 43 y 44 establece que:

"Si el contrato de edición tuviere plazo y al expirar éste el editor conservase ejemplares de la obra no vendidos, el titular podrá comprarlos a precios de costo, más un 10 % de bonificación. Si no hace el titular uso de este derecho, el editor podrá continuar la venta de dichos ejemplares en las condiciones del contrato fenecido". (art. 43).

"El contrato terminará cualquiera sea el plazo estipulado si las ediciones convenidas se agotaran". (art. 44).

Ninguna otra estipulación con relación a la finalización del contrato trae la ley. Pero creo que debemos tener en cuenta que en base a los principios generales, el contrato puede también concluir por rescisión dispuesta por una de las partes ante el incumplimiento de la otra parte. El art. 1024 del Código Civil posibilita resolver los contratos con prestaciones recíprocas cuando uno de los contratantes no cumple con sus obligaciones.

Es interesante el fallo de la Cámara Nacional en lo Comercial, que transcribo a continuación, en donde se analizan las obligaciones del editor, el incumplimiento por parte de éste a algunas de esas obligaciones y la consecuente resolución judicial e indemnizaciones debidas al autor:

> "... El contrato de edición impone al editor distintas obligaciones. La primera es, ciertamente, la reproducción o impresión propiamente dicha. Pero luego debe difundir y vender la obra (art. 1° ley 11.723), pues en ello radica el fin del contrato, y pagar al autor la retribución convenida (art. 40 ley citada), haciéndole las rendiciones de cuentas correspondientes (ver Salvat, *Tratado de derecho civil argentino*, VI, *Fuentes de las obligaciones*, t. 2, n. 2649, 2657, 3° y 2661, 1946, ps. 535 y ss.; Marsili, *Contrato de*

[10] CNCiv., Sala B, 1997/11/28, Kaufman, Rosa c. Centro de Educación Informática y otros, *LL* 1999-D, 792 (41795-S), *ED*, 178-173.

edición, *LL* 127-VIII-1-1216/1217; C. Nac. Com., Sala A, 13/3/1995, *LL* 1996-D-156 y ss.). Ello sentado, pienso –en contra de lo interpretado por el juez– que la sola reproducción de la obra no impide la resolución del contrato por culpa del editor, siempre –claro está– que éste hubiese incumplido con algunas de las otras obligaciones mencionadas y que los incumplimientos revistan cierta entidad.... A esta altura de la ponencia, pueden reprocharse a la editora varios incumplimientos relevantes. Tales: 1) haber liquidado derechos de autor por un monto sensiblemente inferior al que se encontraba convencionalmente obligado; 2) haber omitido rendir cuentas respecto de más de un centenar de ejemplares vendidos, y 3) haber interrumpido incausadamente la obligación, legal y contractual, de difundir y vender la obra. En estas condiciones y valorando que los derechos y obligaciones de las partes se extienden hasta el año 2014, considero justo, y así lo propongo, declarar la resolución del contrato de edición por culpa de la demandada (art. 216,CCom.). Conforme dicha norma legal, resueltas las obligaciones emergentes del contrato por incumplimiento del deudor, el acreedor tiene derecho al resarcimiento de los daños y perjuicios (conf. Ramella, *La resolución por incumplimiento*, 1975, pto. 90, ps. 246/247). Procede entonces acoger, en concepto de daño emergente, la reparación reclamada por las diferencias de liquidaciones analizadas .....También corresponde hacer lugar a la pretensión por lucro cesante (arts. 519 y 520 CCiv.)...”[11].

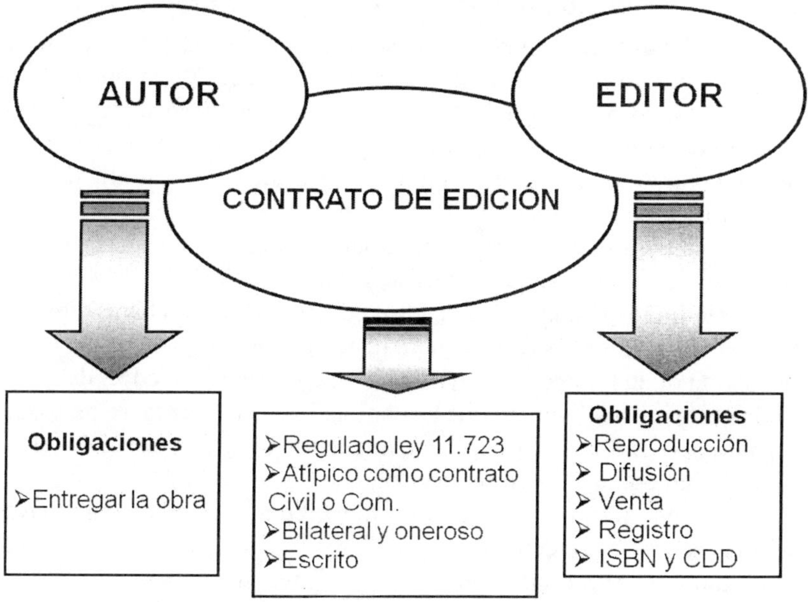

[11] CNac. Com., sala D, 05/07/2002, Boudet, Alicia I. y otro v. Editorial Actilibro S.A., J.A. 2003-I, pág. 487.

F. El contrato de edición de obra musical o audiovisual

Como ya dije al comienzo de este capítulo, la definición del contrato de edición que nos da la ley en su art. 37 es abarcativa tanto del contrato de edición gráfica, como de los contratos de edición de obra musical o del contrato de edición audiovisual.

En el contrato de edición de obra musical o de obra audiovisual, el autor entrega una obra musical o audiovisual y el editor se obliga a fijarla en múltiples soportes materiales que permitan su reproducción o proyección (disco, casete, cd, dvd, etc.), obligándose también a difundir la obra y vender esas fijaciones de la obra.

El objeto de este contrato es la edición del fonograma o videograma, en el sentido de la fijación de este fonograma o videograma en cualquier tipo de soporte material que permita la reproducción musical o la proyección audiovisual.

Todas las normas que hemos antes analizado al tratar el contrato de edición gráfica son aquí también aplicables en la medida en que no sean incompatibles con esta modalidad del contrato.

Pese a ello, en el contrato de edición de obra musical o audiovisual, además de las tres obligaciones típicas del contrato de edición que ya vimos (reproducción, difusión y venta), existe también la posibilidad de que se convenga que el editor distribuya la obra fijada en el soporte material de otras formas diferentes a la venta, como sería autorizando su reproducción o proyección en diferentes lugares.

G. El contrato de edición digital o de edición en la Red Internet

La edición electrónica de una obra ya sea en soportes digitales o por su incorporación a un sitio Web de la red Internet, aparece como una nueva forma de negociación entre las partes que surge como una lógica consecuencia de la irrupción de Internet en el mundo moderno, y que se puede formalizar contractualmente en un contrato de edición digital o en la red Internet, más allá del contrato de edición gráfica de la obra.

Debemos distinguir sin embargo dos situaciones diferentes que se pueden dar y que generan esta nueva modalidad del contrato de edición.

En primer término encontramos nuevos productos (libros, archivos digitales, discos, películas) no ya editados en el soporte material tangible tradicional, sino volcados a un soporte digital. Encontramos así el libro electrónico, el cd, el dvd, etc.

En todos estos casos lo único que ha cambiado es el soporte: se ha pasado del soporte analógico tradicional y que fundamentalmente nos presentaba el libro, a un soporte digital como es el libro electrónico.

Pero en segundo término encontramos hoy en día, y cada vez con mayor frecuencia, que las obras intelectuales, musicales, filmográficas, no son volcadas en un formato tradicional o digital tangible, sino que son subidas a la red Internet, donde son ofrecidas a los usuarios de ese sitio para que las descarguen a su computadora e incluso hoy en día hasta a su teléfono celular. Descarga ésta que puede adoptar diferentes formas, libres o restrictivas, gratuitas o pagas.

La obra intelectual ha dejado de tener un soporte tangible, para pasar a tener un soporte intangible.

Creo que tanto en el primer caso como en este, es aplicable plenamente el contrato de edición.

Muchas veces esta edición digital de la obra no se encuentra incluida en el contrato de edición gráfica firmado por autor y editor y consecuentemente debe dar lugar a un nuevo contrato de edición digital de la obra. De allí entonces que, salvo que en el contrato de edición gráfica esté incluida expresamente la facultad de editar digitalmente la obra o incluirla en un sitio Web, tal facultad debe ser motivo de un nuevo acuerdo entre autor y editor, y es allí donde encontramos el contrato de edición digital o en Internet.

En la edición digital, el autor entrega la obra al editor, quien se compromete a reproducirla en soporte digital, difundirla y venderla. El caso más común es el e-books o libro electrónico, que es un dispositivo material que contiene incorporada la obra en forma digital y que permite su lectura en pantalla.

Pero como dije hoy en día se han multiplicado también las ediciones electrónicas en Internet de las obras, mediante las cuales las obras son subidas a sitios de la Web en donde el lector, previo pago de una suma de dinero, obtiene la posibilidad de acceder y leer la obra. Se habla acá de licencias ya sea entre el autor y el sitio, a modo de contrato de edición, o también de licencias a veces entre el autor y el usuario que las baja del sitio, que sólo actuó como intermediario.

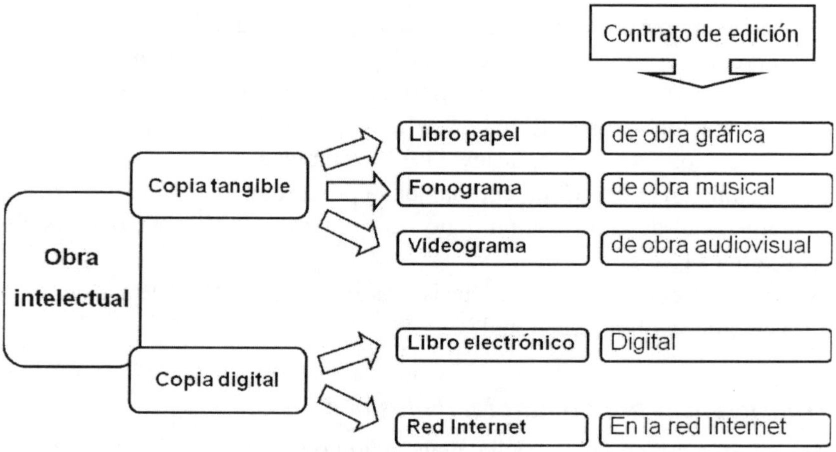

2. El contrato de enajenación o venta

La ley 11.723 no define al contrato de enajenación o venta como lo hace con los contratos de edición o representación, sino que bajo el título "DE LA VENTA", en el art. 51, simplemente establece la posibilidad de que el autor o sus derechohabientes puedan enajenar o ceder total o parcialmente su obra, estableciendo que:

- Esta enajenación es válida sólo durante el tiempo establecido por la ley.
- Esta enajenación otorga al adquirente el derecho patrimonial sobre la obra.
- Esta enajenación no transfiere al adquirente los derechos morales, ya que no puede alterar el título, la forma y el contenido de la obra.

En los arts. 52 a 55 la ley, repitiendo el término enajenación o cesión, establece otras particularidades de este contrato.

Es por ello que utilizaré los términos enajenación o venta, por parecerme los más correctos y por adecuarse a la mención que la ley hace como previa al art. 51 "de la venta". Destaco por otra parte que en el Código Civil, el contrato de cesión de refiere a la cesión de créditos.

Como ya dije el derecho de autor confiere a su creador un derecho de propiedad sobre la obra.

Este derecho de propiedad, si bien tiene puntos de coincidencia con el régimen de la propiedad regulado por el derecho común, tiene también algunos puntos de diferencia con éste.

Este contrato, dentro del régimen general de los contratos del derecho común, es un contrato atípico pues, aun teniendo muchos puntos de afinidad, no lo podemos asimilar al contrato de compraventa contemplado por la legislación general civil y comercial, fundamentalmente porque aquí estamos frente a la enajenación temporal de un bien inmaterial, cuando el contrato de compraventa del derecho común se refiere a la transferencia definitiva de la propiedad de un bien material mueble o inmueble.

Consecuentemente, para juzgarlo debemos recurrir a la legislación común civil y comercial y complementarla con estas pocas normas de los arts. 51 a 55 de la ley 11.723 referidas a algunas particularidades del contrato, que atañen a condiciones y limitaciones respecto del derecho de propiedad clásico.

No olvidemos que la propia ley 11.723 establece la aplicación del derecho común, cuando en el art. 12 preceptúa que la propiedad intelectual se rige por las disposiciones del derecho común, bajo las condiciones y limitaciones establecidas por la ley 11.723.

¿Cuáles son entonces las características que tiene este contrato de enajenación o venta de la obra intelectual?

A. Transferencia total o parcial de los derechos

Tal como lo marca el art. 51, la enajenación o venta de la obra puede ser total o parcial.

En la enajenación total, el autor enajenante transfiere la totalidad de los derechos de carácter patrimonial, mientras que en la enajenación parcial se reserva alguno o algunos de ellos.

Entiendo que si en el contrato nada se especifica y sólo se menciona la transferencia de la propiedad sobre la obra, debe entenderse que la enajenación es total y que consecuentemente la totalidad de los derechos patrimoniales pasan al adquirente. Creo que para que exista enajenación parcial debe existir en el contrato alguna cláusula específica que indique cuáles son los derechos que se transfieren y cuáles los que se reservan, de no ser así, tal como dije, la transferencia es de todos los derechos de carácter patrimonial.

En el capítulo VI mencionamos cuáles eran los derechos patrimoniales que el autor de una obra tenía con respecto a ésta.

De estos derechos podría darse el caso que el autor transfiriera algunos y se reservase otros, o que incluso sobre alguno de estos derechos se transfiriera una parte de ellos. Un ejemplo sería el del derecho de modificación de la obra, en el cual el autor podría ceder una parte solamente al ceder el derecho de adaptación, pero no el derecho de traducción o los demás derechos incluidos en el derecho de modificación de la obra.

La ley establece en los arts. 54 y 55 dos casos puntuales de enajenaciones en las cuales ciertos derechos patrimoniales no se transfieren al adquirente, sino que quedan reservados para el autor de la obra.

Tal los casos de:

- La enajenación de una obra pictórica, escultórica, fotográfica o de artes análogas, que, salvo estipulación en contrario, no transfieren al adquirente el derecho de reproducción de la obra que queda reservado al autor.
- La enajenación de planos, croquis y trabajos semejantes, que, salvo estipulación en contrario, sólo le dan al adquirente el derecho para la ejecución de la obra, pero no le da el derecho a volver a enajenarla, reproducirla o servirse para otros fines.

B. Los derechos morales

Los arts. 51 y 52 de la ley establecen la intransferibilidad de los derechos morales que el autor tiene sobre la obra, ya que mencionan.

- Que el adquirente no puede alterar el título, forma y contenido de la obra (art. 51).
- Que el enajenante conserva el derecho de exigir la fidelidad de su texto y título, y la mención de su nombre o seudónimo (art. 52).

Estas estipulaciones son totalmente concordantes con lo que expresamos en el capítulo IV en el sentido de que los derechos morales garantizan al autor intereses personales y de integridad de la obra.

Dijimos entonces que entre esos derechos morales se encontraba el derecho de divulgación, el derecho de que se reconozca la paternidad sobre la obra y el derecho de que se respete la integridad de la obra.

Creo que el primero de estos derechos, derecho de divulgación y que comprende la facultad de dar a conocer la obra, o reservarla, es el único de los derechos morales que se transfiere juntamente con la transferencia de los derechos patrimoniales.

No podría entender un contrato en el que se enajene a un tercero la obra, pero que éste no la pueda divulgar pues el autor ejerce el derecho de divulgación en el sentido de no dar a conocer la obra.

Distinto es el caso de los otros dos derechos morales: paternidad e integridad, que evidentemente, y tal como la ley lo reconoce, no se transfieren con la enajenación sino que quedan en cabeza del autor, por ser prerrogativas de orden moral perpetuas e intransmisibles, inherentes a la persona.

La jurisprudencia ha dicho:

> "El autor conserva, aun después de la cesión, el derecho de reivindicar la paternidad de la obra y de oponerse a cualquier deformación, mutilación u otra modificación de esta obra o a cualquier otro menoscabo que pudiera afectar su honor o su reputación; todo ello es coherente con la inherencia personal del derecho moral del autor"[12].

También ha dicho:

> "El acto de enajenación de una obra no requiere formulación de reserva para mantener la titularidad del derecho moral de autor en cabeza del artista, que tiene la facultad de reivindicar la paternidad de la creación y de oponerse a cualquier deformación, mutilación u otra modificación de la misma o a cualquier menoscabo que pudiera efectuarse de su honor o reputación, en concordancia con la inherencia personal del derecho de autor"[13].

C. Plazo de duración del derecho adquirido

El art. 51, refiriéndose a este contrato establece que "esta enajenación es válida sólo durante el término establecido por la ley".

Y esta mención es correcta, pero nos lleva también a una pregunta difícil de responder.

Es correcta en cuanto a que la ley establece que los derechos de autor son derechos de duración ilimitada con relación al autor, pero su duración está limitada para los herederos o derechohabientes hasta sesenta años a partir del primero de enero del año siguiente al de la muerte del autor.

Pero aquí la pregunta difícil de responder: ¿cuál es el plazo de duración del derecho sobre la obra que tiene el adquirente?

Si el adquirente adquiere la obra a los herederos del autor, creo que asume el plazo que éstos tenían, y su propiedad se extiende hasta los setenta años a partir del primero de enero del año siguiente al de la muerte del autor, sin importar cuántos años hayan ya pasado desde la muerte.

Pero si el adquirente adquiere el derecho del autor. ¿Hasta cuándo le dura este derecho de propiedad sobre la obra? ¿Hasta la muerte del autor? o ¿Hasta setenta años después de la muerte, si lo asimilásemos a un heredero?

Pensemos qué pasaría si el autor vende la obra y fallece al día siguiente. Los herederos no heredan la obra ya que fue vendida, y el adquirente la pierde pues el

[12] CNCiv., Sala G, 14/10/93 – Waveluk, Maria c. Iglesia Ortodoxa, J.A. 1195-II, pág. 367

[13] CNCiv., Sala J, 29/2/96, SADAIC c. Arte Radio Televisivo Argentina S.A., *LL* 1996-D-174.

autor falleció. Pareciera injusta la situación, lo que me lleva a pensar que debemos considerar al adquirente como un derechohabiente y, consecuentemente, su derecho de propiedad sobre la obra se extendería hasta setenta años a partir del primero de enero del año siguiente al de la fecha de la enajenación de la obra por la cual éste adquirió la obra del autor. Esta solución es congruente con la que planteamos en el capítulo III.3, al referirnos al plazo de duración de los derechos patrimoniales de los derechohabientes y con el concepto de derechohabiente como un adquirente de la obra por enajenación o cesión y, consecuentemente, diferente del concepto de heredero.

D. Obligación de inscripción

El art. 53 de la ley establece que la enajenación total o parcial de una obra debe inscribirse en el Registro de la Propiedad Intelectual, y que la falta de inscripción quita validez a tal enajenación.

Comparto el criterio de la jurisprudencia de nuestros tribunales que ha establecido que la falta de inscripción no hace caer el contrato, sino que sólo se refiere a la no oponibilidad del contrato frente a terceros, pero que éste es plenamente válido entre las partes, aunque no se haya cumplido con la obligación de inscripción:

La Cámara Civil ha dicho: "Aunque el art. 53 de la ley 11.723 no distingue entre las partes y los terceros, la exigencia de la inscripción de la enajenación o cesión de la obra sólo se refiere a los últimos y no a los contratantes para los cuales tiene valor".[14]

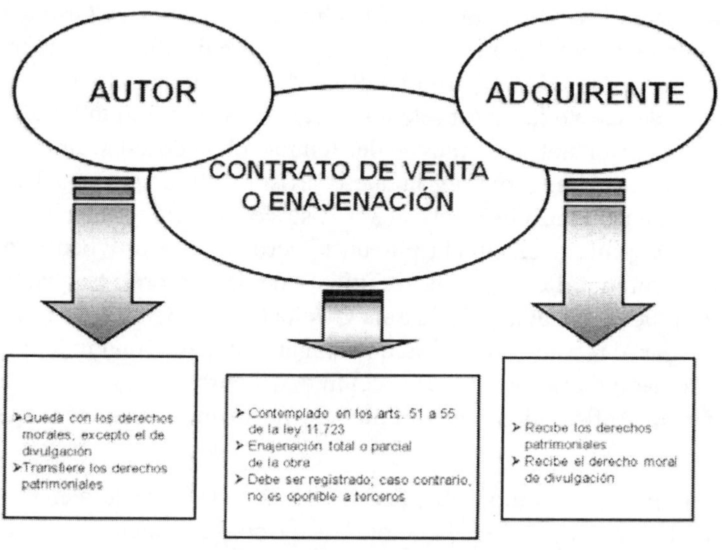

[14] CNCiv., Sala A, mayo 15,1980, Velich, Emilio R. c. Sociedad Argentina de Autores y Compositores (SADAIC) y otro, *ED* 89-463.

E. La enajenación o venta del soporte material de una obra

Una distinción que creo necesario realizar es la que existe entre los derechos intelectuales sobre una obra, llamémosle derechos de autor sobre esa obra y los derechos de propiedad que una persona tiene sobre el soporte material en que la obra materialmente fue plasmada.

La distinción entre obra intelectual como elemento inmaterial y soporte que contiene ese derecho intelectual es fundamental.

De allí que es distinto del contrato que aquí tratamos, la enajenación o venta del soporte material de una obra, en cuyo caso estamos fuera de los derechos de autor y del contrato aquí tratado. Imaginemos la venta de una pintura o de una escultura, situación en que estamos totalmente fuera de los derechos que el autor tiene sobre la propiedad intelectual de esa obra.

El art. 54 de la ley 11.723 establece:

> "La enajenación o cesión de una obra pictórica, escultórica, fotográfica o de artes análogas, salvo pacto en contrario, no lleva implícito el derecho de reproducción que permanece reservado al autor o sus derechohabientes".

Vemos aquí cómo la ley ha querido dejar en claro que la venta del soporte material (obra pictórica, escultórica, etc.) no incluye la transferencia del derecho de reproducción sobre esa obra, que sigue perteneciendo al autor, salvo que se pactase lo contrario.

Pero además de este derecho de reproducción no incluido en la venta del soporte material de la obra, el autor al vender el soporte material conserva los derechos morales sobre la obra.

Es interesante al respecto el caso Waveluk, María c. Iglesia Ortodoxa, resuelto por la Sala G de la Cámara Civil el 14 de octubre de 1993, al que me referiré.

Por encargo de la Iglesia Ortodoxa Rusa del Patriarcado de Moscú, la artista María Waveluk realizó la pintura de un mural que se exhibió durante cinco años en la parte superior del altar mayor del templo ubicado en Bulnes 1743 de la ciudad de Buenos Aires, obra por la que la artista recibió como contraprestación un viaje a Rusia. Pasado ese tiempo y sin su consentimiento, sobre su obra se superpuso otra pintura efectuada por un tercero, lo que provocó que Waveluk promoviera acción judicial por resarcimiento de daño moral. En primera instancia la acción fue rechazada, pero la Sala G de la Cámara Civil revocó este decisorio e hizo lugar al reclamo condenando a pagar a la actora una indemnización en concepto de daño moral por la destrucción de su obra.

La Cámara, refiriéndose a la Sentencia de Primera Instancia que revocó, expresó:

> "...Tampoco es compartible la afirmación de la juzgadora en el sentido de que al enajenar la obra, la actora no formuló limitaciones al poder de disposición de la demandada. Con ella se confunden los objetos de dos derechos perfectamente diferenciados: uno, el del dominio sobre el soporte físico o material, que por estar en el comercio puede ser enajenado; otro,

el del derecho moral del autor que, referido a una obra pictórica como aquella de que aquí se trata, queda reservado *ministerio legis* salvo pacto en contrario (art. 54 ley 11.723 que consagra, para este supuesto el principio recogido en sus arts. 39, 47, 51 y concs.). De modo que el acto de enajenación –que fue verbal– no requería formulación de reserva expresa para mantener la titularidad del derecho moral en la cabeza de la artista ...Lo expuesto es suficiente, sin que sea menester recurrir a la Convención de Berna, que es derecho vigente desde su aprobación por ley 17.251, que consagra similar principio (art. 6° bis -1-) al establecer que el autor conserva, aun después de la cesión, el derecho de reivindicar la paternidad de la obra y de oponerse a cualquier deformación, mutilación u otra modificación de esta obra o a cualquier otro menoscabo que pudiera afectar su honor o su reputación, en un orden de ideas coherente con la inherencia personal de este derecho moral".[15]

En el mismo sentido y con referencia a los planos, croquis y trabajos semejantes de arquitectura o ingeniería, el art. 55 de la ley 11.723 establece que la enajenación de planos, croquis y trabajos semejantes no da derecho al adquirente sino para la ejecución de la obra tenida en vista, no pudiendo enajenarlos, reproducirlos o servirse de ellos para otras obras. Estos derechos quedan reservados a su autor, salvo pacto en contrario.

3. El contrato de representación

La ley en el art. 45 establece que "Hay contrato de representación cuando el autor o sus derechohabientes entregan a un tercero o empresario y éste acepta, una obra teatral para su representación pública".

El término "una obra teatral", utilizado en el art. 45, puede inducir a confusión; sin embargo, entiendo que debe considerarse obra teatral, en el sentido de la norma y del contrato de representación, a cualquier tipo de obra literaria o artística que pueda representarse en una escena.

Debo agregar que el concepto se amplía en cuanto a su ámbito ya que el art. 50 establece que debe considerarse representación a "...la transmisión radiotelefónica, exhibición cinematográfica, televisión o cualquier otro procedimiento de reproducción mecánica de toda obra literaria o artística".

Creo además que el concepto de obra teatral es amplio, encontrándose entre ellas:

- La obra teatral genérica (monólogo, comedia, drama).
- La obra dramático-musical (ópera, zarzuela, comedia musical).
- La obra musical (concierto, sinfonía, etc.).
- La obra coreográfica (danza y ballet).
- La obra pantomímica.

[15] CNac. Civ., Sala G, Waveluk, María c. Iglesia Ortodoxa, 14/10/1993, JA 1995 II – 367.

En todos los casos, estamos frente a creaciones intelectuales que son representadas frente a un público desde una escena, y que conforme al referido art. 50 pueden ser además transmitidas radiotelefónicamente, en el cine, en la televisión, etcétera.

En este contrato las partes son el autor o sus derechohabientes por una parte, y el empresario por la otra. El autor se obliga a entregar la obra y el empresario a hacerla representar.

Recordemos acá que en el contrato de edición también el autor o sus derechohabientes se obligaban a entregar la obra, pero la obligación del editor era la de editar la obra, mientras que en el contrato de representación no hablamos de editor sino de empresario, y tampoco hablamos de edición sino que hablamos de representación.

Son dos contratos distintos e independientes uno de otro, si bien pueden coexistir ambos sobre una misma obra y con un mismo autor, que firma un contrato de edición con el editor para que edite la obra, y firma también un contrato de representación con un empresario para que la haga representar.

El art. 46, a fin de dar ciertas garantías al autor de una obra inédita, establece que: " Tratándose de obras inéditas que el tercero o empresario debe hacer representar por primera vez, deberá dar recibo de ella al autor o sus derechohabientes y les manifestará dentro de los treinta días de su presentación si es o no aceptada. Toda obra aceptada debe ser representada dentro del año correspondiente a su presentación. No siéndolo, el autor tiene derecho a exigir como indemnización una suma igual a la regalía de autor correspondiente a veinte representaciones de una obra análoga".

En los arts. 47 a 49 la ley agrega otras particularidades de este contrato.

Del análisis de toda esta normativa de los arts. 45 a 49 de la ley, que creo es en parte confusa, incompleta y a veces contradictoria, podríamos concluir que el empresario que recibe una obra inédita tiene frente al autor las siguientes obligaciones:

- Dar recibo de la obra recibida al autor o sus derechohabientes.
- Comunicar al autor o sus derechohabientes dentro de los treinta días de recibida la obra si la acepta o no, es decir, si la va a hacer representar o no.
- Hacer representar la obra aceptada dentro del año contados desde que le fue presentada la obra, bajo apercibimiento del derecho del autor de exigir una indemnización por suma igual a la regalía de veinte representaciones.
- No puede reproducirla o representarla por otro empresario, ni fuera de lo establecido. Esto lo dispone el art. 47, norma confusa en sus términos.
- Es responsable de la destrucción total o parcial del original de la obra y si por su negligencia ésta se perdiere, reprodujere o representare, sin autorización del autor o sus derechohabientes, deberá indemnizar los daños y perjuicios causados.

Por su parte, el autor que ha entregado una obra inédita al empresario, cuando éste la ha aceptado, no puede mientras éste no la haya representado, hacerla representar por otro, salvo convención en contrario.

Estimo que la normativa de este contrato por la ley 11.723 es incompleta y debe integrarse con las normas del derecho común, teniendo en cuenta que, como dijimos con el contrato de edición, éste es también un contrato comercial y está regido consecuentemente por el Código de Comercio y la jurisdicción comercial, ya que el empresario teatral es un comerciante.

Hago presente que, a diferencia de nuestra ley, el texto refundido de la Ley de Propiedad Intelectual de España regula con mayor detalle y precisión este contrato en sus arts. 74 a 85, denominándolo contrato de representación teatral y ejecución musical, al que define de la siguiente manera: "Por el contrato regulado en este capítulo, el autor o sus derechohabientes ceden a una persona natural o jurídica el derecho de representar o ejecutar públicamente una obra literaria, dramática, musical, dramático-musical, pantomímica o coreografía, mediante compensación económica. El cesionario se obliga a llevar a cabo la comunicación pública de la obra en las condiciones convenidas y con sujeción a lo dispuesto en esta Ley".

4. El contrato de licencia de software

La licencia de software es un contrato en virtud del cual el titular de los derechos de propiedad intelectual sobre una obra de software autoriza a un tercero a realizar determinadas acciones sobre las cuales sólo él está legalmente facultado a realizar, generalmente mediante el pago de un precio.

La Ley de Propiedad Intelectual en el art. 55 bis establece:

> "La explotación de la propiedad intelectual sobre los programas de computación incluirá entre otras formas los contratos de licencia para su uso o reproducción".

Vemos así cómo nuestra ley contempla expresamente la existencia de este tipo de contrato, con relación a los programas de computación a los que habitualmente se los denomina obras de software, estableciendo las dos acciones fundamentales a que da lugar aquél; acciones:

- uso, que significa ejecutar el programa;
- reproducción, que para la ley significa la realización de una o más copias de la totalidad de la obra o de una parte de la obra, por cualquier procedimiento y bajo cualquier forma. Recordemos acá que el derecho de reproducción es la facultad exclusiva del autor de autorizar o prohibir la reproducción de su obra y se encuentra consagrado por el art. 2° de la ley 11.729. Conforme al art. 9° segundo párrafo de la ley 11.723, introducido por la ley 25.036, es posible la reproducción por parte del licenciatario de un programa de software de una única copia del programa, a los efectos de su salvaguarda. La realización de esta copia de salvaguarda, a la que se la llama habitualmente *back up*, es una practica habitual, producto de la necesidad de salvaguardar el programa que se ha obtenido frente a una posible pérdida o deterioro del original, generalmente muy frágil en el medio informático.

Evidentemente, tanto el art. 55 como el art. 2° de la ley 11.723 están pensados fundamentalmente para un software propietario, en el cual la licencia no permite ni la modificación ni la copia.

Pero para poder entender mejor el tema, debemos clarificar cuáles son las diferentes clases de programas de software que podemos encontrar, ya que en los últimos años han aparecido diferentes corrientes doctrinarias con aplicaciones de software, ya no propietario, sino de software libre. Aplicaciones todas que requieren también licencias de software, diferentes a las contempladas por la ley 11.723.

En primer lugar y como una primera clasificación, debemos distinguir entre

- el software de dominio público
- el software de dominio privado.

El software de dominio público es aquel en que la titularidad de los derechos está en cabeza de la sociedad en su conjunto y no existe persona alguna que tenga derechos exclusivos sobre la obra, ni tampoco que pueda apropiarse de esa obra y pasarla a su dominio privado, salvo que se trate de una obra derivada resultante de una transformación de la obra original y, que como tal, se considera una nueva obra. Recordemos acá que, conforme al art. 29 del decreto 41.233/34, el que adapte, trasporte, modifique o parodie una obra que se encuentre en el dominio público, será dueño de la obra transformada pero no puede impedir que terceros vuelvan a transformar la obra. El carácter de dueño que menciona la normativa entiendo que aquí sí es asimilable al carácter de autor y le da idénticos derechos, pudiendo incluso registrar a su nombre la nueva obra.

El software de dominio privado es aquel que ha sido creado por un autor que lo ha registrado a su nombre, o aquel que, si bien ha sido creado por una persona, esta persona lo creó en el ejercicio de funciones laborales para una empresa y consecuentemente el software pertenece a la empresa y se encuentra registrado a nombre de ésta.

Hecha esta primera clasificación, debemos ahora distinguir los diferentes tipos de software de dominio privado, ya que es con relación a ellos donde vamos a encontrar la necesidad del contrato de edición.

- Software propietario es el software creado por una o varias personas, que conservan la totalidad de los derechos sobre la obra, pero autorizan a terceros a su uso en código objeto, reservándose el código fuente del programa, y por lo tanto reservándose el derecho a cualquier modificación o transformación de la obra. En el software de código cerrado una persona física o jurídica posee los derechos de autor sobre un software, lo que le da la posibilidad de controlar y restringir los derechos del usuario sobre su programa. Esto implica por lo general que el usuario sólo tiene derecho a ejecutar el software y no dispone de acceso a su código fuente o aun teniendo acceso a él no tiene derecho a modificarlo ni distribuirlo.
- Software libre es el software creado por una o varias personas, pero en el cual, en algunos casos, estos titulares transfieren a terceros los derechos totales o parciales sobre la obra y/o autorizan a terceros a su uso o modifi-

cación con mayor o menor alcance, extendiendo en algunos casos el uso al código objeto y también al código fuente del programa.

Dentro del software libre, existen dos corrientes filosóficas.

- Software libre o *free software*, promovido por la Free Software Foundation (FSF), fundada por Richard Stallman en 1984.
- Software de código abierto u *open source*, que aparece en 1998 por iniciativa de la Open Source Initiative (OSI).

Puede decirse que ambas corrientes presentan un desacuerdo filosófico fundamental con relación a la valoración que hacen del software libre y las llamadas cuatro libertades: usar, copiar, modificar y distribuir.

Carranza Torres y Bruera nos dicen: "Puede afirmarse que el planteamiento de la FSF es ético o axiológico con respecto a las libertades, en el sentido de que considera que las facultades de usar, copiar, modificar y distribuir software son moralmente valiosas y la ausencia de esas cuatro facultades es moralmente disvaliosa, mientras que cuestiones como costo y tiempo de desarrollo, calidad técnica, seguridad, eficiencia, etc., son secundarias. Para esta postura, el software libre es preferible al software propietario por cuestiones éticas, por otorgar esas cuatro facultades y no por sus ventajas técnicas, económicas o comerciales.

Al contrario, la posición de la OSI es agnóstica con respecto al valor moral de las cuatro libertades, porque para esta corriente lo importante de las cuatro libertades es que permiten desarrollar más cantidad de software, de mejor calidad, en un plazo más corto y a más bajo costo que el modelo de licenciamiento propietario. Es un tema de modelo económico de desarrollo de software que compite a un mismo nivel que el software propietario".[16]

Pero más allá de estas discrepancias filosóficas en el software libre y en el software de código abierto se otorgan al usuario las cuatro libertades: usar, copiar, modificar y distribuir:

- la libertad de usar el programa, con cualquier propósito;
- la libertad de copiar el programa;
- la libertad de estudiar el funcionamiento del programa, adaptarlo a las necesidades; mejorarlo y hacer públicas las mejoras, de modo que toda la comunidad se beneficie;
- la libertad de distribuir copias, con lo cual se puede ayudar a otros.

Para que se den estas libertades es requisito previo contar con el código fuente del programa, por lo que en el sistema del software libre se entrega al usuario tanto el código objeto como el código fuente

Quienes promueven el software libre y de código abierto, promueven que el software cumpla con las siguientes premisas:

- Libre redistribución: el software debe poder ser cedido gratuitamente o vendido libremente.

[16]CARRANZA TORRES, MARTÍN BRUERA, Horacio, *Software propietario y software libre ¿opciones compatibles o posiciones irreductibles?*, Publicado en: Sup. Act. 14/10/2008, 1.

- Código fuente: el código fuente debe estar incluido o debe existir forma de obtenerlo libremente.
- Trabajos derivados: la redistribución de éstos debe estar permitida.
- Integridad del código fuente del autor: las licencias pueden requerir que las modificaciones sean redistribuidas sólo como parches.
- Sin discriminación de personas o grupos: no debe existir discriminación con respecto a los destinatarios.
- Sin discriminación de áreas de iniciativa: los usuarios comerciales no pueden ser excluidos.
- Distribución de la licencia: deben aplicarse los mismos derechos a todos los que reciban el programa.
- La licencia no debe ser específica de un producto: el programa no puede licenciarse sólo como parte de una distribución mayor.
- La licencia no debe restringir otro software: la licencia no puede obligar a que algún otro software que sea distribuido con el software abierto deba también ser de código abierto.
- La licencia debe ser tecnológicamente neutral: no debe requerirse la aceptación de la licencia por medio de un acceso automático.

Habitualmente el software libre es gratuito o de muy bajo costo, pero la gratuidad no es su nota tipificante, como muchos habitualmente creen.

Hechas estas distinciones, podemos ahora decir que en el contrato de licencia de software encontramos dos partes: el usuario (licensor), que adquiere del propietario del programa (licenciatario) el derecho de utilizar el programa sin posibilidad de reproducirlo fuera de los límites contractuales ni de utilizarlo para otros fines que no sean los pactados.

Esas posibilidades de reproducción y límites de utilización obviamente varían dependiendo del tipo de software de que se trate conforme lo antes visto.

Los diferentes tipos de licencias que podemos encontrar hoy en día son:

- Licencias de software propietario.
    1. Licencias de software propietario pago. Son las más conocidas, y autorizan la instalación en la computadora y su uso, pero prohíben copiar el programa, modificarlo y distribuirlo.
    2. El shareware. La licencia autoriza a instalarlo gratuitamente y probar el programa con todas sus características durante un período limitado de tiempo o número de veces, vencido el cual el programa deja de funcionar. Para continuar usándolo se debe pagar el precio de la licencia.
    3. El freeware. Estos programas son totalmente gratuitos y no requieren licencia alguna.
- Licencias de software libre o de código abierto.

Existe una gran variedad de licencias de software libre, que podemos englobar en dos grandes familias:

1. En primer término, encontramos las licencias que si bien permiten la redistribución y modificación del programa, no imponen ninguna condición especial para ello, se las llama habitualmente licencias permisivas. Entre ellas encontramos la licencia BSD (Berkeley Software Distri-

bution). Por su parte, la *Open Software Initiative* no promueve una licencia única sino un programa de certificación de licencias de terceros, las cuales deben cumplimentar determinados criterios establecidos para obtener así la certificación de la OSI y entonces utilizar la marca *Open Source Certified.*

2. La otra familia, a la que se denomina habitualmente de licencias robustas, impone condiciones para el caso de la redistribución del software, condiciones que van en la línea de forzar a que se sigan cumpliendo las condiciones de la licencia después de la primera redistribución. Estas licencias vienen acompañadas del concepto del copyleft, por el cual si bien el titular de los derechos de autor sobre la obra de software renuncia a los derechos sobre ella y al monopolio de su explotación, lo hace bajo la expresa condición, que las futuras distribuciones, ya sea en la versión original o en cualquier versión en la que ha introducido modificaciones, se efectúe otorgando similares facultades de utilización que las recibidas pero no permitiendo añadir a las nuevas licencias ningún tipo de restricción adicional a las que el autor tuvo al recibirlas. De esta forma el sistema del copyleft no permite apropiarse de ese software libre. Podríamos decir que las licencias con cláusula copyleft intentan perpetuar la libertad. Entre de este grupo encontramos la GPL (Licencia Pública General de GNU), GNU LGPL (*Lesser General Public Licence*), AGPL (*Affero General Public License*). En los tres casos se trata de licencias de la *Free Software Foundation.*

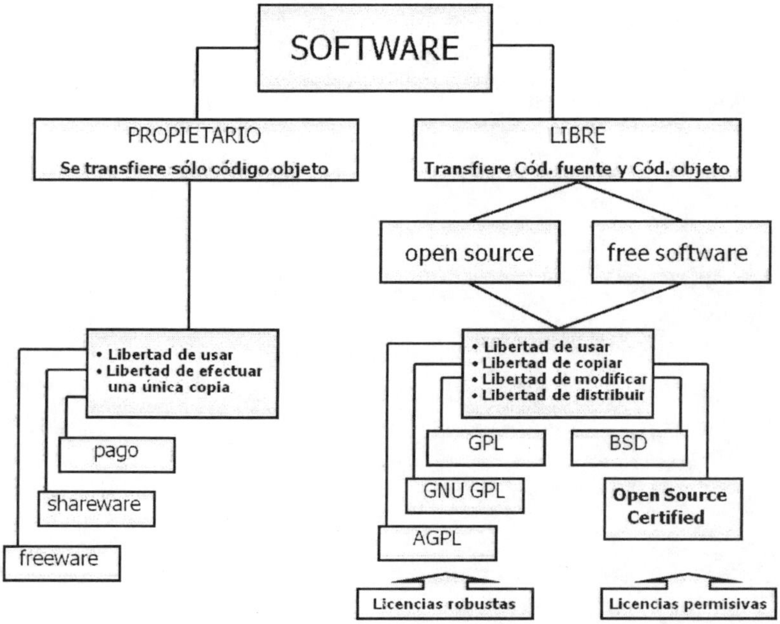

En un contrato de software propietario, el contrato debe establecer en forma clara y concreta los derechos otorgados a quien explota el programa. Fundamentalmente el contrato debe contemplar los siguientes aspectos:

- Derechos de uso: El licenciatario conserva la titularidad del programa, el licensor puede utilizarlo, pero no puede transformarlo ni autorizar su utilización por terceros.
- Derechos de reproducción: Es facultad exclusiva del autor, quien puede en el contrato autorizar la reproducción de uno o más ejemplares.
  La Ley de Propiedad Intelectual en su art. 9° permite a quien ha recibido del autor una licencia de uso de un programa reproducir una copia de salvaguarda, con la única finalidad de reemplazar el ejemplar original si éste se pierde.
- Derechos de adaptación y de modificación: El contrato de licencia puede contemplar la facultad de adaptación o modificación, total o parcial, del programa, o puede también prohibir la adaptación o modificación.
- Derechos de distribución y de publicación: Debe establecerse el término del contrato. En caso de que no esté establecido expresamente, aquél será el de la Ley de Propiedad Intelectual del país donde se celebró el contrato. De por vida para el autor y setenta años para herederos.

Debe garantizarse que los derechos que se conceden están libres de reclamos de licencias y que no violan la Ley de Propiedad Intelectual.

La formalización del contrato, se puede efectuar mediante documento escrito, o mediante la aceptación de aquél al instalar el programa.

Capítulo VIII

DERECHOS CONEXOS

Los derechos conexos son los que protegen los intereses de ciertas personas, ya sean físicas o de existencia ideal, que sin ser autores ni editores, son también titulares de derechos por poner las obras a disposición del público.

Los titulares de los derechos conexos no son los autores de las obras sin embargo, están muy vinculados a ellos, ya que su derecho deriva de la obra creada por el autor y es accesorio de ella.

Si la obra del autor no existe no puede existir derecho conexo alguno.

El desarrollo de los derechos conexos es un fenómeno relativamente moderno y posterior en gran parte a la ley 11.723. De allí que ésta, en algunos aspectos, incorporó luego estos derechos, pero en otros produce muchas veces un limbo legal, difícil de resolver.

Generalmente se utiliza el término derechos conexos para referirse a los derechos de:

- Los artistas intérpretes o ejecutantes en sus interpretaciones o ejecuciones;
- Los productores de fonogramas y videogramas.
- Los organismos de radiodifusión.

Pero esta enumeración no puede considerarse taxativa, pues podrían existir otras personas que, sin ser autores ni editores, contribuyen con la puesta a disposición del público de las obras.

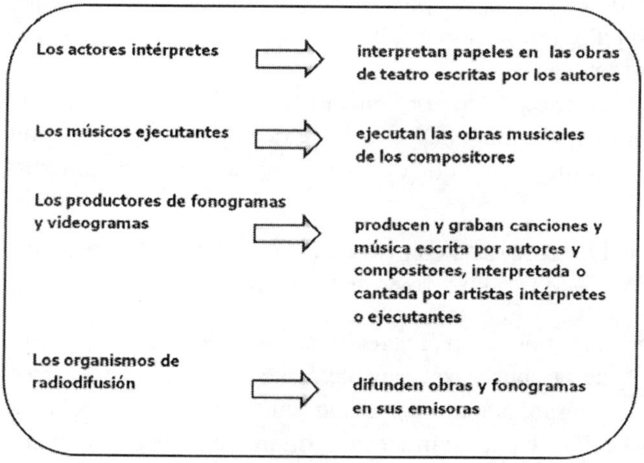

Los titulares de los derechos conexos son intermediarios en la producción, grabación o difusión de las obras de los autores.

La OMPI ha dicho que por derechos conexos se entienden los derechos que se conceden a los artistas intérpretes o ejecutantes, los productores de fonogramas y los organismos de radiodifusión, en relación con sus interpretaciones o ejecuciones, fonogramas y radiodifusiones.

A nivel internacional existen cuatro instrumentos que regulan estos derechos, y que deben ser tenidos en cuenta atento el escaso tratamiento del tema por parte de la ley 11.723.

Esos cuatro instrumentos normativos internacionales son:

- La Convención para la protección de los artistas intérpretes o ejecutantes, los productores de fonogramas y los organismos de radiodifusión, firmada en 1961, conocida como Convención de Roma, y que fue ratificada por la Argentina por ley 23.921.
- El Convenio para la protección de los productores de fonogramas contra la reproducción no autorizada de sus fonogramas de 1971, ratificado por la ley 19.963.
- Tratado de la OMPI sobre Interpretación o Ejecución y Fonogramas (WPPT) de 1996 y conocido como uno de los tratados Internet, que fue ratificado por la ley 25.140.
- Acuerdo sobre los Aspectos de los Derechos de Propiedad Intelectual relacionados con el Comercio (TRIP's/ADPIC) del año 1994, que fue ratificado por la ley 24.425.

Del análisis de la normativa de la ley 11.723, leyes y decretos complementarios, y de los Tratados Internacionales mencionados, creo que podríamos decir que en la República Argentina son derechos conexos:

1. Los derechos de los artistas intérpretes de obras literarias o los artistas ejecutantes de obras musicales, con relación a la utilización de sus interpretaciones o ejecuciones.
2. Los derechos de los productores de fonogramas y videogramas, con relación a la utilización pública, directa o indirecta, de sus fonogramas y videogramas.
3. Los derechos de los organismos de radiodifusión con relación a sus emisiones o trasmisiones, por la retrasmisión o por la comunicación al publico en lugares en que el público acceda en forma onerosa.

1. Derecho de los intérpretes de obras literarias o los ejecutantes de obras musicales

Algunos autores consideran al derecho de los intérpretes o ejecutantes como una nueva creación de la obra y consecuentemente como un nuevo derecho de autor. Afirman que la interpretación o ejecución le da un nuevo agregado a la obra que hace nacer una nueva creación intelectual diferente de la originalmente protegida.

Personalmente no creo que haya una nueva obra. El derecho de los artistas intérpretes o ejecutantes tiene perfiles propios y originales, pero tiene directa vinculación con el derecho del autor y se vincula con él.

Si así no fuera, y aceptásemos que, por la interpretación o ejecución, ha nacido una nueva obra, estaríamos frente a obras derivadas y no a derechos conexos.

Normalmente el autor contrata con un productor o empresario la representación de su obra literaria o la ejecución de su obra musical mediante un contrato de representación.

Por su parte, este productor contrata a los artistas intérpretes o ejecutantes, con los que se vincula a través de un contrato de trabajo regulado por el Derecho Laboral. El productor está obligado a pagar la remuneración por esa interpretación o ejecución realizada y el artista intérprete o ejecutante tiene todas las obligaciones y derechos emergentes de la Ley de Contrato de Trabajo y del Convenio Colectivo de su actividad. En el caso de los actores existe la Asociación Argentina de Actores (AAA), que tiene suscripto convenios colectivos con varias ramas de productores (cine, TV, publicidad), y en el caso de los músicos encontramos al Sindicato Argentino de Músicos (SADEM).

Pero además de estos derechos de orden laboral, para estos artistas intérpretes o ejecutantes surgen también derechos por la comunicación pública de sus interpretaciones o ejecuciones, que consisten en una remuneración que perciben por intermedio de entidades de gestión colectiva, como veremos en detalle en el capítulo X.

El derecho de comunicación pública surge a partir de la fijación de una interpretación o de su emisión por la radiodifusión en directo.

Estos nuevos derechos no son derechos de autor pues no derivan de la autoría, pero son derechos afines a éstos y por ello nos referimos a ellos como derechos conexos.

De allí que para esos intérpretes de obras literarias o ejecutantes de obras musicales, con relación a sus interpretaciones o ejecuciones en vivo frente a un público en un auditorio o una sala, surjan ciertos derechos exclusivos diferentes de los derechos del autor y que pueden tener un contenido moral o un contenido patrimonial.

Precisando el concepto, podemos definir a los artistas intérpretes o ejecutantes tomando la definición del art. 2° inc. a) del Tratado de la OMPI sobre Interpretación o Ejecución y Fonogramas de 1996 (WPPT) aprobado por ley 25.140, que establece: "Se entenderá por: ...artistas intérpretes o ejecutantes, todos los actores, cantantes, músicos, bailarines u otras personas que representen un papel, canten, reciten, declamen, interpreten o ejecuten en cualquier forma obras literarias o artísticas o expresiones del folclore".

Estos artistas intérpretes o ejecutantes tienen, en primer término, el derecho de carácter personal que sus nombres sean anunciados juntamente con el anuncio de la obra, al ingreso de la representación, en sus programas o en su publicidad, o en caso de fijaciones posteriores en los envases de los discos, casetes o medios de fijación.

En segundo término tienen ciertos derechos, que conciernen a lo patrimonial, más allá de su actuación contratada con el empresario, en particular:

- El derecho de autorizar o prohibir que su interpretación o ejecución sea fijada en discos, cd, dvd, obras audiovisuales, películas cinematográficas y cualquier otro medio de fijación, para posteriormente ser reproducida por radio y televisión, o en sala cinematográfica, salones o clubes de baile y todo lugar público de explotación comercial directa o indirecta.
- El derecho de autorizar o prohibir que su interpretación o ejecución sea transmitida por radio o televisión. Destaco que la parte final del art. 56 dispone que una obra ejecutada o representada en un teatro o en una sala pública, puede ser difundida o retransmitida mediante la radiotelefonía o la televisión, con el solo consentimiento del empresario organizador del espectáculo. De allí que podría entenderse que los intérpretes no tienen el derecho de autorizar o prohibir la difusión o retrasmisión por radio y televisión y que dicho derecho pertenece al empresario organizador del espectáculo.

Sin embargo, el art.14.1 segunda parte del Acuerdo ADPIC establece que: "Los artistas intérpretes o ejecutantes tendrán asimismo la facultad de impedir los actos siguientes cuando se emprendan sin su autorización: la difusión por medios inalámbricos y la comunicación al público de sus interpretaciones o ejecuciones en directo". Esta norma de ADPIC[1] incorporada a nuestra legislación por la ley 24.425, es jerárquicamente superior a la parte final del art. 56, conforme al art. 75 inc. 22 primer párrafo de la Constitución Nacional, por lo que ha producido la derogación de la referida norma de la ley 11.723.

- El derecho de percibir una remuneración por esas utilizaciones, remuneración que generalmente se percibe por intermedio de las entidades de gestión colectiva.

Lo antes expresado está plasmado en la ley 11.723 en su art. 56 que regulando los derechos de los intérpretes de obras literarias o musicales, establece:

> "El intérprete de una obra literaria o musical, tiene el derecho de exigir una retribución por su interpretación difundida o retransmitida mediante la radiotelefonía, la televisión, o bien grabada o impresa sobre disco, película, cinta, hilo o cualquier otra sustancia o cuerpo apto para la reproducción sonora o visual. No llegándose a un acuerdo, el monto de la retribución quedará establecido en juicio sumario por la autoridad judicial competente. El intérprete de una obra literaria o musical está facultado para oponerse a la

[1] La Argentina por ley 24.425 aprobó los tratados suscriptos en Marrakech en abril de 1994 que pusieron fin a la llamada Ronda Uruguay del GATT. Uno de esos tratados es el denominado TRIPS (siglas de la denominación en idioma inglés "Trade Related Aspects of Intellectual Property Rights"), también conocido en países de habla hispana como ADPIC (Acuerdo sobre los Derechos de Propiedad Intelectual Relativos al Comercio).

divulgación de su interpretación, cuando la reproducción de la misma sea hecha en forma tal que pueda producir grave e injusto perjuicio a sus intereses artísticos. Si la ejecución ha sido hecha por un coro o una orquesta, este derecho de oposición corresponde al director del coro o de la orquesta. Sin perjuicio del derecho de propiedad perteneciente al autor, una obra ejecutada o representada en un teatro o en una sala pública, puede ser difundida o retransmitida mediante la radiotelefonía o la televisión, con el solo consentimiento del empresario organizador del espectáculo".

También el decreto 746/73 reglamentario del art. 56 de la ley 11.723, se ocupa del tema disponiendo a quienes se considera intérpretes o ejecutantes y mencionando como tales al director de orquesta, al cantor y a los músicos ejecutantes, en forma individual. Al director y a los actores de obras cinematográficas y grabaciones con imagen y sonido con cinta magnética para televisión. Al cantante, al bailarín y a toda otra persona que represente un papel, cante, recite, interprete o ejecute en cualquier forma que sea una obra literaria, cinematográfica o musical.

2. Derechos de los productores de fonogramas y videogramas

Se entiende por fonograma a la primera fijación o grabación original de una ejecución exclusivamente musical. Cuando se fija no sólo música, sino también imagen, estamos ante un videograma.

Los fonogramas y videogramas llegan al público a través de soportes físicos (discos, DVDs), medios de comunicación (radios, TV), lugares de esparcimiento (discotecas) o por vía digital (Internet, telefonía celular).

La ley 11.723 no alude expresamente al productor de fonogramas y videogramas, pero ello no impide reconocer sus derechos que por otra parte están consagrados en la Convención de Roma de 1961, en el Convenio para la protección de los productores de fonogramas contra la reproducción no autorizada de sus fonogramas de 1971, en el Tratado de la OMPI sobre Interpretación o Ejecución y Fonogramas (WPPT) de1996 y los Acuerdos ADPIC de 1994, acuerdos internacionales que fueron suscriptos por la Argentina y ratificados por ley.

También sus derechos están reconocidos en los decretos 1670 y 1671, dictados en el año 1974.

El productor de fonograma o videograma es la persona física o jurídica que toma la iniciativa y la responsabilidad económica de realizar una grabación o fijación de los sonidos de una ejecución musical o de los sonidos y la imagen y es el titular de los derechos sobre ese fonograma o videograma, si bien con relación al videograma la situación es más compleja, ya que se aplican al videograma además, y en algunos aspectos, las mismas normas legales que con relación a la obra cinematográfica, por encontrarse ambos comprendidos en el concepto de obra audiovisual.

De allí que los productores de fonogramas y videogramas tienen los derechos exclusivos de reproducir los fonogramas y videogramas que han producido y de distribuir por venta, canje o alquiler las copias de éstos.

Estos derechos están consagrados en el art. 10 de la Convención de Roma de 1961, ratificada por ley 23.921. Tienen también el derecho de distribución e importación que contempla el Convenio para la protección de los productores de fonogramas contra la reproducción no autorizada de sus fonogramas de 1971, ratificado por la ley 19 963. Poseen asimismo el derecho a percibir una remuneración por la utilización pública directa o indirecta de sus fonogramas. Tales los casos, entre otros, de la utilización por organismos de radiodifusión, televisión, o similares; bares; cinematógrafos; teatros; clubes sociales; centros recreativos; restaurantes; cabarets, y en general lo que los comunique al público por cualquier medio directo o indirecto.

Un interesante fallo donde se analiza tanto las diferentes variantes que puede asumir un fonograma o videograma y la obligación de pago de derechos por la comunicación pública, establece:

> "Entre las diversas variantes que asume la reproducción de las composiciones musicales, se encuentra su fijación en videogramas, especialmente en el nuevo género conocido como video musical, o 'video clips', así como su incorporación o sincronización en la banda sonora de una obra audiovisual, sea la tradicional obra cinematográfica o a través de la película en celuloide o en cualquier otro formato –'videotape', 'videocasete' o disco audiovisual–. La comunicación al público de las composiciones musicales supone entre otras modalidades, su ejecución en lugares que exceden del círculo familiar, como bares, restaurantes, confiterías, clubes, etc., a partir de soportes audiovisuales, mediante la colocación en lugares públicos de aparatos reproductores de imagen y sonido, y esa ejecución forma parte del ambiente en virtud del cual el público acude a ese local, lo cual establece una innegable vinculación entre el atractivo para la clientela y el lucro indirecto que esa característica permite obtener, y genera la obligación del pago de los derechos de autor respectivos"[2].

El decreto 41.233/34 reglamentario de la ley 11.723 establece en su art. 35:

> "Los discos fonográficos y otros soportes de fonogramas no podrán ser comunicados al público, ni transmitidos o retransmitidos por radio y/o televisión, sin autorización expresa de sus autores o sus derechohabientes. Sin perjuicio de los derechos que acuerdan las leyes a los autores de la letra y los compositores de la música y a los intérpretes principales y/o secundarios, los productores de fonogramas o sus derechohabientes tienen el derecho de percibir una remuneración de cualquier persona que en for-

[2] CCCiv.y Com. Lomas de Zamora, Sala II, 1998/3/26, Aadi-Capif c. Casal Walter y otro, LLBA1999-490, Rep. La Ley, 1999, pág. 1999.

ma ocasional o permanente, obtenga un beneficio directo o indirecto con la utilización pública de una reproducción del fonograma; tales como: organismos de radiodifusión, televisión, o similares; bares, cinematógrafos; teatros; clubes sociales; centros recreativos; restaurantes; cabarets, y en general quien los comunique al público por cualquier medio directo o indirecto. No será necesario abonar compensación alguna por utilizaciones ocasionales de carácter didáctico, o conmemoraciones patrióticas, en establecimientos educacionales oficiales o autorizados por el Estado".

La última parte de la norma establece una restricción no remunerativa similar a las que establece el art. 36 de la ley 11.723 con relación a los autores.

3. Derecho de los organismos de radiodifusión

Las emisoras de radio tienen también derecho a percibir una retribución por la retrasmisión o por la comunicación de sus emisiones, cuando éstas se realizan al público en lugares en que el público acceda en forma onerosa, así como por la fijación de éstos.

Si bien la ley argentina no menciona los derechos de los organismos de radiodifusión, tal como en el caso del productor de fonogramas y videogramas, estos derechos están reconocidos en la Convención Internacional sobre la protección de los artistas, intérpretes o ejecutantes, los productores de fonogramas y los organismos de radiodifusión, conocida como Convención de Roma, y que fue aprobada por ley 23.921, que en su art. 13 establece:

"Los organismos de radiodifusión gozarán del derecho de autorizar o prohibir.

a) la retransmisión de sus emisiones;
b) la fijación sobre una base material de sus emisiones;
c) la reproducción:
   i) de las fijaciones de sus emisiones hechas sin su consentimiento;
   ii) de las fijaciones de sus emisiones, realizadas con arreglo a lo establecido en el artículo 15, si la reproducción se hace con fines distintos a los previstos en dicho artículo (el artículo 15 regula una serie de excepciones);
d) la comunicación al público de sus emisiones de televisión cuando éstas se efectúen en lugares accesibles al público mediante el pago de un derecho de entrada. Corresponderá a la legislación nacional del país donde se solicite la protección de este derecho determinar las condiciones del ejercicio del mismo."

También el Aacuerdo ADPIC, en su art. 14, establece:

"... 3. Los organismos de radiodifusión tendrán el derecho de prohibir los actos siguientes cuando se emprendan sin su autorización: la fijación, la reproducción de las fijaciones y la retransmisión por medios inalámbricos de las emisiones, así como la comunicación al público de sus emisiones de televisión. Cuando los Miembros no concedan tales derechos a los organismos de radiodifusión, darán a los titulares de los derechos de autor sobre la materia objeto de las emisiones la posibilidad de impedir los actos antes mencionados, a reserva de lo dispuesto en el Convenio de Berna (1971)..."

De allí que si bien este derecho conexo correspondiente a los organismos de radiodifusión no está expresamente contemplado por la ley 11.723, éste resulta estas denormas internacionales.

Actualmente la Asamblea General de la OMPI está estudiando las posibilidades de un tratado en materia de protección de los organismos de radiodifusión y de difusión por cable.

4. Retribución

Como señalamos, tanto los intérpretes de obras literarias y los ejecutantes de obras musicales como los productores de fonogramas y los organismos de radiodifusión, como titulares todos ellos de derechos conexos, tienen derecho a percibir una retribución.

Esa retribución, en el caso de los tres primeros, se percibe por intermedio de entidades de gestión colectiva, como veremos más adelante. Sin embargo, podemos adelantar acá que:

La gestión colectiva en el sector de la música está a cago de la Sociedad Argentina de Autores y Compositores de Música (SADAIC).

Con relación a los autores literarios y dramáticos (escritores, guionistas de cine y televisión, etc.), están nucleados en la Sociedad General de Autores de la Argentina (ARGENTORES), que es la única entidad encargada de percibir sus derechos.

AADI-CAPIF es la asociación integrada por la Asociación Argentina de Intérpretes (AADI) y la Cámara Argentina de Productores de Fonogramas y Videogramas (CAPIF), y su misión es la de recaudar en todo el territorio del país las retribuciones correspondientes a los intérpretes y ejecutantes musicales, y a los productores de fonogramas y videogramas, nacionales y extranjeros.

Por su parte la Sociedad de Artes Visuales Argentina (SAVA) es la Sociedad de Gestión Colectiva sobre Obras Visuales, representando a fotógrafos, pintores, escultores, dibujantes, grabadores, y de todo otro lenguaje comprendido en las Artes Visuales.

El Centro de Administración de Derechos Reprográficos (CADRA), es una asociación civil sin fines de lucro que ejerce el contralor, la defensa y la gestión colectiva de los derechos de propiedad intelectual en el sector del libro y las publicaciones periódicas, otorgando licencias para efectuar la reproducción parcial reprográfica y digital.

La Sociedad Argentina de Gestión de Actores Intérpretes (SAGAI), tiene por objeto la recaudación de los derechos de propiedad intelectual de los artistas del sector audiovisual (actores, bailarines, dobladores).

Los Directores Argentinos Cinematográficos están nucleados en DAC, que es una sociedad de gestión encargada de percibir los derechos de autor de los directores de cine y cualquier otra forma audiovisual.

La jurisprudencia ha establecido:

> "El art. 56 es la única disposición de la ley 11.753 que se refiere a los derechos de los intérpretes de las obras musicales y se limita a concederle el derecho de exigir 'una retribución por su interpretación difundida o retransmitida mediante la radiotelefonía, la televisión, o bien grabada o impresa sobre disco, película, cinta, hilo o cualquier otra sustancia o cuerpo apto para la reproducción sonora o audiovisual'. Mucho después de su sanción se dicta el decreto 1670/74 en cuyos considerandos se determina la necesidad de ampliar y aclarar dicha normativa, así como también los decretos 41.233/34 y 746/73, por cuanto no siempre posibilitaron la certera protección de los derechos que la ley reconoce a los intérpretes principales y secundarios cuyas versiones quedaron fijadas en el disco fonográfico, a quienes les corresponde ser compensados por el usuario de los soportes que reproduzcan fonogramas cuando los utilicen en su provecho directo o indirecto mediante su ejecución pública"[3].

5. Plazo de duración de los derechos conexos

La legislación argentina, salvo el caso de los derechos de los artistas intérpretes sobre sus interpretaciones o ejecuciones fijadas en fonogramas y el caso de los productores de fonogramas, no establece cuál es el plazo de duración de los derechos patrimoniales en los restantes supuestos de derechos conexos.

Esta orfandad llevó en un principio a buscar distintas soluciones; sin embargo, estando contemplado el tema por los convenios internacionales firmados y ratificados por la Argentina, creo que debemos estar a los plazos allí establecidos, en la medida de tratarse de Tratados Internacionales aprobados por la Argentina, y en tanto contengan cláusulas operativas o autoejecutorias, vale decir que por su grado de definición puedan aplicarse en forma directa, sin necesidad de la sanción de normas complementarias internas.

El Convenio de Roma de 1961 establece que la protección debe durar como mínimo hasta el final de un plazo de veinte años calculados a partir del término del año en que:

[3] CNCiv., Lomas de Zamora, 16.3.2004, AADI CAPIF Asociación Civil c. Caiafi, Gabriel s/ Cobro de pesos. Fuente: Base Juba Fallos Oficiales, LZ 57719 RSD-64-4 S 16-3-2004.

a) se haya realizado la fijación de los fonogramas y de las interpretaciones o ejecuciones incorporadas en ellos;
b) hayan tenido lugar las interpretaciones o ejecuciones no incorporadas en fonogramas;
c) se hayan difundido las emisiones de radiodifusión.

El Convenio para la protección de los productores de fonogramas contra la reproducción no autorizada de sus fonogramas establece que la protección debe tener una duración mínima de veinte años contados desde la primera fijación o la primera publicación del fonograma.

El Tratado de la OMPI sobre Interpretación o Ejecución y Fonogramas (WPPT) de 1996 establece en su art. 17 que, en virtud del tratado, la duración de la protección concedida a los artistas intérpretes o ejecutantes no podrá ser inferior a cincuenta años, contados a partir del final del año en el que la interpretación o ejecución fue fijada en un fonograma. Con relación a los productores de fonogramas, no podrá también ser inferior a cincuenta años, contados a partir del final del año en el que se haya publicado el fonograma o, cuando tal publicación no haya tenido lugar dentro de los cincuenta años desde la fijación del fonograma, cincuenta años desde el final del año en el que se haya realizado la fijación.

Por su parte el ADPIC (Acuerdo sobre los Aspectos de los Derechos de Propiedad Intelectual relacionados con el Comercio) establece un plazo de cincuenta años para los artistas intérpretes o ejecutantes y los productores de fonogramas , contados a partir del final del año civil en que se haya realizado la fijación o haya tenido lugar la interpretación o ejecución, y un plazo de viente años contados a partir del final del año civil en que se haya realizado la emisión, para los organismos de radiodifusión.

Recientemente se ha sancionado la ley 26.570, que incorpora a la ley 11.723 el art. 5° bis, en donde se establece el plazo de setenta años, contados a partir del 1 de enero del año siguiente al de su publicación, para los artistas interpretes sobre sus interpretaciones o ejecuciones fijadas en fonogramas, así como también a favor de los productores de fonogramas.

Creo entonces que conforme a esta última normativa argentina y a los mayores plazos establecidos en los convenios firmados y ratificados por nuestro país, los plazos de protección de los derechos conexos serían los siguientes:

- Para los artistas intérpretes o ejecutantes sobre sus interpretaciones o ejecuciones fijadas en fonogramas y para los productores de fonogramas, el plazo de setenta años contados a partir del primero de enero del año siguiente al de su publicación (conforme art. 5° bis ley 11.723 incorporado por ley 26.570).
- Para los artistas intérpretes o ejecutantes el plazo de cincuenta años contados a partir del final del año en que haya tenido lugar la interpretación o ejecución.
- Para los organismos de radiodifusión, el plazo de veinte años a partir del final del año en que se hayan difundido las emisiones de radiodifusión.

Capítulo IX

PROTECCIÓN DE LA PROPIEDAD INTELECTUAL

Todas las legislaciones del mundo protegen a la propiedad intelectual y en consecuencia a los derechos de los autores, ante las numerosas violaciones que se producen, fundamentalmente frente a dos situaciones: a) la reproducción sin la autorización de su autor o editor, quienes como vimos son los legítimos titulares de los derechos de propiedad intelectual sobre las obras; b) el plagio sobre las obras.

Ambas situaciones, denominadas habitualmente como "actos de piratería", son motivo de creciente preocupación de autores y titulares de derechos.

Desde hace ya muchos años el Convenio de Berna para la Protección de las Obras Literarias y Artísticas, es el elemento madre y fundamental de tal protección, que las distintas legislaciones han ido también implementando en sus diferentes normativas con características muy similares.

Los tres principios básicos de protección del Convenio de Berna son los siguientes:

1. Las obras originadas en alguno de los Estados contratantes recibirán en cada uno de los demás Estados firmantes del Convenio la misma protección que éstos otorgan a las obras de sus propios ciudadanos, asimilándose así la obra extranjera a la nacional.
2. Esa protección no debe estar condicionada al cumplimiento de formalidad alguna.
3. Esa protección es independiente de la existencia de una protección correspondiente en el país de origen de la obra. Sin embargo, si un Estado contratante provee un plazo más largo que el mínimo prescrito por la convención, y la obra deja de estar protegida en el país de origen, la protección le puede ser negada una vez que cese la protección en el país de origen.

En las últimas décadas, la irrupción de nuevas tecnologías, como las máquinas fotocopiadoras primero, las copiadoras de CD y DVD después y las tecnologías informáticas, en particular Internet ahora, han facilitado enormemente la divulgación de la obra intelectual, circunstancia que evidentemente es positiva en la medida en que permite cada vez a más personas tener acceso a la obra intelectual, pero que tiene también su aspecto negativo, en cuanto estas nuevas tecnologías facilitan la violación de los derechos de propiedad intelectual de los autores, editores y de los titulares de derechos conexos.

La protección de la obra intelectual que el Convenio de Berna y las diferentes legislaciones establecieron estaba pensada fundamentalmente para la obra escrita en formato papel, sin equipos copiadores ni tecnologías informáticas, lo que hace que muchas situaciones de violación de los derechos de propiedad intelectual que se producen a diario no estén aún contempladas en el texto de algunas de las legislaciones actuales.

La tecnología ha facilitado la comisión de actos violatorios de los derechos de los autores, y las nuevas tecnologías de la comunicación y de la información han creado nuevas situaciones y nuevos interrogantes frente a los derechos de protección que requieren nuevas respuestas de los actores de la época.

De allí que sea importante analizar en qué forma se pueden proteger los derechos de propiedad intelectual de los autores y editores, así como de los titulares de derechos conexos, en un mundo conflictivo y complejo como el actual.

Podría decir que las principales formas de proteger los derechos de autor son:

- El depósito y registro de las obras.
- La gestión colectiva de los derechos.
- La implementación de medidas tecnológicas de protección.
- La protección jurídica contra las acciones elusivas de las medidas tecnológicas.
- La protección por vía de la legislación penal.

1. El depósito y registro de las obras

Las legislaciones modernas en general no exigen el depósito y registro de las obras como una condición necesaria para conservar la titularidad de los derechos sobre éstas, ya que adoptan el principio de la "protección automática", que establece que la protección del derecho de autor no está sometida a formalidad alguna.

Este principio de la protección automática es un principio universalmente generalizado hoy en día y se fundamenta en que los derechos de autor nacen con la creación de la obra y por tanto no pueden estar supeditados al registro u otra formalidad.

El Convenio de Berna para la Protección de las Obras Literarias y Artísticas, ratificado por la Argentina, establece así que las obras literarias y artísticas quedan protegidas sin ninguna formalidad en los países parte de dicho Convenio.

Sin embargo, esta norma de Berna no puede interpretarse como una derogación de las normas internas de los Estados que requieran alguna formalidad especial, ya que en Berna se establece también en el art. 5.3. que la protección del país de origen se regirá por la legislación nacional.

Algunas legislaciones cuentan con sistemas de depósito y registro a los fines de identificar y distinguir las obras y para que el depósito sirva como medio de prueba ante una controversia.

Otros países, en cambio, exigen el depósito y registro como un requisito para el ejercicio del derecho.

Por último, algunos pocos Estados requieren todavía el depósito y registro como requisito para la constitución del derecho.

A fin del estudio de la normativa del depósito y registro, del régimen argentino de la ley 11.723, debemos distinguir el caso de la obra nacional publicada, de la obra nacional inédita y de la obra extranjera.

2. Depósito y registro de la obra nacional publicada

Con relación a la obra publicada, de acuerdo con los arts. 57 a 64 de la ley 11.723, el depósito y registro de tres ejemplares de las obras publicadas es obligatorio por parte del editor bajo pena de multa de diez veces el valor venal del ejemplar no depositado.

Con relación a esta obligación de los editores establecida en el art. 61 de la ley, el decreto 16.697/59 establece que, a los efectos de su fiscalización, los editores deberán efectuar mensualmente ante el Registro Nacional de la Propiedad Intelectual una declaración jurada de las obras editadas, de primera publicación o reimpresas. En dicha declaración, que se presentará por duplicado del 1 al 10 de cada mes, deberán consignarse los títulos de las obras editadas o reimpresas, durante el mes, los nombres y apellidos de los autores de éstas, y de los traductores, en su caso; talleres gráficos donde se efectuó la impresión y tirada de la edición o de la reimpresión que se declara. Si no se hubiesen editado o reimpreso obras durante el mes, deberán también declarar tal circunstancia. Todo ello bajo apercibimiento de la aplicación de una multa.

La ley establece asimismo, en el art. 62, que el depósito de las obras, hecho por el editor, garantiza totalmente los derechos de autor sobre su obra y los del editor sobre su edición. Esta norma es de gran importancia pues, con su cumplimiento, consagra la garantía de los derechos del autor y del propio editor.

Por su parte, el art. 63 establece que la falta de inscripción trae como consecuencia la suspensión del derecho del autor sobre su obra hasta el momento en que se efectúe tal depósito e inscripción, recuperándose dichos derechos en el acto mismo de la inscripción, por el término y condiciones que corresponda, sin perjuicio de la validez de las reproducciones, ediciones, ejecuciones y toda otra publicación hechas durante el tiempo en que la obra no estuvo inscripta.

Esta última disposición del art. 63 crea una situación conflictiva, ya que contradice en parte lo que establecen los Convenios de Berna, los acuerdos ADPIC y el art. 14 de la ley, para la obra extranjera, lo que crea una injusta diferencia con ésta, y ha llevado a algunos autores a afirmar que el art. 63 ha perdido vigencia por anacrónico y contradictorio de principios internacionales vigentes.

Estos acuerdos internacionales incorporan a la Argentina a un sistema universal de protección de las obras literarias y artísticas que se sustenta –entre otros– en los principios básicos del "tratamiento nacional" y de la "protección automática". O sea que la obra originada en cualquiera de los Estados miembros recibe en cualquier otro Estado miembro la misma protección que este último Estado otorga a las obras de sus propios nacionales, y esta protección no está sujeta al cumplimiento de formalidad alguna.

Sin embargo, como ya antes dije, las normas de Berna no pueden interpretarse tampoco como una derogación de las normas internas de los Estados que requieran alguna formalidad especial, ya que en Berna se establece también en el art. 5.3. que la protección del país de origen se regirá por la legislación nacional.

Consecuentemente, debemos considerar que el art. 63 se encuentra plenamente vigente para la obra nacional y no ha perdido valor pese a la ratificación por parte de la Argentina de los Convenios Internacionales.

De allí que creo que la falta de inscripción de la obra nacional trae necesariamente como consecuencia la suspensión del derecho del autor hasta que dicho trámite sea realizado.

Distinta es la situación para las obras extranjeras que se encuentran protegidas por la norma de Berna y no les es aplicable entonces, ante la falta de inscripción, la dura sanción de la suspensión de los derechos. Podemos afirmar que las obras extranjeras están en la Argentina, en este aspecto, más protegidas que las obras nacionales.

Sin embargo, creo también que debemos darle a dicha norma del art. 62 un significado muy preciso conforme su texto, en el sentido de que tal falta de registro de la obra nacional priva al autor y editor de la exclusividad de los derechos patrimoniales, pero no de los derechos morales sobre la obra.

Esa privación de la exclusividad de los derechos patrimoniales significa que no podremos ejercer los derechos económicos sobre la obra, pero ello no significa que no los tengamos, pues los derechos sobre la obra nacen con su creación y no con el simple acto de registro.

La suspensión de los derechos patrimoniales del autor se produce una vez transcurridos los tres meses que la ley otorga para hacer el registro y autoriza a que terceros tengan la libre utilización de la obra sin autorización y sin obligación de pago, pudiendo consecuentemente efectuar reproducciones, ediciones, ejecuciones y toda otra publicación de la obra, pero no pudiendo realizar ninguna modificación de la obra ni omitir el nombre del autor, pues de esta forma se afectarían los derechos morales del autor, derechos morales que no quedan suspendidos por la falta de inscripción. Recordemos que los derechos morales del autor nacen con la creación de su obra, y su existencia y reconocimiento es independiente y no puede estar supeditado al registro de la obra.

La jurisprudencia ha dicho en este sentido:

> "El goce del derecho de propiedad intelectual se subordina a la formalidad de su registro, toda vez que la falta de esa formalidad suspende el goce de los derechos intelectuales. Por lo tanto, las obras publicadas no registradas no están protegidas"[1].

[1] CNCom., Sala A, 19-X-1989, Cesan c. Montero, *LL,* 1990-B-240.

Pero también ha afirmado:

"Si bien la falta de inscripción de una obra en el Registro de la Propiedad Intelectual trae como consecuencia la suspensión del derecho de autor hasta que dicho trámite se materialice, tal sanción no alcanza más que el derecho pecuniario, pues sería absurdo que la falta de inscripción hiciera perder la paternidad de la obra o cualquier otra facultad contenida en el derecho moral"[2].

Sumamente interesente es lo que Graciela Peiretti, comentando el art. 62, nos dice:

"El registro sólo es obligatorio para el editor a fin de que los derechos de explotación de la obra conserven su exclusividad oponible *erga onmes*. En este punto, y, previo a analizar las interpretaciones jurisprudenciales a que ha dado lugar la aplicación del art. 63, recordemos que el texto de la norma, al referirse a suspensión del derecho, nos lleva a considerar que el derecho de autor ha nacido con la obra misma, tanto en lo que hace a los derechos morales como a los patrimoniales y, dado que los derechos morales no son susceptibles de suspensión alguna, sólo cabe la suspensión de la exclusividad de los derechos patrimoniales de explotación"[3].

Podemos afirmar entonces que el derecho del autor sobre su obra no tiene nacimiento con el depósito y registro, sino mucho antes con la creación de la obra.

También podemos decir que la falta de inscripción priva al autor del ejercicio de los derechos patrimoniales, pero no lo priva de los derechos morales sobre la obra y consecuentemente de la facultad de promover acciones penales.

El registro y depósito, es además de suma importancia, ya que crea una serie de presunciones *iuris tantum*:

- Que lo que se ha depositado y registrado constituye una obra intelectual.
- Que el depositante y registrante es el autor o editor de la obra, según sea el caso.

La jurisprudencia argentina ha establecido reiteradamente que la autoría sobre una obra nace con su creación.

"La autoría de una obra intelectual no nace de su inscripción en el registro respectivo. Tal derecho nace y se fija en el autor por la fuerza misma de la creación de la obra y, por lo tanto, no se pierde por no haberse cumplido con dicho registro o depósito, ni el simple cumplimiento de éstos obra en provecho del depositante si la obra no es más que la copia de otra ya inventada y

[2] CNCasación Penal, Sala II, 2001/05/23, Blaustein, David, *LL* 2001-E-638.

[3] Graciela Peiretti, "Función del Registro en el Derecho de Autor", Trabajo presentado en la III Jornada de Derecho de Autor en el Mundo Editorial organizada por CADRA en la Feria del Libro Buenos Aires, 21 y 22 de abril de 2005. http://www.cadra.org.ar/*upload*/Peiretti_Registro_Obras.pdf.

ejecutada por otro artista. De otro modo habría que admitir que el usurpador o el plagiario pueden convertirse en propietarios legítimos"[4].

"El derecho del autor no nace del registro de la obra en sí, sino de la obra misma, por lo que el depósito legal no basta para conferir los derechos inherentes a la propiedad intelectual, ya que es necesario que la obra contenga algo propio y original, constituyendo la creación intelectual requerida por la ley 11.723"[5].

También ha establecido la innecesariedad del depósito y registro con relación al ejercicio de los derechos morales y a la facultad de promover acciones penales.

"La inscripción en el Registro de la Propiedad Intelectual no es en el sistema de la ley 11.723 una *conditio sine qua non* para el funcionamiento de la tutela penal.

Lo que la ley 11.723 persigue mediante la incriminación delictuosa –edición o reproducción de una obra suprimiendo o cambiando el nombre del autor, el título de la misma o alteración dolosa de su texto– no es fundamentalmente la protección pecuniaria del autor sino su derecho moral sobre la obra.

El concepto de propiedad intelectual abarca tanto el valor pecuniario como el derecho a la paternidad e incolumnidad de las obras del espíritu"[6].

La ley 11.723 en los arts. 57 a 64 y el decreto 41.233/34, regulan las particularidades del registro y depósito de las obras, que se realiza en el Registro Nacional de Propiedad Intelectual que lleva la Dirección Nacional del Derecho de Autor.

Trataré de sintetizar las particularidades del sistema.

- Pueden registrarse todas las obras protegidas, sin limitación. Si bien el Registro tiene un listado de obras registrables, tiene también un criterio amplio en caso de tratarse de algún tipo de obra no contemplado expresamente en dicho listado. Destaco que el art. 25 del decreto 41.233/34 establece que el Registro Nacional de Propiedad Intelectual admitirá depósito de todas las obras que se les presentaren, llenando las formalidades legales y reglamentarias, siempre que los derechos se recaben para quién aparece como autor de la obra.
- El Registro otorga al registrante un recibo provisional, con los datos, fecha y circunstancias que sirven para identificar la obra, haciendo constar su inscripción. Posteriormente se procede a la publicación en el Boletín Oficial por treinta días, transcurridos los cuales y si no existe oposición al registro, se procede a la inscripción en el libro correspondiente y se extiende el certificado definitivo. Cuando se formulare oposición al registro de una obra, el director procederá a levantar acta y le comunicará al solicitante en su domicilio constituido, para que alegue su derecho. Transcurrido cinco días hábiles, resolverá la incidencia dentro del término de diez días subsiguientes (arts. 58, 59 y 60 ley y arts. 18, 19 y 20 decreto 41.233/34)

[4] CNCivil, Sala F, 25.04.1972. *ED* 43-619.

[5] CNCivil, Sala K, 15.08/2007 – Petre, Horacio c. Rosicó de Bachian Hnos. S.A. JA, 2008-I, 442.

[6] CBCrim y Correc., 20/10/61, Carchano, Oscar E. y otro, querella, *LL* 109-633.

La jurisprudencia ha establecido que el registro y depósito no crea un derecho definitivo a favor del registrante, ya que es revisable judicialmente y que la acción tendiente a la anulación de una inscripción es imprescriptible.
A ese respecto la Cámara Civil ha expresado: "La acción tendiente a la anulación de la inscripción de una obra en el Registro de la Propiedad Intelectual es imprescriptible"[7].
Destaco que el art. 59 de la ley, al mencionar el procedimiento de publicación en el Boletín Oficial del pedido de inscripción, establece que pasado un mes desde la publicación sin haberse deducido oposición, el Registro inscribirá la obra y otorgará a los autores "el título de propiedad definitivo si éstos lo solicitaren". Creo que lo que otorga el Registro es una constancia de inscripción, pero que no podemos considerarla un título de propiedad, en la medida en que, como lo ha dicho la jurisprudencia antes referenciada, el registro no crea un derecho de carácter definitivo sobre la obra registrada.

- Cuando el Registro tenga conocimiento de que una obra publicada no se ha depositado dentro de los tres meses siguientes a su aparición, intimará al editor para que en el plazo de tres días proceda al registro de la obra en mora y si éste no lo hiciera, dispondrá lo necesario a los efectos de que le sea aplicada la sanción establecida en el art. 61 de la ley. Cualquier persona es parte legítima para denunciar la infracción de referencia (art. 24 decreto 41.233/34).
- El art. 9° del decreto 41.233/34 establece que al solicitarse la inspección de una obra, el peticionario formulará una declaración fechada y firmada en forma legible, con los siguientes enunciados: a) Título de la obra. b) Nombre del editor, del impresor y del autor. c) Lugar y fecha de aparición. d) Números de tomos, tamaño y páginas de que consta. e) Número de ejemplares. f) Fecha en que se terminó el tiraje. g) Precio de venta de la obra. En los casos de impresiones, sólo se declarará el número de ejemplares, de la edición y la fecha del depósito de la primera edición. La disposición 2/2011 de la Dirección Nacional del Derecho de Autor modificó el formato y contenido de los formularios de depósito y registro.
- Con relación a la obra publicada se debe depositar tres ejemplares completos dentro de los tres meses siguientes a su aparición (art. 57). Este número ha sido elevado a cuatro ejemplares por el decreto 3079/57. El destino de los ejemplares depositados es la Biblioteca Nacional, la Biblioteca del Congreso y la Dirección Nacional del derecho de Autor, a los fines de su registro. Ello conforme lo establece el decreto 41.233/34. El decreto 3079/57 agregó la obligación de depósito de un ejemplar más con relación a las obras literarias, artísticas y científicas, con destino al Archivo General de la Nación.
- Si la obra fuera de lujo o no excediera de cien ejemplares se debe depositar solamente un ejemplar (art. 57).

[7] CNCiv. Sala E, 6/3/77, Gatto, Horacio c. Ferma SA Argentina, *ED,* 73-572.

- Para las pinturas, arquitecturas, esculturas, etcétera, se deberá depositar un croquis o fotografía del original, con las indicaciones suplementarias que permitan identificarlas (art. 57). El art. 11 del decreto 41.233/34 agrega que se deberá formular una relación de las obras a la que se acompañará una fotografía, que tratándose de esculturas será de frente y laterales.
- Para los modelos y obras de arte o ciencia aplicada a la industria, se depositará copia o fotografía del modelo o de la obra, acompañando una relación escrita de las características o detalles que no sea posible apreciar en las copias o fotografías (art. 11 del decreto 41.233/34).
- Para las películas cinematográficas, el depósito consistirá en una relación del argumento, diálogos, fotografías y escenarios de sus principales escenas (art. 57).
- Para las fotografías, planos, mapas y discos fonográficos, se depositará copia de éstos (art. 12 del decreto 41.233/34).
- Para el software o programas de computación, la ley determina en el art. 57 *in fine*, que consistirá en el depósito de los elementos y documentos que determine la reglamentación. La reglamentación a la que hace referencia la ley fue el decreto 165/1994 que, en materia de registro de software, solamente alude a las obras de software inéditas, disponiendo que "a los fines del registro de obras de software, el solicitante incluirá bajo sobre lacrado y firmado todas las expresiones de la obra que juzgue convenientes y suficientes para identificar su creación y garantizar la reserva de su información secreta". No hay ninguna referencia a las obras de software publicadas ni a los contratos que tengan por objeto al software.

  El depósito y registro de las obras de software se realiza ante la Cámara de Empresas de Software y Servicios Informáticos (CESSI), conforme un convenio firmado con el Ministerio de Justicia hace ya más de veinte años, por el cual la CESSI, se constituyó como uno de los Entes Cooperadores de la Dirección Nacional de Derechos de Autor a los fines de la registración de obras.

  Se utiliza un formulario de registro que una vez llenado se presenta en las oficinas de CESSI en la Ciudad de Buenos Aires, o en una serie de delegaciones en el interior del país.

  La copia de dicho formulario, que devuelve CESSI, muchos autores de software la consideran como una especie de titulo de propiedad sobre la obra registrada.

  CESSI posee un instructivo muy completo para el registro de la propiedad intelectual de las obras de software.

  Se establece allí:

  1) La existencia de dos tipos de registros: obra inédita y obra publicada. Obras publicadas: son aquellas obras que se venden, regalan, donan, distribuyen gratuitamente, etc. y obras inéditas: son aquellas obras que los autores o titulares solamente utilizan en forma personal o dentro de una empresa.

2) El registro de la obra inédita debe renovarse cada tres años y treinta días, y una vez publicada la obra, ésta debe registrarse como obra publicada

Para registrar una obra inédita se debe presentar:

1. Un ejemplar de la obra a registrar (el soporte fisico puede variar dependiendo de la obra: diskette, cd, o documentación técnica.
2. Nombre completo número de documento de los autores.
3. CUIT de la empresa titular de los derechos.
4. Nombre de la obra.

Para registrar una obra publicada se debe presentar:

1. Nombre y documentos de los autores.
2. Nombre y documentos de los titulares de los derechos.
3. Sistema operativo al que se adecua.
4. Plataforma.
5. Breve descripción del software.
6. Costo por ejemplar y cantidad de ejemplares editados.

- Para las obras de base de datos publicadas, cuya explotación se realice mediante su transmisión a distancia, se depositarán amplios extractos de su contenido y relación escrita de su estructura y organización, así como de sus principales características, que permitan a criterio y riesgo del solicitante individualizar suficientemente la obra y dar la noción más fiel posible de su contenido (decreto 165/94).
- Para las publicaciones periódicas, se deposita un ejemplar de la última edición y la inscripción debe renovarse anualmente, así como declararse mensualmente la numeración y fecha de los ejemplares publicados cada mes.
- El Registro de inscripciones a cargo de la Dirección Nacional del Derecho de Autor es llevado por la propia Dirección Nacional, si bien con relación a algunos tipos de obras se han suscripto convenios con algunos entes cooperadores, que son ante los que se debe efectuar la inscripción. Tal el caso del software, que como antes expliqué se registra en la Cámara Argentina de Software y Servicios Informáticos de la República Argentina (CESSI), de la música cuyo registro lo lleva la Sociedad Argentina de Autores y Compositores (SADAIC) , o de la obra artística o literaria publicada cuyo registro se realiza ante la Cámara Argentina del Libro (CAL).

3. Depósito y registro de la obra nacional inédita

El depósito y registro de este tipo de obras es totalmente facultativo conforme al art. 62 *in fine* de la ley, que establece: "Tratándose de obras no publicadas, el autor o sus derechohabientes pueden depositar una copia del manuscrito con la firma certificada del depositante".

En este caso el depósito se hace en sobre cerrado y lacrado firmado por el solicitante y por el director del registro o el empleado designado al efecto (ello conforme el decreto 31.964/39).

Este depósito, al que se denomina habitualmente depósito en custodia, brinda al autor una presunción *iuris tantun* de existencia de la obra en fecha determinada, así como de su título y contenido.

El decreto 41.233 da mayores precisiones sobre este tipo de depósito de obra inédita. Asimismo, el decreto 7616/63 establece que si dentro de los treinta días de cumplidos los tres años correspondientes al depósito por el que se abonó la tasa legal, éste no fuera retirado o renovado, la Dirección Nacional del Derecho de Autor podrá incinerar la obra de que se trate.

Como dije, el depósito de la obra inédita no es obligatorio; sin embargo, es importante el número de obras que mensualmente se registran y ello se debe fundamentalmente a tratar de lograr un medio de prueba eficaz sobre el contenido u autoría de la obra, así como sobre la fecha de su creación.

Creo que el registro de obra inédita representa una importante prueba sobre la titularidad de la obra depositada, pero no importa un título oponible *erga omnes*, ya que al efectuarse tal depósito en sobre cerrado, no se crea ese derecho indiscutible sobre la propiedad de la obra sino sólo, como antes dijera, una presunción *iuris tantum*.

La Suprema Corte ha expresado:

> "El derecho de inédito permite a los depositantes oponerse a un futuro intento de registro de obra similar por otro que lo pretenda; también les permite perseguir penalmente a quien edite, venda o reproduzca por cualquier medio la obra inédita depositada en custodia (art. 72 inc. a), ley 11.723). Por gravitación propia de quien decide no publicar su obra y mantenerla inédita, y por las seguridades que brinda el procedimiento de reserva adoptado por el Registro, no es frecuente que la obra amparada por el deposito en custodia llegue a conocimiento de tercero"[8].

Por su parte, la Cámara Nacional en lo Civil ha establecido:

> "El depósito en custodia de una creación intelectual en el Registro no basta para conferir al autor el derecho de propiedad intelectual. El depósito en custodia de una creación intelectual en el Registro en principio sólo es prueba de la pretensión de la propiedad del depositante y no el título de una propiedad adquirida y oponible *erga omnes*"[9].

Para las obras de software o de base de datos que tengan el carácter de inéditas, el solicitante incluirá bajo sobre lacrado y firmado todas las expresiones de la obra que juzgue convenientes y suficientes para identificar su creación y garantizar la reserva de su información secreta (decreto 165/94).

[8] CNCiv., Sala G, mayo 7/5/84, Di Benedetto, Vicente c. Jockey Club de Buenos Aires y Doñetz, Ernesto c. Jockey Club de Buenos Aires, *LL* 1985-C, pág. 653.

[9] CNCiv., Sala E, 23.5.07, Overgaad, Graciela c. Third Time y otros, JA 2008 I-424.

4. Depósito y registro de la obra extranjera

El art. 14 de la ley 11.723 exceptúa de la obligación de registro y depósito a las obras publicadas en países extranjeros, exigiendo únicamente que el autor de éstas acredite el cumplimiento de las formalidades establecidas para su protección por las leyes del país en que se haya hecho la publicación.

La jurisprudencia ha ratificado este principio en el plenario Ferrari de Gnisi, estableciendo que

> "Es requisito suficiente para brindarle protección penal a una obra extranjera haber dado cumplimiento a lo dispuesto por la Convención Universal sobre Derechos de Autor, celebrada en Ginebra el 6 de septiembre de 1952, ratificada por decreto Ley 12.088/55 aun cuando no se hayan satisfecho las formalidades de la ley 11.723 (arts.13 y 14 –ADLA 1920–1940, 443)"[10].

Hago presente que la Convención Universal de Derechos de Autor exime a las obras extranjeras del cumplimiento de toda formalidad al someterlas a un solo requisito: "La colocación de la advertencia de la Convención en todos los ejemplares de la obra publicada, la que está integrada por tres elementos: el símbolo ©, el nombre del titular del derecho de autor y el año de la primera publicación de la obra." La colocación de esta advertencia de la Convención iguala jurídicamente a los autores de obras extranjeras con las nacionales que hayan cumplido con las formalidades prescriptas por la legislación interna.

He tratado de resumir en el siguiente cuadro los tipos de obras que, conforme a la normativa de la Dirección Nacional del Derecho de Autor, se registran, en qué entidad, así como alguna otra característica.

OBRA INÉDITA				
Música y letra	Ente Cooperador Sadaic	PERSONAL	NO OBLIGAT	Inscripción válida por tres años, puede renovarse presentando el certificado de inscripción otorgado oportunamente
Música o letra	Ente Cooperador Sadaic			
No musical	Direc.Nac.del Der. Autor			
Software	Ente Cooperador CESSI			

OBRA PUBLIC.				
Artistica	Cámara Argent.del Libro	TRÁMITE NO PERSONAL	OBLIGATORIO	Inscripción definitiva no requiere renovación ——— El depósito e inscripción protege al autor y editor frente a terceros, en cualquier pais del mundo miembro del Convenio de Berna
Edición	Cámara Argent.del Libro			
Edición musical	Ente Cooperador Sadaic			
Fonograma	Direc.Nac. Der.Autor			
Multimedia	Cámara Arg.del Libro			
Página Web	Direc.Nac. Der.Autor			
Publ. Periódica	Direc.Nac. Der.Autor			
Representación	Direc.Nac. Der.Autor			
Videog/Pelicula	Direc.Nac. Der.Autor			
Software	Ente Cooperador CESSI			

[10] CNCrim. y Corr., en pleno, 30/11/81, Ferrari de Gnisi, Noemí y otro, *LL* 1982-C, pág. 23.

CAPÍTULO X

LA GESTIÓN COLECTIVA DE LOS DERECHOS

Antes de comenzar el desarrollo de este capítulo creo conveniente efectuar una serie de reflexiones que entiendo ayudarán a la mejor comprensión del tema que vamos a tratar.

En el transcurso de este libro me he referido a los derechos de los autores y sus herederos sobre las obras, hablamos luego de las figuras del editor y del empresario, que reciben una obra para editar o hacer representar y adquieren entonces derechos que hasta ese momento pertenecían solamente al autor. Me referí también a los derechos conexos, que son los derechos que tienen ciertas personas, pero no en su condición de creadores de las obras sino como intervinientes en la comunicación pública de éstas.

Todos estos titulares de derechos se conjugan en este capítulo ya que, como veremos, muchas veces esas personas deben efectuar la administración de sus derechos a través de las entidades de gestión colectiva de derechos.

Podemos entonces decir ahora que existen ciertas formas de explotación de la obra intelectual en las que se hace imposible, o al menos muy difícil, el efectivo control y cobro de los derechos por parte de los titulares de estos derechos.

Tal el caso, entre otros, de la música transmitida por radio, televisión, en fiestas y locales, o la representación de obras, o el fotocopiado de libros, o la transmisión y reproducción de obras por intermedio de Internet.

En estos casos es cuando la gestión colectiva aparece como un medio efectivo de protección, control y cobro de los derechos de los autores, editores y titulares de derechos conexos.

La Gestión Colectiva es un fenómeno relativamente moderno, y de allí que la ley 11.723 no la contempla, por lo que la normativa que atañe a esta gestión de derechos se fue gestando paulatinamente en la medida en que se fueron creando los diferentes entes de gestión colectiva.

Estas entidades tienen como misión fundamental la gestión colectiva de los siguientes derechos de autores, editores y titulares de derechos conexos:

- el derecho de representación y ejecución pública con relación a la música que se interpreta y ejecuta en discotecas, restaurantes y otros lugares públicos;
- el derecho de radiodifusión con relación a interpretaciones o ejecuciones en directo y grabadas por radio y televisión;

- los derechos de reproducción mecánica sobre las obras musicales fijadas en disco compacto, cintas, discos, casetes, u otras formas de grabación;
- los derechos de representación y ejecución sobre las obras dramáticas presentadas en teatros;
- los derechos de reproducción reprográfica y digital sobre las obras intelectuales reproducidas por medio del fotocopiado o escaneado;
- los derechos conexos de los artistas intérpretes o ejecutantes y los productores de fonogramas y videogramas por la radiodifusión o la comunicación de fonogramas y videogramas al público;

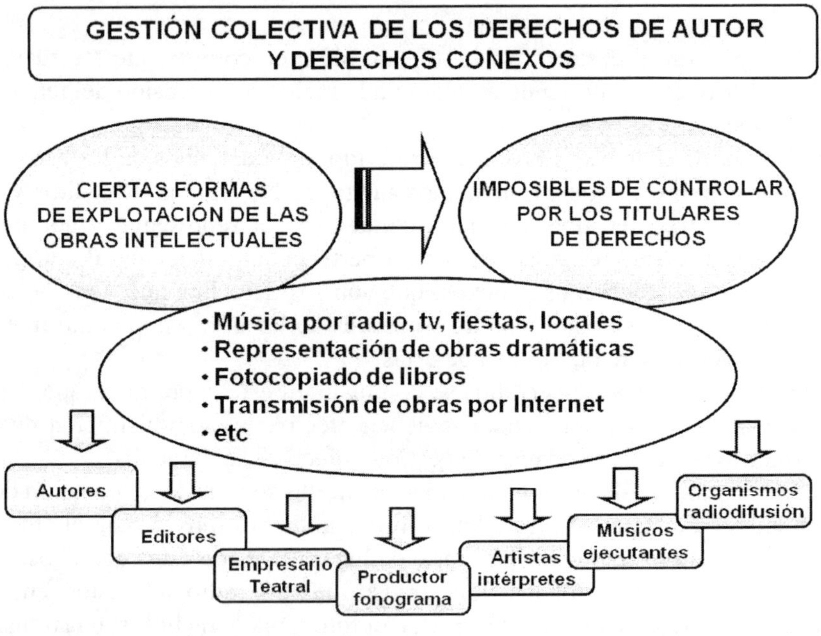

Las entidades de gestión colectiva de derechos de propiedad intelectual efectúan esta tarea:

- en forma delegada por sus legítimos titulares (gestión colectiva voluntaria),
- por mandato legal (gestión colectiva obligatoria), de acuerdo con la legislación vigente y con sus estatutos.

En el caso de las entidades de gestión colectiva voluntaria, es necesaria la existencia de una afiliación o contrato con la entidad, por el cual el titular del derecho cede a esta última la administración de los derechos de percepción por la comunicación pública de las obras. Esta cesión no implica transferencia del derecho, sino sólo un mandato para el ejercicio de ese derecho en cuanto a la administración y cobro de los derechos.

En el caso de las entidades de gestión colectiva obligatoria, la representatividad de los titulares de derechos no requiere acto alguno por parte de éstos, ya que tal representatividad resulta de una norma legal que establece la gestión colectiva de determinado sector y otorga la representatividad a alguna entidad en particular.

De esta forma las entidades de gestión colectiva negocian las tarifas y las condiciones de utilización con los usuarios, otorgan licencias y autorizaciones de uso y recaudan y distribuyen regalías entre los titulares de derechos a los que en forma delegada o por mandato legal representan.

Se da acá la particularidad de que muchas veces la entidad de gestión colectiva recauda la retribución por la utilización de la obra, pero luego la distribución la debe repartir entre varios titulares de derechos.

Regalías por ejecución publica de música se distribuye a ⟶

- compositor
- intérprete ejecutante
- productor de fonograma
- organismo de radiodifusión

Vemos en este ejemplo cómo un solo acto, como es la ejecución pública de una pieza musical, genera una regalía, pero ésta puede llegar a tener que ser distribuida entre varios titulares de derechos:

- al compositor por haber compuesto la música;
- al ejecutante por haberla ejecutado;
- al productor de fonograma o videograma por haberlo editado;
- al organismo de radiodifusión por haberla transmitido por radio y posibilitar que se tome esa trasmisión y se la distribuya comercialmente a un conjunto de personas;

Esta distribución de derechos entre los titulares de éstos es una de las tareas más difíciles y complejas que realizan estas entidades.

La sumas recaudadas, a veces de gran importancia, deben ser distribuidas y para ello es necesario determinar primero qué obras han sido las más utilizadas, y qué titulares de derechos deben estar incluidos en la distribución, determinando porcentajes entre ellos. Esta tarea es sumamente difícil y compleja y requiere de una normativa interna de cada entidad que determine claramente las pautas que conforman la distribución.

La OMPI ha definido a la gestión colectiva como: el ejercicio del derecho de autor y los derechos conexos por intermedio de organizaciones que actúan en representación de los titulares de derechos, en defensa de sus intereses.

En la República Argentina existen varias entidades de gestión colectiva según sea el tipo de obras de que se trate y los titulares de derechos a los que represente. Algunas de ellas actúan en forma delegada por sus legítimos titulares (gestión colectiva voluntaria), y otras por mandato legal (gestión colectiva obligatoria, de acuerdo con la legislación vigente y con sus estatutos).

Las entidades de gestión colectiva representan y cobran derechos no sólo de titulares de derechos nacionales, sino también con relación a titulares de derechos extranjeros. Por su parte, otros países ejercen esa gestión colectiva con relación a titulares de derechos y obras argentinas. Se habla así del repertorio nacional o del repertorio internacional de estas entidades.

El fundamento que legitima esta representación de los titulares extranjeros resulta del principio de Trato Nacional, establecido en el art. 5.1. del Convenio de Berna por el cual todos los Estados miembros del Convenio se han comprometido a proteger a las obras extranjeras con similar nivel de protección que la que brindan a sus nacionales. Este principio está consagrado en nuestra ley 11.723 en su art. 13.

1. La gestión colectiva en el sector de la música

La Sociedad Argentina de Autores y Compositores de Música (SADAIC), nace en el año 1936 como producto de la fusión de dos sociedades de autores: el Círculo Argentino de Autores y Compositores de Música y la Asociación de Autores y Compositores de Música y tiene como misión recaudar derechos cuando se ha efectuado la reproducción pública de obras musicales de su repertorio.

La ley 17.648 reconoce a SADAIC, como asociación civil y cultural de carácter privado y le otorga la exclusividad de la gestión colectiva de los creadores de música nacional, popular o erudita, con letra o sin ella, de los herederos y derechohabientes de éstos y de las sociedades autorales extranjeras con las cuales se encuentre vinculada mediante convenios de asistencia y representación recíproca.

SADAIC recauda derechos de autor por la puesta a disposición del público de obras o de fragmentos de obras o bien letras de obras musicales correspondientes a su repertorio conforme a las tarifas vigentes y aprobadas.

SADAIC también cobra derechos a las emisoras que directamente o desde Internet (simulcasting y webcasting) utilizan su repertorio, así como por todo recital, concierto o festival transmitido o bien actuaciones trasmitidas en simultáneo o en diferido.

Un tema reiteradamente discutido es el relativo a cuándo debe interpretarse que la reproducción de la música es pública y excede del marco familiar y consecuentemente da derechos a SADAI a percibir los aranceles pertinentes.

Con relación a esa legitimación para el cobro de aranceles por parte de SADAIC, la jurisprudencia ha dicho:

> "Toda difusión pública de música, emitida por radio, televisión abierta o por cable, difundida en cualquier lugar donde se recibe público, debe ser autorizada por el autor representado *ex lege* por la Sociedad de Autores y Compositores de Música de acuerdo a la ley 17.648 y al decreto reglamentario 5146/69 y está sometida al pago de aranceles que cobra dicha entidad"[1].

Es interesante también detenerse en la lectura de algunas de las partes de un fallo de la Cámara Civil, dictado en un juicio en que se discutió el derecho de cobro de aranceles por parte de SADAIC por las obras que se transmiten en los aparatos de televisión instalados en un complejo hotelero y que éste recibía por

[1] CCiv.y Com., Corrientes, Sala IV, 2008/09/03 – SADAIC c. Trieste, *LL* Litoral 2008-1226; Repertorio *LL* 2008, pág. 1153.

un servicio de televisión por cable. Se analiza en este fallo tanto la legitimidad de SADAIC, como el concepto de ámbito privado frente al cobro de estos derechos, como también la circunstancia de que pueden existir derechos de este tipo simultáneamente a favor de diversos titulares de derechos.

Se dijo allí:

> "... En principio, creo oportuno recordar que el art. 1° ley 17.647, reconoce a la Sociedad Argentina de Autores y Compositores de Música, aquí demandada, como una asociación civil y cultural de carácter privado representativa de los creadores de música nacional, popular o erudita, con o sin letra, de los herederos y derechohabientes de los mismos y de las sociedades autorales extranjeras. Las funciones de dicha institución se encuentran contenidas en el decreto reglamentario 5146/1969, el cual establece que la misma tendrá a su cargo la percepción en todo el territorio de la República de los derechos económicos de autor emergentes de la utilización de las obras musicales y literarias musicalizadas, cualesquiera sean el medio y las modalidades. Las personas físicas o jurídicas, nacionales o extranjeras, que hayan de percibir esos derechos económicos para sí o para sus mandantes, deberán actuar a través de SADAIC. En virtud de lo expuesto y de lo que surge de las normas vigentes en materia de propiedad intelectual, la demandada está legitimada para el cobro –a nombre de los autores de obras musicales– de un arancel en concepto de derechos de autor por la recitación, la representación y la ejecución pública de obras musicales, así como también por la difusión pública de las mismas por cualquier medio (conf. art. 36 ley 11.723)... toda vez que se ha sostenido que el término 'lugar público', debe ser entendido más que por su circunstancia espacial o de acceso, por el hecho de que allí la música difundida forma parte del giro comercial del lugar. Se considera 'público' a los efectos de esta ley al lugar que difunde música como elemento comercial inherente al negocio y con innegable ánimo de lucro (conf. Emery, Miguel A. en Belluscio-Zannoni, *Código Civil comentado, anotado y concordado*, t. VIII, p. 405). Desde este mismo enfoque, la jurisprudencia ha señalado que la ley protege el derecho del autor cuando el uso de la música por parte de terceros tiene fines comerciales, ánimo de lucrar o significación económica secundaria mensurable. En síntesis, lo que la normativa prevé es el uso público patrimonialmente significativo más que una referencia ambiental específica sobre lo que es más o menos público o privado un lugar donde se difunde la música.... Asimismo, también sostiene a modo de defensa la accionante, que SADAIC. ya cobra los derechos de autor a la empresa de cable a la que se encuentra adherida –y a quien abona un canon mensual–, con lo cual, en caso de que First Palmer S.A. pague los aranceles reclamados, dicha entidad estaría percibiendo dos veces el mismo concepto. Este argumento tampoco resulta convincente, toda vez que cada utilización secundaria de la obra origina un derecho separado, pues en ningún momento desaparece el derecho autoral, por más que se haya editado o grabado un disco. En este sentido, el art. 17 CN. es terminante al darle una significación

patrimonial precisa y relevante a los derechos de autor. En consecuencia, tal significación patrimonial concreta y centrada en la obra –no en la idea ni en el soporte– constituye la reserva de un derecho patrimonial exclusivo sobre toda proyección económica de la obra artística…"[2].

Hago presente que hasta el año 2000 SADAIC percibía también derechos por la exhibición de películas cinematográficas musicales, ejerciendo en tal sentido la gestión colectiva de los compositores de los temas musicales de las películas.

En noviembre de 2000 la Suprema Corte de Justicia de Mendoza dictó sentencia en el caso Sociedad Argentina de Autores y Compositores de Música c. Andesmar S.A. s/ Ordinario, en el cual estableció que SADAIC no tenia derecho a tal cobro.

En este caso se trató de una empresa de transportes de larga distancia, que difundía en sus ómnibus películas cinematográficas, pero no abonaba el arancel correspondiente a SADAIC.

En tal situación SADAIC le promovió la acción judicial que prosperó tanto en primera instancia como en segunda instancia, reconociendo el derecho de SADAIC a ejercer tal gestión colectiva de los compositores de música de películas y, consecuentemente, el derecho de cobro de los pertinentes aranceles.

Esta sentencia partía de la base de que si bien los derechos ya habían sido abonados por la demandada a otra sociedad de gestión colectiva, Argentores, estos derechos cobrados por Argentores no incluían ni abarca los que pertenecen a los compositores de música, protegidos y representados por SADAIC y que no se producía una doble percepción del arancel.

La Suprema Corte de Justicia de Mendoza, en el fallo antes mencionado, que fue confirmado luego por la Corte Suprema de Justicia de la Nación, revocó el fallo de Cámara y rechazó la acción promovida por SADAIC.

Expresó la Suprema Corte de Justicia de Mendoza:

"El compositor de la música incorporada a una obra cinematográfica debe ser considerado colaborador de ésta sólo en el supuesto de que se trate de una obra cinematográfica musical; no en los otros supuestos".

"Dado el principio de indivisibilidad de la obra cinematográfica, SADAIC no tiene derecho autónomo a la percepción de los derechos de los compositores de las obras musicales incorporadas a aquélla, cada vez que se exhibe la película o el videograma y se escucha la composición musical en el transporte público de pasajeros"[3].

Por su parte, la Corte Suprema de Justicia de la Nación, en su fallo estableció:

"Ninguna disposición legal vigente en la Argentina reconoce el derecho a percibir otra remuneración o arancelamiento más independiente del beneficio

[2] CNac. Civ., Sala A, 13/10/2000, First Palmer S.A. v. Sociedad Argentina de Autores y Compositores, JA 2001-IV, 379/381.

[3] SC. Mendoza, Sala I, 2000/11/15-SADAIC c. Andesmar S.A. Repertorio *LL* LXI-2001-J-Z, pág.1673.

que el autor tiene por su obra musical, su integridad está inserta en el beneficio que percibe cuando autoriza su uso para la obra cinematográfica, llevada en el caso luego a la videograbación para su comercialización. En el caso se pretende el cobro de derechos económicos emergentes de la utilización por la empresa transportadora de obras musicales y literarias musicalizadas, mediante la emisión a los pasajeros de sus medios de transporte, de películas nacionales y extranjeras que pertenecen al género largometraje comercial en filmes sonoros, que en todos los casos contengan elementos de creación musical individualizada"[4].

A partir de ese momento, los empresarios cinematográficos desconocen la facultad de SADAIC de percibir aranceles por derechos de ejecución o comunicación pública por la exhibición de filmes.

2. Los autores literarios y dramáticos

Con relación a los autores literarios y dramáticos (escritores, guionistas de cine y televisión, etc.), están nucleados en la Sociedad General de Autores de la Argentina (ARGENTORES), que es la única entidad del país facultada por la ley 20.115 del 23 de enero de 1973, para percibir el derecho emergente de las obras de teatro o cinematográficas utilizadas en todos los teatros, salas cinematográficas, emisoras radiales y canales de TV (abierta y por cable) y sitios de Internet de la Argentina; de las letras (novelas, episodios, argumentos, sketchs, radioteatros, etc.) emitidas por los mismos medios de difusión; de la música orgánica de las óperas u operetas llevadas a escena o transmitidas en cines, emisoras y televisoras.

3. Los intérpretes, ejecutantes y productores de fonogramas y videogramas

El decreto 1771/74 otorgó la representación de los intérpretes y ejecutantes de música a la Asociación Argentina de Intérpretes (AADI), y la representación de los productores de fonogramas a la Cámara Argentina de Productores de Fonogramas y Videogramas (CAPIF), facultando a estas entidades a crear una asociación civil con personería jurídica a efectos de presentarse unificadamente ante los usuarios de música para efectuar la recaudación de las compensaciones. El 26 de febrero de 1975 se formalizo la creación de este ente recaudador común que se denomina AADI-CAPIF.

La misión de AADI-CAPIF, conforme las atribuciones recaudatorias otorgadas por los decretos 1670 y 1671 de 1974, es la de recaudar en todo el territorio del país las retribuciones correspondientes a los intérpretes y a los productores de fonogramas, nacionales y extranjeros, por la comunicación pública de música fonograbada que sea reproducida por cualquier medio.

[4] Corte Suprema de Justicia de la Nación – 23.03.2004 – Sociedad Argentina de Autores y Compositores c. Andesmar S.A - S. 129. XXXVII.

El decreto 1671 establece también que la retribución que paguen los usuarios en virtud de los derechos a que se refiere este decreto será unificada y distribuida en la siguiente forma:

a) El 67 % a la Asociación Argentina de Intérpretes (AADI) y corresponderá a los intérpretes, de todos los niveles que hayan intervenido en la ejecución fijada en el fonograma con arreglo al régimen que establezcan sus estatutos. Este porcentaje se distribuirá así: intérprete/s principal 67%; intérprete/s secundario 33% (45% y 22% del total que pague el usuario respectivamente);

b) El 33% a la Cámara Argentina de Productores Industriales de Fonogramas (CAPIF) y corresponderá al productor de fonogramas titular del derecho recaudado o a sus derechohabientes.

En reiteradas oportunidades fue impugnada tal representatividad y planteada la inconstitucionalidad de los referidos decretos, impugnaciones que fueron rechazadas por la Justicia, la cual también rechazó los planteos de inconstitucionalidad de las normas legales referidas.

Recordemos también, como lo referenciamos en el capítulo VI, que la Cámara Nacional de Apelaciones en lo Civil el 15/09/2005 sentó doctrina plenaria con relación a que la comunicación al público de grabaciones fonográficas que difunde el hotelero dentro de las habitaciones del establecimiento no se considera comprendida en la excepción prevista en el artículo 33 del decreto-ley 41.233 (domicilio exclusivamente familiar) a efectos de la exención del pago de los aranceles a los que se refieren los decretos 1670/74 y 1671/74[5].

4. La Sociedad de Artes Visuales

La Sociedad de Artes Visuales Argentina (SAVA), es una sociedad de gestión colectiva de derechos de autor sobre obras visuales. Su objetivo es defender los derechos de autor de fotógrafos, pintores, escultores, dibujantes, grabadores, y de todo otro lenguaje comprendido en las artes visuales. Dentro de sus funciones se encuentra la de recaudar y distribuir las regalías que se generan por los derechos de autor de reproducción y comunicación pública

5. La gestión colectiva en la reprografía

El Centro de Administración de Derechos Reprográficos (CADRA) es una asociación civil sin fines de lucro que ejerce el contralor y la defensa colectiva de los derechos de propiedad intelectual en el sector del libro y las publicaciones periódicas.

[5] CNac. Civ., fallo plenario dictado el 15/09/2005, autos caratulados "Aadi Capif ACR c. Catalinas Suites S.A. s/ cobro de sumas de dinero", "Aadi Capif ACR c. Argot S.A. y otro s/ cobro de sumas de dinero" y "Aadi Capif ACR c. Hung Pai Ying y otro s/ cobro de sumas de dinero", *LL* 2006-B, pág. 653.

Fundamentalmente, CADRA cumple cinco funciones:

- licencia para fotocopiar parcialmente obras;
- recauda de los licenciados;
- distribuye entre autores y editores en forma equitativa;
- controla el fotocopiado e incluso demanda judicialmente;
- difunde el respeto a los derechos de autor.

Las licencias se otorgan para efectuar la reproducción reprográfica de hasta un 20% de la obra en formato libro y no más de siete juegos de fotocopias en un mismo acto. En caso de tratarse de publicaciones periódicas pueden superarse estos porcentajes, pero en ningún caso se permite la reproducción reprográfica de la obra completa.

Debo aclarar que el derecho de reproducción reprográfica es el derecho que le corresponde al titular de una obra protegida por el derecho de autor a autorizar la reproducción de ésta por un procedimiento reprográfico o similar,

* fotocopia (reproducción analógica)
* escaneo (reproducción digital)

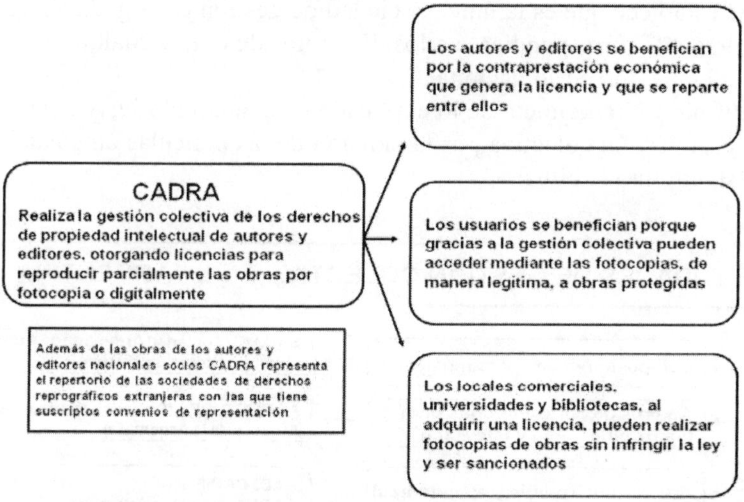

Si bien el objetivo fundamental de CADRA es la defensa contra la reproducción reprográfica, entendiéndose por tal la reproducción facsimiliar de un libro, artículo o escrito en forma gráfica, también realiza funciones de defensa colectiva contra la reproducción en Internet de la obra escrita, y de la obra volcada en Internet contra su reproducción escrita.

6. La gestión colectiva en el sector audiovisual

Debemos acá distinguir entre:

- Los derechos de los artistas del sector audiovisual.
- Los derechos de los directores cinematográficos.
- Los derechos de los productores cinematográficos.

La Sociedad Argentina de Gestión de Actores Intérpretes (SAGAI) es una asociación civil sin fines de lucro que tiene por objeto la recaudación de los derechos de propiedad intelectual de los artistas del sector audiovisual (actores, bailarines, dobladores), cuyas actuaciones o interpretaciones hayan sido fijadas en un soporte audiovisual. Fue creada en el año 2006 mediante el decreto 1914/2006 y administra los derechos de artistas argentinos y extranjeros, cuyas interpretaciones hayan sido creadas, explotadas o comercializadas en la Argentina. El referido decreto 1914/06 reglamentó la actuación de SAGAI, le concedió la representación legal de todos los intérpretes del medio audiovisual y la facultó a percibir las retribuciones previstas en el artículo 56 de la Ley 11.723, por la explotación, utilización, puesta a disposición interactiva o comunicación al público en cualquier forma de sus interpretaciones fijadas en grabaciones u otros soportes audiovisuales

Directores Argentinos Cinematográficos (DAC) es una sociedad de gestión encargada de percibir los derechos de autor de los directores de cine y cualquier otra forma audiovisual. Su reconocimiento fue establecido por el decreto 124/2009, que establece que es la única sociedad de gestión encargada de percibir el derecho de autor correspondiente a los directores de cine y cualquier otra forma audiovisual en el territorio nacional.

Por último, y sin perjuicio de lo explicado en el apartado 2), Argentores tiene a su cargo la gestión colectiva por la emisión de las películas cinematográficas, fuera de su circuito habitual.

Capítulo XI

LAS MEDIDAS TECNOLÓGICAS DE PROTECCIÓN

Las medidas tecnológicas de protección surgen como una respuesta técnica a la creciente violación de los derechos de los autores sobre sus obras intelectuales.

Se podría definir a las medidas tecnológicas de protección como mecanismos, fundamentalmente informáticos, cuya función es controlar y, en caso de que sea necesario, impedir o restringir el uso de obras intelectuales protegidas por derechos de propiedad intelectual, ya sea en el ámbito de los Derechos de Autor como en el ámbito de la Propiedad Industrial.

Las medidas tecnológicas son entonces la respuesta al intento de violar el derecho de propiedad intelectual de los autores y editores sobre sus obras, pero resulta también que ante esas medidas tecnológicas surge ya hoy en día un nuevo intento, como es el de eludir tales medidas tecnológicas.

De allí entonces que no sólo interesa analizar cuáles son las medidas tecnológicas de protección, sino también intento ver, valga la aparente redundancia, cómo podemos proteger esas medidas tecnológicas frente a los actos que tratan de violarlas, actos éstos a los que se ha llamado actos elusivos.

En este capítulo trataré primero el tema de las Medidas Tecnológicas de Protección y me referiré luego a la protección contra los actos elusivos.

1. Diferentes tipos de medidas tecnológicas de protección

Conforme la OMPI[1], existen cuatro categorías de medidas tecnológicas de protección:

- Medidas que protegen efectivamente un acto sujeto al derecho exclusivo de los autores.
- Sistemas de acceso condicionado.
- Dispositivos de marcado e identificación de las obras.
- Sistemas de gestión de derechos digitales DRM, Digital Right Management.

[1] Las Medidas Tecnológicas de Protección: El Punto de Encuentro de la Tecnología, el Derecho y las Licencias Comerciales –OMPI– Taller sobre Cuestiones de Aplicación del Tratado de la OMPI sobre Derecho de Autor (WTC) y el Tratado de la OMPI sobre Interpretación o Ejecución y Fonogramas (WPPT), Ginebra 6 y 7 de diciembre de 1999.

La primera categoría se refiere a ciertos dispositivos tecnológicos cuya finalidad es impedir que se realicen determinados actos que implican una violación al derecho de propiedad intelectual sobre una obra. Tal el caso de los dispositivos que impiden imprimir o copiar una obra de Internet, o que impiden copiar un CD o un DVD.

La segunda categoría, referida a los sistemas de acceso condicionado, alude a técnicas que condicionan el acceso a un sitio de Internet o a una obra incorporada a ese sitio, al cumplimiento de alguna condición preestablecida.

Tal el caso de los sitios que exigen una clave o contraseña previa al ingreso en el sitio o en la obra protegida, o que utilizan sistemas criptográficos o de firma digital para posibilitar tal acceso. Notemos que estos sistemas controlan sólo el acceso inicial al sitio u obra.

La tercera categoría cumple una función diferente, ya que son técnicas que tienden a marcar e identificar de alguna forma a las obras protegidas, proveyendo así al titular del derecho una forma de demostrar que la obra ha sido reproducida indebidamente. Tal el caso de la impresión en las obras protegidas de filigranas visibles o invisibles (esteganografía), marcas de agua (watermarks), u otras técnicas de marcado. Su función básica es informar sobre la utilización indebida de la obra y servir como prueba a la hora de tener que demostrar esa reproducción indebida.

Por último, la OMPI se refiere a sistemas de gestión de derechos digitales, Digital Right Management (DRM), que son tecnologías utilizadas para la gestión de los derechos mediante sistemas que difunden y gestionan la utilización de las obras protegidas.

Las dos grandes funciones que cumplen los DRM son:

- La gestión de los derechos digitales, identificando y describiendo las obras así como poniendo las reglas a cumplir para su utilización.
- La certificación de los contenidos, haciendo cumplir las reglas.

Estas cuatro categorías descriptas por la OMPI pueden encontrarse muchas veces en forma única o complementándose entre sí, y tienden todas a proteger a la obra intelectual, fundamentalmente frente a su reproducción ilícita, ilicitud que deviene del legítimo derecho exclusivo de los autores y editores de autorizar la reproducción de sus obras.

Personalmente entiendo que las medidas tecnológicas de protección están fundamentalmente pensadas en la protección de los derechos de propiedad intelectual en el ámbito digital, en particular en Internet, pero ello no significa que algunas de ellas no puedan aplicarse también en el mundo no digital.

A los fines de una mejor comprensión, clasifico a las medidas tecnológicas de protección en tres tipos diferentes:

- Las medidas antiacceso.
- Las medidas anticopia.
- Las medidas de identificación y seguimiento.

Cada uno de estos tipos protege de alguna manera especial los derechos de propiedad intelectual, ya sea impidiendo el acceso, o impidiendo la reproducción o copia, o efectuando la identificación de la obra, para facilitar luego un efectivo seguimiento de los casos en que han sido violados los derechos.

En el siguiente cuadro he tratado de graficar el tema:

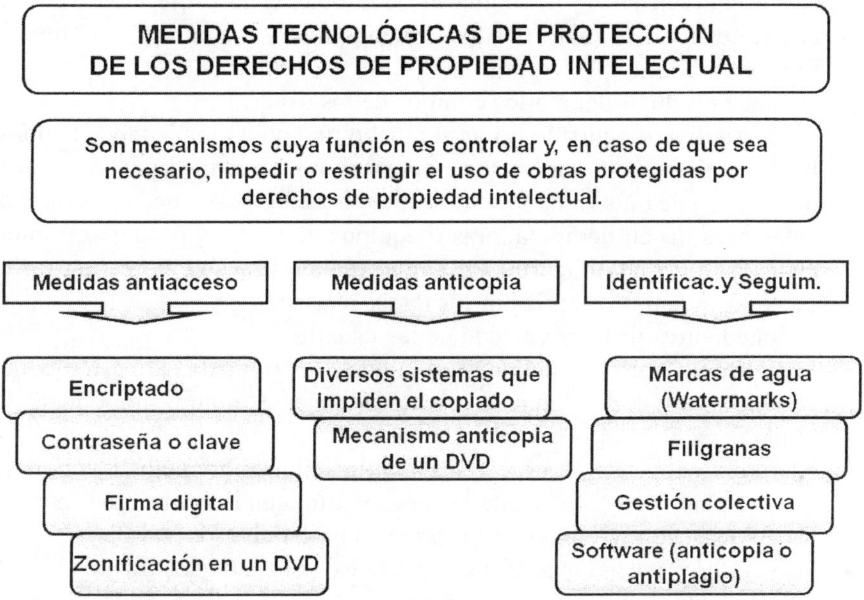

Como bien lo dice Claudio Ossa Rojas:

> "… las medidas de protección tecnológicas no se han destinado a afectar excepciones o limitaciones a estos derechos sino que, muy por el contrario, se han creado para aquellos casos en que se pretende, en la práctica, abusar de ellas y convertir el ejercicio de tales situaciones de excepción en verdaderas reglas generales de actuación. Ello claramente excede por mucho cualquier concepto de *fair use, fair dealing* o, más propiamente en nuestro sistema jurídico latinoamericano, la regla de los tres pasos del Convenio de Berna. Por tanto, el considerar que el ejercicio de las excepciones y limitaciones debe ser una regla general frente a las normas del derecho de autor y los derechos conexos, es un discurso que desnaturaliza y desconoce la esencia de tales disposiciones de excepción"[2].

2. Requisitos de validez de las medidas tecnológicas de protección

Debo destacar cuatro aspectos que, en mi opinión, la medida tecnológica de protección debe contemplar para ser válida y obtener entonces la protección de la ley.

[2] Ossa Rojas, Claudio, *Las Medidas de Protección Tecnológicas*, http://cossar2008.wordpress.com/2008/02/21/las-medidas-de-proteccion-tecnologicas/.

Me refiero a que toda medida tecnológica

* Debe ser eficaz o efectiva.
  La medida tecnológica que puede ser violada por cualquiera no es eficaz y consecuentemente no es válida ni debe obtener la protección legal. Tal criterio es tomado tanto por los Tratados Internet como por la Directiva Europea[3].
* No debe producir daño a los equipos de los usuarios.
  Es ilustrativo lo ocurrido no hace mucho tiempo en los Estados Unidos y Europa, cuando una importante empresa fonográfica incorporó a gran cantidad de CD de música un sistema anticopia defectuoso que, al ser reproducidos esos CD en computadoras o equipos de música, produjeron importantes daños, que obligaron a esa empresa a retirar del mercado esos CD, debiendo además resarcir por los daños causados.
* No puede invadir la privacidad de los usuarios.
  En el choque entre la medida tecnológica y la privacidad del usuario, debe prevalecer sin duda alguna la privacidad de éste, aunque con ello se desproteja a la obra.
  Un interesante caso al respecto es la utilización como medida tecnológica de protección de cookies, que obtienen y difunden informaciones personales del usuario y violan de esta forma su privacidad.
* Debe informarse al consumidor sobre la existencia de una medida tecnológica de protección, así como de cualquier consecuencia querida o no querida que pudiera causarse, como podría ser una medida tecnológica anticopia que en determinados equipos impidiese la lectura del contenido protegido.
  A nivel mundial muchas legislaciones relacionadas con la protección de los consumidores establecen claramente esta obligación, que ha sido marcada también por la jurisprudencia extranjera[4].

[3] La Directiva 2002/29/CE establece en su art. 6.3 2ª parte: "Las medidas tecnológicas se considerarán 'eficaces' cuando el uso de la obra o prestación protegida esté controlado por los titulares de los derechos mediante la aplicación de un control de acceso o un procedimiento de protección, por ejemplo, codificación, aleatorización u otra transformación de la obra o prestación o un mecanismo de control de copiado, que logre este objetivo de protección".

[4] Corte de Apelaciones de París, 4ª Cámara, Sección A, 20.6.2007, FNAC París vs. UFC Que Choisir (Unión Francesa de Consumidores). Fallo publicado en jurisprudencia CERLAC. Traducido por el Dr. Carlos Fernández Ballesteros. Allí se estableció: "De acuerdo a las disposiciones del Código de Consumo, todo profesional vendedor de bienes o prestatario de servicio debe, antes de conclusión del contrato, poner al consumidor en conocimiento de las características esenciales del bien o servicio… está fuera de discusión que sobre el CDX Testify figura la mención siguiente: Este CD contiene una protección contra la copia digital. Puede ser leído sobre la mayoría de los lectores de CD audio, así como sobre los lectores de CD ROM de computadores vía ficheros musicales compactados en el CD… por la inclusión de esta mencion resulta que, a la fecha de la presente instancia, la sociedad Warner Music France ha efectivamente cumplido su obligación de información…".

* Se ha dicho también que una medida tecnológica no puede tener por efecto la extensión del monopolio de los autores y de otros titulares de derechos más allá de los derechos que la ley les confiere, al poner en práctica, por ejemplo, un esquema de comercialización de las obras o de otras prestaciones que no estuviere basada en los derechos de propiedad intelectual. Evidentemente el objetivo de la interoperatividad es el de impedir la segmentación del mercado en virtud de las medidas tecnológicas[5].

3. La protección jurídica contra las acciones elusivas de las medidas tecnológicas

A. Las acciones elusivas

Pero así como se han desarrollado estas diversas tecnologías para proteger a las obras, también se han creado mecanismos destinado a eludir estas medidas tecnológicas.

A estos actos elusivos se los ha denominado "hacking" (ataque), e implican la manipulación de las medidas tecnológicas con la finalidad de limitar o eliminar su finalidad protectoria.

Frente a estos mecanismos elusivos es necesario entonces implementar una nueva protección contra las acciones elusivas de las medidas tecnológicas.

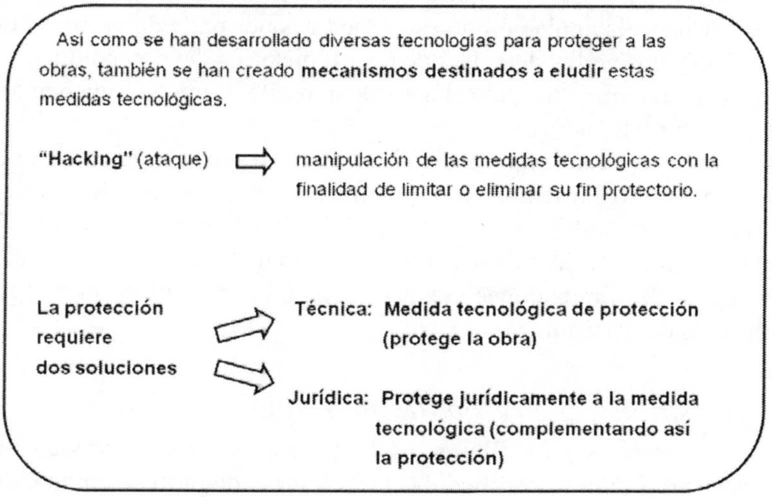

Podríamos decir entonces que se trata de dos soluciones distintas y complementarias entre sí, la primera de carácter técnico tiende a proteger a la obra, y la segunda, de carácter jurídico y que es complementaria de la primera, trata de dar

[5] Gaubiac, Ives, "Medidas tecnológicas e interoperatividad en el derecho de autor y los derechos vecinos". *Boletín de Derechos de Autor*. unesco, a bril-junio de 2007.

una protección no ya técnica sino jurídica frente al acto violatorio o elusivo de la protección técnica.

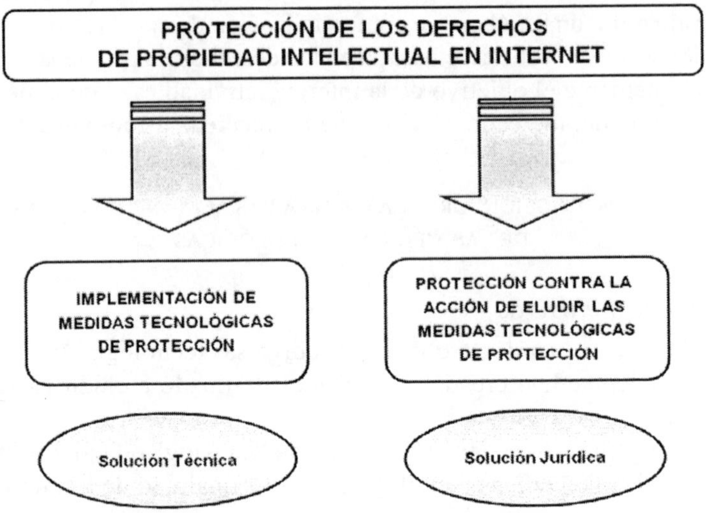

Con todo acierto Dean S. Marks y Bruce H. Turnbull han dicho: "Las medidas tecnológicas de protección necesitan un apoyo jurídico y legislativo adecuado, en primer lugar, para asegurar que se respeten dichas medidas y, en segundo lugar, para disuadir la anulación de estas medidas por parte de personas que, de otro modo, infringirían los derechos de los propietarios del contenido…".[6]

Esta protección jurídica frente al acto elusivo está dirigida fundamentalmente

- A prohibir tales actos elusivos.
- A prohibir y/o controlar los dispositivos y/o servicios que puedan utilizarse a tal fin. Recordemos aquí que muchas veces existen dispositivos y/o servicios con múltiples usos, muchos de ellos lícitos, pero también en algunos casos con finalidades elusivas de las medidas de protección.
- A regular las limitaciones y/excepciones a la protección contra los actos elusivos en determinados casos.

B. Los dispositivos y/o servicios de uso múltiple

Un tema interesante y conflictivo es de los dispositivos y/o servicios que, si bien pueden servir para eludir medidas tecnológicas de protección de la propiedad intelectual, tienen también otros usos legítimos y ajenos a la violación de derechos.

[6] Las Medidas Tecnológicas de Protección: El Punto de Encuentro de la Tecnología, el Derecho y las Licencias Comerciales – OMPI – Taller sobre Cuestiones de Aplicación del Tratado de la OMPI sobre Derecho de Autor (WTC) y el Tratado de la OMPI sobre Interpretación o Ejecución y Fonogramas (WPPT) – Ginebra, 6 y 7 de diciembre de 1999.

Se ha establecido así que los dispositivos y/o servicios que deben ser prohibidos son aquellos que han sido especialmente diseñados o producidos con la única o principal finalidad de eludir un mecanismo de control de acceso o de copia, excluyéndose así de la ilicitud a los dispositivos que tengan otros usos comerciales significativos que no sean de elusión.

Es interesante mencionar al respecto dos importantes fallos de la Justicia norteamericana.

El primero es el precedente de la Corte Suprema Americana en autos Sony v. Universal Studios (Caso Betamax) del 17 de enero de 1984.

En este caso, Universal Studios y otras empresas demandaron a Sony, afirmando que sus equipos grabadores de cintas de video (VCRS) contribuían a infringir los derechos de copyright.

La Corte reconoció que los equipos podrían se empleados con fines ilícitos, pero que también podían generar usos que no infringían los derechos de autor, como era la realización de copias para uso privado cubiertas en los EE.UU. por la doctrina del *fair use*, por lo que absolvió a Sony.

Se estableció así que "No se puede prohibir el desarrollo de una tecnología cuando existen usos legítimos de la misma y que no puede considerarse culpable a una empresa por el uso ilegal que los usuarios le den a su tecnología".

Veintiún años después, el 27 de junio de 2005, la Corte Americana tuvo oportunidad de pronunciarse nuevamente sobre el tema en el caso Metro Goldwyn Mayer (MGM) c. Grokster.

Se demandó allí a Grokster por distribuir software que permitía a los usuarios de Internet conectarse entre sí e intercambiar distintos archivos con contenidos multimedia (música, imágenes, etcétera).

Se hizo lugar a la demanda condenando a Grokster, por considerar que alguien que distribuye un producto con el objetivo de promover su uso para infringir el copyright puede ser responsabilizado de lo que hagan terceras partes con su producto.

Muchos autores han considerado que el caso Grokster cambió la jurisprudencia Betamax, ya que mientras que en Betamax se había absuelto al admitir la existencia lícita de dispositivos de uso múltiple, en el caso Grokster se había en cambio condenado y responsabilizado por la distribución de estos dispositivos de uso múltiple.

Personalmente no comparto esta idea.

Creo que la jurisprudencia no ha cambiado, si bien en un caso se condenó y en el otro se absolvió.

Para llegar a esta conclusión, creo que debemos tener en cuenta los fundamentos de ambos fallos, en los que si bien se aceptó la licitud de dispositivos de uso múltiple, en un caso se absolvió por considerar este posible uso múltiple, mientras en el otro caso se condenó, por haberse probado, que si bien el dispositivo era de uso múltiple en el caso juzgado estaba acreditado que la principal función del dispositivo había sido infringir los derechos de los autores.

FALLOS DE LA SUPREMA CORTE DE JUSTICIA DE ESTADOS UNIDOS

Sony c. Universal Studios (Caso Betamax) (17 enero 1984)
Universal Studios y otras empresas acusaron a Sony, afirmando que sus equipos grabadores de cintas de video (VCRs) contribuían a infringir los derechos de copyright. La Corte reconoció que los equipos podrían ser empleados con fines ilícitos, pero que también podían generar usos que no infringían los derechos de autor. Se estableció así que "No se puede prohibir el desarrollo de una tecnología cuando existen usos legítimos de la misma y que no puede considerarse culpable a una empresa por el uso ilegal que los usuarios le den a su tecnología"

ABSOLUCIÓN

Metro Goldwyn Mayer (MGM) c. Grokster (27 junio 2005)
Se demandó acá a Grokster por distribuir software que permitía a los usuarios conectarse entre sí e intercambiar distintos archivos con contenidos multimedia (música, imágenes, etc.). Se hizo lugar a la demanda por considerar que alguien que distribuye un producto con el único objetivo de promover su uso para infringir el copyright puede ser responsabilizado de lo que hagan terceras partes con su producto.

CONDENA

SIMILAR CRITERIO

C. Actos de elusión de medidas tecnológicas permitidos por la ley

Pareciera que el título de este apartado es absurdo o contradictorio. ¿Cómo puede ser que existan actos de elusión permitidos por la ley?

Pero efectivamente existen tales actos, y ellos derivan de ciertas situaciones especiales en las que las legislaciones han contemplado la permisibilidad del acto elusivo en beneficio de determinados intereses especiales.

Notemos que los propios Tratados de Internet, que veremos luego, contemplan tales situaciones cuando en la parte final de los arts. 11 (WTC) y 18 (WPPT) expresan: "……y que, respecto de sus obras, restrinjan actos que no estén autorizados… o permitidos por la Ley".

Las medidas tecnológicas pueden impedir el acceso a obras que ya han pasado al dominio público y respecto de las cuales, consecuentemente, su uso o reproducción es libre, o impedir el acceso a obras que legalmente no se encuentran protegidas, como son las normas legales o la jurisprudencia de los tribunales de justicia.

Encontramos también situaciones que las legislaciones han considerado como excepciones al derecho exclusivo de reproducción.

Esta última situación puede darse fácilmente en legislaciones que permiten la copia privada (España), el *fair use* (EE.UU.), o en las que existen importantes excepciones como las referidas a los no videntes, a las bibliotecas, a la ingeniería reversa, a la investigación sobre encriptación, etcétera.

¿Cómo lograr entonces establecer legislativamente la prohibición del acto elusivo, sin afectar estos casos especiales en que tal acto elusivo no es ilegal ya que conforma una excepción al derecho?

Algunas legislaciones al establecer legislativamente la ilicitud de los actos elusivos han contemplado además estas situaciones excepcionales, estableciendo que los titulares de los derechos deben garantizar la libre utilización de la obra en los casos de excepción. Otras, en cambio, han establecido la ilicitud genérica del acto elusivo y, como excepción, la licitud del acto elusivo cuando éste solo tiene como objetivo la obtención de una obra protegida tecnológicamente, respecto de la cual existe una excepción al derecho exclusivo de autorizar su uso o reproducción.

Se ha dicho también que para que el acto elusivo sea lícito, debe cumplirse con la prueba o test de las tres fases introducido en el Convenio de Berna en ocasión de la Conferencia Diplomática de Revisión de Estocolmo en 1967[7], en cuanto a que:

* La excepción sólo puede tener lugar en casos especiales.
* La excepción sólo puede ejercerse cuando no atente contra la explotación normal de la obra.
* La excepción no debe casuar un perjuicio injustificado a los intereses legítimos del autor.

D. La protección jurídica contra las acciones destinadas a eludir las medidas tecnológicas de protección en los tratados de la OMPI

Como ya dije la Organización Mundial de la Propiedad Intelectual (OMPI) ha participado activamente en los debates internacionales relacionados con el establecimiento de una nueva normativa que protegiese a los derechos de autor, y es así como en 1996 se adoptaron dos tratados de singular importancia: el Tratado de la OMPI sobre Derecho de Autor[8] (conocido como TODA o WTC) y el Tratado de la OMPI sobre Interpretación o Ejecución y Fonogramas[9] (conocido como TOIEF o WPPT).

A estos tratados se ha dado en llamar "Tratados de Internet", ya que contienen una serie de cláusulas que ofrecen ciertas respuestas, creo insuficientes, a los desafíos impuestos por la tecnología digital y al entorno de Internet.

[7] Convenio de Berna para la Protección de las Obras Literarias y Artísticas – Artículo 9: "1) Los autores de obras literarias y artísticas protegidas por el presente Convenio gozarán del derecho exclusivo de autorizar la reproducción de sus obras por cualquier procedimiento y bajo cualquier forma. 2) Se reserva a las legislaciones de los países de la Unión la facultad de permitir la reproducción de dichas obras en determinados casos especiales, con tal que esa reproducción no atente a la explotación normal de la obra ni cause un perjuicio injustificado a los intereses legítimos del autor. 3) Toda grabación sonora o visual será considerada como una reproducción en el sentido del presente Convenio".

[8] TODA, sigla en español, y WTC, sigla en inglés, y que corresponde a Wipo Copyright Treaty.

[9] TOIEF, sigla en español, y WPPT sigla en inglés, y que corresponde a WIPO Performances and Phonograms Treaty.

Se establecen así una serie de normas básicas de reafirmación de la protección para el derecho de autor y los derechos conexos en Internet y otras redes digitales, conteniendo una actualización general de los principios jurídicos que sustentan la protección internacional del derecho de autor y los derechos de los artistas intérpretes o ejecutantes y de los productores de fonogramas en el ciber-espacio y, más especialmente, en Internet.

Se ha dicho, creo que con acierto, que los Tratados Internet de la OMPI, recibieron su impulso en gran parte de la necesidad de llenar algunas lagunas existentes en los Convenios de Berna y Roma y en el acuerdo ADPIC.

Ambos tratados se encuentran ya vigentes y se refieren al tema en análisis, y si bien no establecen un régimen de protección muy detallado, disponen que los Estados deben adoptar una protección jurídica contra la elusión de medidas tecnológicas, pero no indicando cómo debe ser esa protección.

Estos tratados adoptan un texto casi idéntico en sus arts. 11 (WTC) y 18 (WPPT)

El artículo 11 del Tratado de la OMPI sobre Derechos de Autor de 1996, y con relación a las obligaciones relativas a las medidas tecnológicas, establece:

> "Las Partes Contratantes proporcionarán protección jurídica adecuada y recursos jurídicos efectivos contra la acción de eludir las medidas tecnológicas efectivas que sean utilizadas por los autores en relación con el ejercicio de sus derechos en virtud del presente Tratado o del Convenio de Berna y que, respecto de sus obras, restrinjan actos que no estén autorizados por los autores concernidos o permitidos por la Ley".

Por su parte, el artículo 18 del Tratado de la OMPI sobre Fonogramas de 1996, y con relación a las obligaciones relativas a las medidas tecnológicas, establece:

> "Las Partes Contratantes proporcionarán protección jurídica adecuada y recursos jurídicos efectivos contra la acción de eludir medidas tecnológicas efectivas que sean utilizadas por artistas intérpretes o ejecutantes o productores de fonogramas en relación con el ejercicio de sus derechos en virtud del presente Tratado y que, respecto de sus interpretaciones o ejecuciones o fonogramas, restrinjan actos que no estén autorizados por los artistas intérpretes o ejecutantes o los productores de fonogramas concernidos o permitidos por la Ley".

Podemos ver que tanto en el Tratado sobre Derecho de Autor (WTC) como en el Tratado sobre Fonogramas (WPPT) se establece la protección contra la acción elusiva de la medida tecnológica, pero no se precisa cómo debe darse esa protección ni qué actos deben ser prohibidos.

En particular no se contemplan las situaciones preparatorias de la acción elusiva, como son:

* La fabricación de dispositivos técnicos, y
* La comercialización de tales dispositivos técnicos.

Vemos también que en la parte final de ambas normativas se establece la posible existencia de ciertas situaciones en que, ya sea por autorización de los autores o por imperativo legal, se podría eludir la medida tecnológica.

E. La protección jurídica contra las acciones destinadas a eludir las medidas tecnológicas de protección en la legislación internacional

La Directiva 2001/29/CE del Parlamento de Europa y del Consejo (Directiva de los Derechos de Autor en Internet)[10], ha establecido en su art. 6° que los Estados miembros establecerán una protección jurídica adecuada contra la elusión de cualquier medida tecnológica efectiva, cometida por una persona a sabiendas, o teniendo motivos razonables para saber que persigue ese objetivo (primer parte del art. 6).

Vemos que se contempla tanto el accionar doloso ("a sabiendas") o culposo ("teniendo motivos razonables para saber") del autor del acto elusivo.

La Directiva también permite a los Estados miembros establecer una protección contra la fabricación, importación, distribución, venta, alquiler, publicidad o posesión con fines comerciales, de cualquier producto o dispositivo que tenga por finalidad la elusión de las medidas tecnológicas (segunda parte del art. 6).

En el art. 6.3. se define a las medidas tecnológicas, estableciendo que "... a efectos de la presente Directiva, se entenderá por "medidas tecnológicas" toda técnica, dispositivo o componente que, en su funcionamiento normal, esté destinado a impedir o restringir actos referidos a obras o prestaciones protegidas que no cuenten con la autorización del titular de los derechos de autor o de los derechos afines a los derechos de autor establecidos por ley o el derecho *sui generis* previsto en el capítulo III de la Directiva 96/9/CE. Las medidas tecnológicas se considerarán 'eficaces' cuando el uso de la obra o prestación protegidas esté controlado por los titulares de los derechos mediante la aplicación de un control de acceso o un procedimiento de protección, por ejemplo, codificación, aleatorización u otra transformación de la obra o prestación o un mecanismo de control del copiado, que logre este objetivo de protección".

El apartado 4 del art. 6° refiere a la medida tecnológica frente a las diferentes situaciones de excepción o limitación al derecho de sus titulares.

Hago presente que si bien la Directiva debería haberse incorporado a las legislaciones nacionales de los Estados miembros de la Unión Europea antes del 22 de diciembre de 2002, muchos países aún no lo han hecho.

Una revisión de la legislación comparada me permite señalar que muchos Estados, ya sea en cumplimiento de las disposiciones de los Tratados Internet

[10] Directiva 2001/29/CE del Parlamento Europeo y del Consejo del 22 de mayo de 2001 relativa a la armonización de determinados aspectos de los derechos de autor y derechos afines a los derechos de autor en la sociedad de la información.

de la OMPI o de la Directiva Europea, han incorporado a sus legislaciones normas de protección contra la elusión de medidas tecnológicas, aunque la terminología utilizada y el grado de protección varían de una legislación a otra en forma substancial.

Debemos tener en cuenta que ello se produce ya que la protección de los derechos intelectuales se da en forma diferente en muchos Estados, por lo que las normas jurídicas antielusivas deben ser también diferentes, ya que deben adecuarse a las características legislativas de protección de cada Estado.

Párrafos atrás, cuando comenté los Tratados Internet de la OMPI, manifesté que ellos no establecían un régimen de protección antielusivo muy detallado, ya que sólo disponían que los Estados debían adoptar una protección jurídica contra la elusión, pero no indicaban cómo debía ser esa protección.

Algunos autores han criticado esta vaguedad de los convenios manifestando que éstos debieron ser más concretos y debieron haber establecido una protección más estricta y detallada.

Personalmente, creo lo contrario.

Los Convenios Internet parten de la sabia premisa de que la protección jurídica que se propone está dirigida a todos los Estados miembros de la OMPI y que en las legislaciones de estos Estados miembros, las formas y grados de protección de la propiedad intelectual, y las excepciones a esa protección, son diferentes entre un Estado y otro, y consecuentemente proponer convencionalmente una protección muy detallada hubiera sido contraproducente ya que no se hubiera adecuado a algunas legislaciones.

El Comité Permanente de Derechos de Autor y Derechos Conexos de la OMPI, en un estudio sobre la aplicación de los Tratados Internet, realizado ya hace algún tiempo, señala que de los 39 Estados que a esa fecha habían adherido o ratificado los Tratados, 22 de ellos habían ya incorporado a sus legislaciones normas antielusivas con diferentes características.

F. Situación en la República Argentina

Pese a que la República Argentina ha suscripto los Tratados Internet de la OMPI y los ha aprobado por ley 25.140, y que éstos imponen el dictado de una normativa nacional que fije una efectiva prohibición a determinados actos elusivos, lamentablemente tal normativa aún no se ha dictado, habiendo incumplido consecuentemente la Argentina con la obligación asumida al firmar y aprobar por ley los referidos tratados.

Tampoco se conoce hasta el presente ningún estudio a nivel oficial ni proyecto de ley tendiente a dar cumplimiento a tal obligación.

Sin embargo, algunos autores consideran que es posible en la Argentina invocar una protección jurídica contra los actos elusivos de las medidas tecnológicas, a nivel civil, fundándose en la operatividad normativa que atribuyen a los Tratados Internet.

Afirman que ello es posible, teniendo en cuenta:

* Que los Tratados Internet de la OMPI fueron suscriptos por la República Argentina.
* Que dichos tratados fueron aprobados por ley 25.140.
* Que conforme al art. 75 inc. 22 de la Constitución Nacional, los tratados internacionales tienen jerarquía superior a las leyes.
* Que la Corte Suprema de Justicia ha establecido que: "Cuando la Nación ratifica un tratado que firmó con otro Estado, se obliga internacionalmente a que sus órganos administrativos y jurisdiccionales lo apliquen a los supuestos que ese tratado contemple, siempre que contenga descripciones lo suficientemente concretas de tales supuestos de hecho que hagan posible su aplicación inmediata. Una norma es operativa cuando está dirigida a una situación de la realidad en la que puede operar inmediatamente, sin necesidad de instituciones que deba establecer el Congreso"[11].

Personalmente, pese a considerar correctas las cuatro premisas precedentes, no comparto la opinión en cuanto a la operatividad de los Tratados Internet en la Argentina.

Creo que, tanto la redacción del texto del art. 11 del Tratado sobre Derechos de Autor como del texto del art. 18 del Tratado sobre Fonogramas, no permiten afirmar su inmediata operatividad en la Argentina, por tratarse de normas programáticas, que requieren el dictado nacional de una normativa expresa.

Pese ello, creo que la ley 11.723 y el régimen de responsabilidad de nuestro Código Civil posibilitan fundar la plena responsabilidad civil de quienes efectúen intencionalmente actos elusivos de medidas tecnológicas de protección, y de esta forma causan un daño, basándose para ello en criterios de responsabilidad subjetiva, conforme los arts. 1109 y 512 del Código Civil.

Destaco también que el art. 79 de la ley 11.723 menciona entre las medidas preventivas que pueden decretar los jueces a "toda medida que sirva para proteger eficazmente los derechos que ampare esta ley".

Considero también que tal protección contra la elusión no existe a nivel penal por falta de expresa tipificación legal, por lo que tanto los actos preparatorios como los propios actos de elusión en ningún caso configuran delito en la República Argentina.

Es de esperar que el tema sea contemplado por los poderes del Estado y que se promueva una normativa expresa que del cumplimiento a la obligación asumida por nuestro país en los Tratados Internet, en cuanto a proporcionar protección jurídica contra las acciones elusivas de las medidas tecnológicas de protección de la propiedad intelectual.

[11] Corte Sup., 7 de julio de 1992, Ekmekdjian, Miguel Ángel c. Sofovich, Gerardo y otros, *Fallos*, 315:1492, considerando 14.

Capítulo XII

PROTECCIÓN PENAL DEL DERECHO DE AUTOR. DELITOS CONTEMPLADOS EN LA LEY 11.723

Todas las legislaciones del mundo, en mayor o menor medida, protegen los derechos de autor frente a las conductas violatorias de estos derechos, tipificando penalmente esas conductas antijurídicas como delitos y disponiendo sanciones penales.

Esta tipificación penal de los delitos contra los derechos de autor es una forma más de proteger a los titulares de derechos contra la violación de éstos.

La irrupción en los últimos años de nuevas técnicas de reproducción y de nuevas tecnologías de comunicación e información ha facilitado enormemente la comisión de estas conductas violatorias de los derechos de autor, aumentando consecuentemente la comisión de delitos.

Los convenios internacionales también han establecido la obligación de los Estados de otorgar una protección penal minima en ciertos casos de violaciones de los derechos de propiedad intelectual.

El Acuerdo ADPIC establece así en su art. 61:

> "Los Miembros establecerán procedimientos y sanciones penales al menos para los casos de falsificación dolosa de marcas de fábrica o de comercio o de piratería lesiva del derecho de autor a escala comercial. Los recursos disponibles comprenderán la pena de prisión y/o la imposición de sanciones pecuniarias suficientemente disuasorias que sean coherentes con el nivel de las sanciones aplicadas por delitos de gravedad correspondiente. Cuando proceda, entre los recursos disponibles figurará también la confiscación, el decomiso y la destrucción de las mercancías infractoras y de todos los materiales y accesorios utilizados predominantemente para la comisión del delito. Los Miembros podrán prever la aplicación de procedimientos y sanciones penales en otros casos de infracción de derechos de propiedad intelectual, en particular cuando se cometa con dolo y a escala comercial."

Por su parte, el Tratado de la OMPI sobre Derecho de Autor (WTC) y el Tratado de la OMPI sobre Interpretación o Ejecución y Fonogramas (WPPT), firmados en 1996, conocidos como los Tratados Internet, y que fueron ratificados por la Argentina por ley 25.140, en texto casi idéntico de sus arts. 11 (WTC) y 18 (WPPT), establecen la obligación de los Estados firmantes de proporcionar protección jurídica adecuada y recursos jurídicos efectivos contra la acción de eludir las medidas tecnológicas efectivas que sean utilizadas por los autores y por los artistas intérpretes o ejecutantes o productores de fonogramas en defensa de sus derechos, obligándose así los Estados firmantes a incorporar en sus legislaciones una normativa que penalice los actos elusivos de medidas tecnológicas.

Nuestro país, hasta el presente, pese a haber ratificado el tratado, no ha dictado tal legislación, por lo que los actos elusivos de medidas tecnológicas no son delito en la República Argentina.

Con relación a la tipificación de los delitos contra los derechos de autor, algunas legislaciones han optado por incluirlos en sus códigos penales, mientras que otras, han dictado leyes especiales o han incluido la tipificación penal dentro de sus leyes de derechos de autor.

La República Argentina optó por este último sistema, y es así como la ley 11.723, en su texto originario, en los arts. 71 a 78 y bajo el título: "DE LAS PENAS", regulaba y tipificaba como delitos una serie de conductas vinculadas con la violación de los derechos de autor.

La ley 23.741 incorporó a la ley el art. 72 bis, a fin de dar una protección más precisa con relación a la música, y regular el delito cuando es cometido contra el titular de un derecho conexo, como es el productor de un fonograma.

Y la ley 24.286, de diciembre de 1993, elevó los montos de las multas establecidas en los arts. 73 y 74, quedando así configurada esta parte de la ley de protección penal del derecho de autor vigente actualmente.

Hago presente también que la ley 25.446 del Fomento del Libro y la Lectura, contiene tres artículos referidos al régimen penal de la propiedad intelectual, reafirmando la ilicitud de algunas conductas e imponiendo multas.

Para que se dé la protección penal se ha exigido fundamentalmente el cumplimiento de tres requisitos básicos:

- Que la obra, objeto de la acción delictual, sea una obra protegida y que su plazo de protección se encuentre vigente.
- Que la conducta antijurídica de que se trate se encuentre expresamente tipificada como delito por la ley. Es sumamente importante el cumplimiento de este requisito que es una de las bases del régimen penal y que se lo denomina principio de legalidad, que exige que el delito y la pena estén previstos en una ley estricta, escrita, cierta, abstracta y anterior al hecho que se juzga.
- Que la conducta de quien ha cometido el hecho antijurídico tipificado como delito haya sido dolosa. Casi todos los autores y la jurisprudencia han considerado que estos casos de delitos contra la propiedad intelectual contemplados en la ley 11.723 requieren en todos los casos un accionar doloso, desechándose la posibilidad de formas culposas.

  Pero así como se ha exigido la concurrencia del dolo, se ha admitido que basta la existencia de dolo eventual. Creo que el dolo en estos casos se da cuando el que comete el hecho tipificado como delito, pueda imaginarse que su accionar encuadra en esa conducta y, pese a ello, comete el hecho y asume consecuentemente el resultado de su conducta.

Éstos son los requisitos básicos y fundamentales para poder buscar la protección penal de la ley frente a una violación de los derechos de autor.

Como veremos más adelante, existen otros requisitos que pueden o no exigirse, dependiendo del delito de que se trate, tal el caso de la vigencia del derecho de autor o del ánimo de lucro de quien comete el acto.

Anzorregui, Da Rocha y Hernández Vieyra, en su excelente trabajo sobre este tema, nos dicen:

> "... los delitos contra la propiedad artística y literaria tienen que reunir los elementos siguientes para su tipificación: a) Que se trate de un derecho intelectual, entendiendo por tal aquella creación del espíritu que resuelva la idea original de inspiración del autor, materializada y revelada a los demás..., b) El ejercicio de ese derecho por quien no es su titular conforme a las disposiciones de la ley, c) La ausencia de autorización por el autor para el ejercicio de ese derecho, la que puede ser otorgada tanto por el titular, por su representante, o por su derechohabiente por el término que les fija la ley..."[1].

La ley 11.723 en su art. 71 establece:

> "Será reprimido con la pena establecida por el artículo 172 del Código Penal, el que de cualquier manera y en cualquier forma defraudare los derechos de propiedad intelectual que reconoce esta ley."

Por su texto genérico y por el texto de los artículos que le suceden, creo que se trata de un tipo penal abierto y que no puede ser aplicado directamente sino que debe ser interpretado y aplicado juntamente con los restantes tipos penales específicos regulados en los siguientes artículos de la ley, tomando solamente de éste la pena que es la del art. 172 del Código Penal, que establece una pena de prisión de un mes a seis años.

Destaco que raramente los jueces han aplicado penas mayores a los tres años de prisión, por lo que atento ello y lo normado por el art. 26 del Código Penal, la pena de prisión raramente se ha efectivizado, ya que casi siempre las condenas han sido de cumplimiento condicional.

Se ha discutido en doctrina si deben considerarse necesarios para configurarse estos delitos los requisitos del ardid o engaño de la defraudación del art.172 del Código Penal. En tal sentido se ha interpretado que estas figuras de defraudación de los derechos de propiedad intelectual son totalmente autónomas de la figura de la defraudación del art. 172 del Código Penal y que sólo deben tomar de esa norma la pena establecida.

[1] ANZORREGUY, Jorge, DA ROCHA, Joaquín P. y FERNÁNDEZ VIEYRA, Héctor H., *Delitos contra los derechos intelectuales*. JA Doctrina 1973-543.

La Cámara Nacional en lo Criminal y Correccional ha dicho:

> "En los arts. 71 y 72 de la ley 11.723 los términos de fraude y defraudación se refieren a la actividad intencional desplegada en violación a la propiedad del autor, y su equiparación al art. 172 del Cód. Penal se refiere a los efectos de la pena"[2].

En los restantes artículos 72, 72 bis, 73 y 74 la ley contempla una serie de figuras penales, a las cuales personalmente, a los fines de su análisis, las englobo en seis tipos diferentes de delitos:

1) Delitos relacionados con la edición, con la venta o con el copiado o reproducción

- La edición, venta o reproducción por cualquier medio o instrumento, de una obra inédita o publicada sin autorización de su autor o derechohabientes (conf. art.72 inc. a]).
- La edición o reproducción de mayor número de los ejemplares debidamente autorizados (conf. art. 72 inc. d]).

2) Delitos relacionados con la reproducción de fonogramas

- La reproducción de un fonograma con fin de lucro y sin autorización por escrito de su productor o del licenciado del productor (conf. art. 72 bis inc. a]).
- El facilitar con fin de lucro la reproducción ilícita mediante el alquiler de discos fonográficos u otros soportes materiales (conf. art. 72 bis inc. b]).
- La reproducción de copias no autorizadas por encargo de terceros mediante un precio (conf. art. 72 bis inc. c]).
- Almacenar o exhibir copias ilícitas sin poder acreditar su origen mediante la factura que lo vincule comercialmente con un productor legítimo (conf. art. 72 bis inc. d]).
- Importar copias ilegales con miras a su distribución al público (conf. art. 72 bis inc. e]).

3) Delito de falsificación

- La falsificación de obras intelectuales, entendiéndose como tal la edición de una obra ya editada, ostentando falsamente el nombre del editor autorizado al efecto (conf. art. 72 inc. b]).

4) Delito de Plagio

- La edición o reproducción de una obra suprimiendo o cambiando el nombre del autor, el título de ésta o alterando dolosamente su texto (conf. art. 72 inc. c]).

5) Delito de representación o ejecución sin autorización

- Representar o hacer representar públicamente obras teatrales o literarias sin autorización de sus autores o derechohabientes (conf. art. 73 inc. a]).
- Ejecutar o hacer ejecutar públicamente obras musicales sin autorización de sus autores o derechohabientes (conf. art. 73 inc. b]).

[2] CNCrim.y Correc., Sala V, julio 5-99- Dragani, Luis A. y otros, *LL* 1992-A-436.

6) Delito de suspensión de una representación o ejecución pública

- Hacer suspender una representación o ejecución pública lícita, atribuyéndose indebidamente la calidad de autor, derechohabiente o la representación de quien tuviere derecho. (conf. art. 74]).

Trataré de analizar ahora cada uno de estos tipos de delitos.

1. Delitos relacionados con la edición, con la venta o con el copiado o reproducción

Son varias las figuras relacionadas con el copiado o reproducción que contempla la ley, pero todas tienen en común que se trata de la edición, copiado o reproducción de obras intelectuales inéditas o publicadas, sin la debida autorización, en las diversas variantes que contempla la ley.

A. Edición, venta o reproducción por cualquier medio o instrumento, de una obra inédita o publicada sin autorización de su autor o derechohabientes

En primer lugar y en el inc. a del art. 72 la ley establece:

> "Se consideran casos especiales de defraudación y sufrirán la pena que él establece, además del secuestro de la edición ilícita: a) El que edite, venda o reproduzca por cualquier medio o instrumento, una obra inédita o publicada sin autorización de su autor o derechohabientes."

Se contemplan aquí distintas situaciones y me refiero a la edición, venta o reproducción de una obra inédita o a la edición, venta o reproducción de una obra publicada.

Veamos pues entonces las distintas características del tipo penal:

a) Recordemos acá que los arts. 1° y 2° de la ley establecen claramente que los titulares de los derechos de autor son los únicos que pueden autorizar o prohibir la reproducción de una obra por cualquier procedimiento o bajo cualquier forma. Consecuentemente, el delito se configura por la edición o por la reproducción, de cualquier forma y por cualquier procedimiento de una obra protegida por los derechos de autor.

La jurisprudencia ha entendido que la referencia a edición es en un sentido amplio comprensible de cualquier medio material de publicación.

También ha entendido que la reproducción de la obra no necesariamente debe ser total, configurándose el delito por la reproducción parcial. La jurisprudencia ha dicho en tal sentido:

> "A los fines de la configuración de la infracción a la ley de Propiedad Intelectual, es innecesaria la reproducción total de la obra para que la conducta resulte antijurídica toda vez que la simple copia parcial de la misma también lo es, quedando atrapado su accionar respecto de aquel que copie

en cualquier número de ejemplares, utilizando cualquier técnica y partiendo de cualquier medio material de sustento de la obra copiada"[3].

b) Asimismo, el tipo penal se configura por la venta de una obra sin autorización de su autor o derechohabientes.

Creo que es difícil que se configure esta figura aisladamente, ya que el que vende una obra de este tipo, normalmente es quien la edita, en cuyo caso comete el delito, pero si no fue el editor de la obra vendida, creo que difícilmente el acto se realice con dolo y consecuentemente difícilmente se tipifique el delito.

c) Un tema de particular importancia es determinar si se comete el delito por la edición, venta o reproducción de una obra ajena publicada pero no depositada y registrada en el Registro Nacional de la Propiedad Intelectual.

Recordemos que, conforme al art. 63 de la ley, la obra publicada debe ser depositada y registrada por su editor y que, en caso de que ello no ocurra, se suspende el goce de los derechos patrimoniales sobre la obra.

Tratándose la edición, venta o reproducción del ejercicio de un derecho patrimonial, la falta de inscripción de la obra publicada haría que estos actos de edición, venta o reproducción, aun sin autorización del autor, fueran validos, y que no les fuera aplicable el delito del art. 72 inc. a) que sólo se tipificaría en los casos en que estas conductas se realizaran con relación a una obra publicada registrada, o a una obra inédita que no requiere conforme la ley ninguna inscripción.

Por otra parte, creo que la falta de registro de la obra nacional priva al autor y editor de la exclusividad de los derechos patrimoniales, pero no de los derechos morales sobre la obra. Esa privación de la exclusividad de los derechos patrimoniales significa que el autor no podrá ejercer los derechos económicos sobre la obra, pero no lo priva de los derechos morales sobre ésta y consecuentemente de la facultad de promover acciones penales para defender la paternidad de la obra.

De allí entones que si terceras personas editan, venden o reproducen la obra, sin la autorización del autor, pero respetando la paternidad de éste sobre la obra y no produciendo ninguna alteración a su integridad, esas reproducciones o ediciones serían válidas y no configurarían delito. El mismo art. 63 corrobora esta solución, al establecer la "validez de las reproducciones, ediciones, ejecuciones y toda otra publicación hechas durante el tiempo en que la obra no estuvo inscripta".

En caso de que esas ediciones o reproducciones no respetasen la paternidad del autor o produjecen alguna alteración a su integridad, se estaría afectando el derecho moral que conserva el autor y éste podría perseguir penalmente al que comete el delito usando esta figura penal, y en caso de obtener sentencia favorable y registrar luego la obra, aparecería entonces el delito para las obras que se editen, vendan o reproduzcan sin su autorización a partir de ese momento.

[3] CNCrim. y Correcc., Sala IV, 2001/02/13 –Copymar, *LL* 2001-F-573

La Cámara de Casación Penal ha establecido:

> "Si bien la falta de inscripción de una obra en el Registro de la Propiedad Intelectual trae como consecuencia la suspensión del derecho de autor hasta que dicho trámite se materialice –en el caso, se hizo lugar al recurso de casación revocándose la excepción de falta de acción–, tal sanción no alcanza más que el derecho pecuniario pues sería absurdo que la falta de inscripción hiciera perder la paternidad de la obra o cualquier otra facultad contenida en el derecho moral"[4].

Es interesante también un fallo de la Cámara Criminal y Correccional, en donde ésta expresó:

> "La inscripción en el Registro de la Propiedad Intelectual no es en el sistema de la ley 11.723 una *conditio sine qua non* para el funcionamiento de la tutela penal.
>
> Lo que la ley 11.723 persigue mediante la incriminación delictuosa –edición o reproducción de una obra suprimiendo o cambiando el nombre del autor, el título de la misma o alteración dolosa de su texto– no es fundamentalmente la protección pecuniaria del autor sino su derecho moral sobre la obra.
>
> El concepto de propiedad intelectual abarca tanto el valor pecuniario como el derecho a la paternidad e incolumnidad de las obras del espíritu"[5].

Con relación a la obra extranjera, como ya dijimos al tratar el tema del registro y depósito de la obra extranjera, para ésta no existe obligación de registro ya que conforme al principio de Protección Automática establecido en el Convenio de Berna, la obra extranjera se encuentra protegida en su país de origen, no debiendo acreditar en la Argentina formalidad alguna. Este criterio fue ratificado por el plenario de la Cámara Criminal y Correccional en el caso Ferrari de Gnisi, donde se estableció que es suficiente para brindarle protección penal a una obra extranjera haber dado cumplimiento a lo dispuesto por la Convención Universal sobre Derechos de Autor de Ginebra[6].

De allí entonces que el delito se comete aunque la obra no esté registrada en la República Argentina.

d) Con relación a las obras de software, el decreto 165/94 incluyó a las obras de software en la enumeración de las obras amparadas por la ley 11.723 de Propiedad Intelectual, pero gran parte de la doctrina y la jurisprudencia que se fue elaborando a raíz de este decreto, si bien le dio validez a esta normativa en cuanto al procedimiento de registración de las obras de software en la Dirección Nacional de Derechos de Autor, le quitó valor a esta nueva protección del software, en cuanto a su tipificación penal, con fundamento en que el Poder Ejecutivo carecía

[4] CNCasación Penal, Sala II, 2001/05/23, Blaustein, David, *LL* 2001-E-638.

[5] CBCrim y Correc., 20/10/61, Carchano, Oscar E. y otro, querella, *LL* 109-633.

[6] CNCrim. y Corr., en pleno, 30/11/81. Ferrari de Gnisi, Noemí y otro, *LL* 1982-C pág. .23.

de facultades para, por vía reglamentaria, crear nuevos tipos penales Fallo Autodesk Inc.[7], jurisprudencia ésta reiterada en el fallo Pellicori[8] en donde la Cámara de Casación dictó un fallo en donde se consideró que la reproducción no autorizada de software no configura el delito previsto en el art. 72 inc. a) de la ley 11.723.

Recién en 1998, con la sanción de la ley 25.036, esta dificultad fue subsanada, ya que esta ley (llamada ley del software) incorporó a la lista de obras protegidas a "los programas de computación fuente y objeto; las compilaciones de datos o de otros materiales", pudiendo desde entonces configurarse claramente el delito cuando se trata de obras de software.

e) Sin perjuicio de lo que expresamos con relación a que estos delitos son dolosos, el delito de reproducción ilícita se configura por la simple reproducción de un original, no estando autorizado, aunque esa simple reproducción no tenga fines comerciales, ni sea realizada a escala comercial.

A este respecto la jurisprudencia ha establecido:

> "El fin de lucro o ánimo comercial no es requerido en el tipo penal del art. 72 inc. a) de la ley 11.723"[9].

Hago presente que en oportunidad en que se debatió en el Senado la inclusión del software en el listado del art. 1° a fin de darle protección penal, y que dio origen a la ley 25.036, el senador Villarroel defendió la postura de que la reproducción de software a nivel individual y sin fines comerciales, no debía ser penada. A ese respecto se propuso incorporar un párrafo al art.71 de la ley, estableciendo que la conducta sólo era punible cuando se efectuara a escala comercial. Tal postura, que fue ampliamente debatida en comisión, no prosperó y dicha limitación no fue incluida en el texto final de la ley[10].

f) La norma menciona como titular de la acción al *autor o derechohabientes.* Creo que debe entenderse el término derecho habiente con la amplitud necesaria que incluye al editor. No olvidemos que en el contrato de edición hay una especie de cesión de derechos del autor al editor, que se convierte en titular derivado de los derechos cedidos y que como tal tiene entonces legitimación para actuar en defensa de esos derechos.

La jurisprudencia ha establecido: "Aparece incuestionable que el editor autorizado de una obra literaria resulta patrimonialmente damnificado, en forma di-

[7] CNCas.Pen, 9.7.95 – Jurisprudencia publicada en http://www.dpi.bioetica.org/jurisdpi/autodesk.htm.

[8] (*ED* 176–240).

[9] CNFed.Crim. y Correccc. Sala I, abril 4/994 – Lotus – *LL* 1995-C, pág. 570.

[10] Ver en Versiones Taquigráficas del Congreso de la Nación: 1) sesión del Senado de la Nación del 25/26 de marzo de 1998; 2) Sesión del Senado de la Nación del 1 de abril de 1998; 3) Tratamiento en particular del Proyecto en Comisión, en sesión del 14.4.98; 4) Sesión Ordinaria de la Cámara de Diputados del 14.10.98. Ver asimismo Inserciones Parlamentarias en Antecedentes Parlamentarios, La Ley, 1999-A.

recta por la impresión fraudulenta que terceros efectúan de la misma obra, máxime cuando el propio autor ha hecho la cesión contractual de los derechos de edición y venta"[11].

g) Los actos de reprografía (fotocopiado o escaneo de obras), así como la venta de los ejemplares reprografiados, quedan incluidos en el tipo penal.

Debemos recordar aquí que las conductas configurativas de estos delitos deben ser dolosas, por lo que el delito lo comete el que efectúa las fotocopias con fines comerciales, ya que en estos casos de reproducción reprográfica con fines comerciales, el dolo debe presuponerse, pero el simple usuario que hace sacar una fotocopia en un comercio dedicado a ello no actúa dolosamente y consecuentemente no comete el delito.

La Corte Suprema de Justicia de la Nación, ha expresado:

> "Sostener que fotocopiar libros y vender las fotocopias a alumnos universitarios no encuentra en el art. 72 inc. a) de la ley 11.723, constituye una interpretación literal que desvirtúa aquélla y la torna totalmente inoperante, ya que esa inteligencia desnaturaliza la protección integral que la ley ha querido otorgar a la propiedad intelectual"[12].

También ha resuelto la jurisprudencia que

> "Configura el delito previsto y penado por el art. 72 inc. a) de la ley 11.723 la conducta del imputado, consistente en obtener libros de texto que sabía eran requeridos en el Ciclo Básico Común, para reproducirlos en forma total o parcial, fotoestáticamente a escala comercial, no siendo requerido para la configuración de la infracción que se consume la venta, basta con reproducir o editar la obra sin autorización del autor"[13].

Debemos tener en cuenta también que el fotocopiado parcial de una obra puede ser lícito en la medida en que el lugar en donde este fotocopiado parcial se realice se encuentre licenciado por el ente de gestión colectiva de derechos reprográficos, que en la Argentina, tal como veremos al tratar estos temas, es el Centro de Administración de Derechos Reprográficos (CADRA), y que el material fotocopiado se encuentre dentro del catálogo administrado por CADRA, o sea del listado de editoriales y autores que han autorizado el fotocopiado parcial en lugares debidamente licenciados por CADRA.

h) La reproducción en Internet

Si bien el tema de la reproducción en Internet fue ampliamente analizado en el capítulo V punto 4, cabe acá hacer algunas consideraciones referidas a la configuración del delito establecido en el art. 72 inc.a) de la ley 11.723.

[11] CNacCyC, Sala 4ª 17.9.1992. Síntesis del fallo en JA 1993-IV y Base Jurisprudencia *on line*, CERLAC.

[12] CS, 30/5/95 – Litman, Elías D., JA, 1995-III-258.

[13] CNCrim y Correc., Sala V, 12/7/96, *ED*, 172-307.

El proceso de introducción de una obra a un sitio de Internet, al que se lo denomina *upload* de la obra, constituye un acto de comunicación pública y de reproducción que consecuentemente requiere la expresa autorización de su autor.

De allí entonces que debemos partir de una premisa: Toda obra intelectual sobre la cual su autor o editor posee derechos, requiere la autorización previa y expresa de éstos para ser incorporada a un sitio de Internet.

De no ser así, tal incorporación es un acto ilícito generador de responsabilidad tanto civil como penal y consecuentemente configurartivo de este delito de reproducción ilícita. Recordemos acá que este tipo penal requiere el accionar doloso, pero creo que la conducta analizada, en la mayoría de los casos, encuadra en el dolo eventual, ya que el que comete el acto puede imaginar que su conducta es ilícita y sin embargo comete el acto.

La Cámara Criminal y Correccional ha sostenido:

> "Si los imputados publicaron en las páginas de Internet dos trabajos del querellante sin su autorización y recrearon una entrevista que jamás concedió, se encontraba probada la infracción a la Ley de Propiedad Intelectual 11.723. El aspecto objetivo del tipo penal de defraudación por infracción a la mencionada ley (art. 72, inc. a]) se comprueba con la publicación de obras del querellante sin su debida autorización en varios portales de internet, sumada a la comprobación de la concurrencia de dolo en el accionar de los imputados, ya que se presenta implícito en el accionar desplegado por la forma en que fue presentado, falsamente, como reportaje o entrevista que no se produjo. No resulta acertada la invocación del 'derecho de cita' (art. 10 de la ley 11.723), en tanto esta norma exige que las citas sean realizadas 'con fines didácticos o científicos', y que se inserten dentro de una creación propia, de un texto personal, en el que las citas sirvan para apuntalar una idea que se quiere expresar, formular una crítica, realizar un comentario, dar un ejemplo, etc. Por ello, corresponde decretar el procesamiento de los imputados en orden al delito previsto y reprimido en el art. 72, inc. a), de la ley 11.723"[14].

B. *La edición o reproducción de mayor número de los ejemplares debidamente autorizados*

En el inc. d del art. 72 la ley establece:

> "Se consideran casos especiales de defraudación y sufrirán la pena que él establece, además del secuestro de la edición ilícita:... d) El que edite o reproduzca mayor número de los ejemplares debidamente autorizados".

[14] C.N.Crim. y Correc., Sala I. , Bibliomed Argentina S.R.L., 10/12/2004, Boletín 4-2004. Secretaría de Jurisprudencia de la Excma. Cámara Nacional de Apelaciones en lo Criminal y Correccional de la Capital Federal, http://utsupra.com.

En este caso la conducta punible se refiere a quien se encuentra autorizado para la reproducción de la obra, pero excede la cantidad de ejemplares para los que está autorizado. El delito lo cometería, por ejemplo, el editor que ha firmado con el autor un contrato de edición para publicar un número determinado de ejemplares, y excede dolosamente ese número, defraudando así al autor y cometiendo el delito.

Encontramos también muchas veces esta conducta en personas que han adquirido una licencia de software para instalar en determinada cantidad de equipos y exceden esa cantidad, instalando el programa informático en un número mayor de equipos que los autorizados.

2. Delitos relacionados con la reproducción de fonogramas

En este tipo penal del art. 72 bis se sancionan varias conductas relacionadas todas con la protección de los productores de fonogramas y la música incluida en ellos, fundamentalmente frente a su reproducción ilícita, conocida comúnmente como "piratería fonográfica".

En el art. 72 bis se establece:

> "Será reprimido con prisión de un mes a seis años: a) El que con fin de lucro reproduzca un fonograma sin autorización por escrito de su productor o del licenciado del productor; b) El que con el mismo fin facilite la reproducción ilícita mediante el alquiler de discos fonográficos u otros soportes materiales; c) El que reproduzca copias no autorizadas por encargo de terceros mediante un precio; d) El que almacene o exhiba copias ilícitas y no pueda acreditar su origen mediante la factura que lo vincule comercialmente con un productor legítimo; e) El que importe las copias ilegales con miras a su distribución al público."

El texto de este artículo fue incorporado por la ley 23.741 sancionada en el año 1989, y dio cumplimiento a compromisos asumidos por la República Argentina al ratificar varios convenios internacionales, entre ellos el Convenio para la Protección de los Productores de Fonogramas contra la Reproducción no Autorizada de Fonogramas firmado en Ginebra 1971 y ratificado por ley 19.963, en donde en su art. 2° se estableció que todo Estado contratante se comprometía a proteger a los productores de fonogramas contra la producción de copias sin el consentimiento del productor, así como contra la importación de tales copias, cuando la producción o la importación se hagan con miras a una distribución al público, e igualmente contra la distribución de esas copias al público.

Vemos que este tipo penal del art. 72 bis se refiere a varias conductas disvaliosas relacionadas todas con la llamada piratería de la música grabada:

- La reproducción de un fonograma con fin de lucro y sin autorización por escrito de su productor o del licenciado del productor (conf. art. 72 bis inc. a]).

- El facilitar con fin de lucro la reproducción ilícita mediante el alquiler de discos fonográficos u otros soportes materiales (conf. art. 72 bis inc. b]).
- La reproducción de copias no autorizadas por encargo de terceros mediante un precio (conf. art. 72 bis inc. c]).
- Almacenar o exhibir copias ilícitas sin poder acreditar su origen mediante la factura que lo vincule comercialmente con un productor legítimo; (conf. art. 72 bis inc. d]).
- Importar copias ilegales con miras a su distribución al público. (conf. art. 72 bis inc. e]).

En todos los casos destaco el hecho de que es condición para la tipificación la finalidad de lucro, condición que no se da en los demás casos de reproducción de obras intelectuales.

Acá también se requiere la existencia del dolo, dolo que debe presumirse cuando resulta la intención de reproducir o vender el fonograma sin tener autorización del productor o del licenciado del productor.

Debo señalar también, tal como lo dije en el capítulo II y como lo ha establecido la jurisprudencia, que el fonograma es un termino genérico comprensivo del soporte material en que la música es fijada, por lo que cualquier soporte material de este tipo (cintas magnetofónicas, discos, casetes, CD, soportes de almacenamiento de archivos MP3, etc.), debe considerarse comprensivo dentro del término fonograma referido por la ley. Podría decir que el fonograma consiste en una fijación exclusivamente sonora de los sonidos de una ejecución musical.

La norma, además de establecer los tipos penales, dispone también una serie de medidas procesales de gran importancia para la mejor defensa de los productores de fonogramas.

El damnificado podrá solicitar en jurisdicción comercial o penal el secuestro de las copias de fonogramas reproducidas ilícitamente y de los elementos de reproducción.

El juez podrá ordenar esta medida de oficio, así como requerir caución suficiente al peticionario cuando estime que éste carezca de responsabilidad patrimonial. Cuando la medida precautoria haya sido solicitada por una sociedad autoral o de productores, cuya representatividad haya sido reconocida legalmente, no se requerirá caución.

Si no se dedujera acción, denuncia o querella, dentro de los quince días de haberse practicado el secuestro, la medida podrá dejarse sin efecto a petición del titular de las copias secuestradas, sin perjuicio de la responsabilidad que recaiga sobre el peticionante.

A pedido del damnificado el juez ordenará el comiso de las copias que materialicen el ilícito, así como los elementos de reproducción. Las copias ilícitas serán destruidas y los equipos de reproducción, subastados. A fin de acreditar que no utilizará los aparatos de reproducción para fines ilícitos, el comprador deberá acreditar su carácter de productor fonográfico o de licenciado de un productor. El producto de la subasta se destinará a acrecentar el "fondo de fomento a las artes" del Fondo Nacional de Derechos de Autor a que se refiere el artículo 6° del decreto-ley 1224/58.

Por último cabe también hacer un comentario con relación al videograma.

Normalmente cuando hablamos de fonograma nos referimos al soporte o fijación de la música y cuando mencionamos videograma, al soporte o fijación audiovisual, o sea compuesta de sonidos e imágenes en movimiento. Ambos tipos de obras se encuentran amparadas por el régimen de derechos de autor dentro del amplio concepto de obras protegidas.

También en otras partes de este libro hemos hablado de ambos términos como generadores muchas veces de similares consecuencias jurídicas. Así cuando hablamos de derechos conexos, nos referimos a los productores de fonogramas o videogramas, y cuando hablamos de gestión colectiva de derechos, mencionamos a la Cámara Argentina de Productores de Fonogramas y Videogramas (CAPIF), como entidad de gestión colectiva de los productores de fonogramas y videogramas.

Sin embargo, acá debemos distinguir entre los delitos referidos al fonograma, expresamente establecidos en el art. 72 bis, y los delitos referidos al videograma, que personalmente entiendo no están incluidos en el tipo penal del art. 72 bis, por falta de expresa tipificación legal, sino que debemos encuadrarlos en los tipos penales de los arts. 72 o 73 inc. a) de la ley que amparan a las demás obras protegidas por el régimen de derechos de autor.

EL DELITO DE REPRODUCCIÓN ILÍCITA
Ley 11.723

Obra intelectual	Obra musical (fonograma)	Software
Conforme la ley 11.723	Conforme la ley 11.723 con modif. ley 23.741/89	Conforme la ley 11.723 con modific. ley 25.036/98
❑ Ilícito civil ❑ Ilícito penal (aunque sea para uso privado y sin fines de lucro)	❑ Ilícito civil ❑ Ilícito penal (sólo cuando sea con fines de lucro)	❑ Ilícito civil ❑ Ilícito penal (aunque sea para uso privado y sin fines de lucro)

La jurisprudencia ha establecido que para que se tipifique el tipo penal debe existir dolo

3. Delito de falsificación

En el inc. b) del art. 72 la ley establece:

> "Se consideran casos especiales de defraudación y sufrirán la pena que él establece, además del secuestro de la edición ilícita:... b) El que falsifique obras intelectuales, entendiéndose como tal la edición de una obra ya editada, ostentando falsamente el nombre del editor autorizado al efecto."

El delito de defraudación tipificado por esta norma lo comete quien efectúa la reproducción idéntica, sin autorización, de un ejemplar legítimo de una obra intelectual; reproducción que se realiza editando nuevamente la obra por parte de un tercero distinto del editor legítimo, usando el nombre original, a cuyo fin se imitan todas las características del ejemplar original.

La finalidad del falsificador evidentemente es vender el producto como original, engañando al comprador (quien cree comprar un original) y fundamentalmente defraudando al autor, quien se ve perjudicado económicamente.

Conforme la norma legal analizada, la falsificación se configura cuando una obra ya editada se edita nuevamente ilegítimamente.

Atento a que el contrato de edición en la Ley de Propiedad Intelectual, importa la reproducción, difusión y venta de la obra, personalmente entiendo que el delito se configura tanto por reproducir como por difundir o vender la obra falsificada.

Reitero que este delito está limitado a la edición de una obra, pues para la legislación argentina, la falsificación de obras de arte no es un delito contemplado ni por la ley 11.723 ni por el Código Penal.

Eventualmente el delito, que se refiere al soporte de la obra, lo cometería, y bajo la figura de la defraudación del Código Penal, el que vende, no necesariamente el falsificador, la obra falsa a otra persona.

4. Delito de plagio

En el inc. c) del art. art. 72 se establece:

> "Se consideran casos especiales de defraudación y sufrirán la pena que él establece, además del secuestro de la edición ilícita: ...c) El que edite, venda o reproduzca una obra suprimiendo o cambiando el nombre del autor, el título de la misma o alterando dolosamente su texto;

La figura penal contemplada por esta norma es la conocida como plagio

Conforme Miguel Ángel Emery, "el plagio es un atentado contra el derecho del autor que consiste básicamente en publicar como propia una obra ajena"[15].

[15] Emery, Miguel Ángel, *Propiedad Intelectual*, Edit. Astrea, pág. 284.

Es importante recordar acá que el art. 1° *in fine* de la Ley 11.723 de Propiedad Intelectual, en su actual texto reformado por la ley 25.036, establece: "La protección del derecho de autor abarcará la expresión de ideas, procedimientos, métodos de operación y conceptos matemáticos pero no esas ideas, procedimientos, métodos y conceptos en sí", principio éste reafirmado por la jurisprudencia que ha distinguido claramente entre ideas y obras, estableciendo que la ley protege sólo a las segundas, y que por lo tanto las ideas que no están plasmadas en una obra intelectual no tienen la protección del Derecho Intelectual.

De allí entonces que el delito de plagio no existe cuando se trata de la apropiación de ideas contenidas en otra creación, pero no la apropiación de los contenidos de la obra.

Sin perjuicio de lo que dijimos al comienzo con relación a que las figuras penales de la ley 11.723 requerían el dolo, en este caso la propia norma establece que el delito se configura cuando la acción se efectúa dolosamente. Si el plagio está desprovisto de esa intensión dolosa, no configura plagio penalmente punible, sino solamente el plagio civil generador de responsabilidad patrimonial.

Una modalidad muy común de comisión de este delito, es el abuso del derecho de cita. Recordemos acá que la cita es una excepción al derecho exclusivo de los autores a autorizar la reproducción de las obras, y que está regulada en el art. 10 de la ley. Pero este derecho excepcional tiene sus limitaciones, tal como lo explicamos en el capítulo referido al derecho de reproducción, limitaciones que, excedidas y cuando se omite el nombre del autor, pueden configurar esta figura delictiva.

Con relación a las obras de software, que como ya dije se encuentran protegidas en la Argentina dentro del régimen de los derechos de autor, el delito de plagio se puede presentar de dos formas diferentes:

La primera forma es el llamado Plagio Servil, en donde se presenta como de su propia autoría una obra ajena, a la que se le ha copiado y cambiado solamente el título y nombre del autor, sin alterar su contenido o alterándolo levemente. En estos casos existe similitud total o casi total entre los códigos fuente y objeto de la obra original y la nueva obra.

En los Estados Unidos existe un importante precedente jurisprudencial en el caso "APPLE VS. FRANKIN COMPUTER", en donde se condenó a la segunda por haber plagiado el sistema operativo que Apple había creado para sus computadoras, y utilizarlo también como sistema operativo para las computadoras de Franklin.

La segunda forma es el denominado Plagio Traslación, que consiste en reescribir un programa fuente en otro lenguaje.

Es interesante analizar acá también cuando la figura del plagio de cualquier otra obra amparada por la Ley de Derechos de Autor se da través de un medio informático como es la Red Internet.

En Internet existen varios sujetos, uno de ellos es proveedor de contenido (*contents provider*), que es quien se dice autor, editor o titular del derecho y coloca su obra intelectual en la red; otro titular sería el titular del sitio donde fue incorporada la obra.

Muchas veces el proveedor de contenido ingresa en la red obras intelectuales, que no son de su autoría y que han sido plagiadas total o parcialmente de un tercero.

Evidentemente esta situación configura para este proveedor de contenido, autor material del ilícito, el plagio generador de responsabilidad civil y si el acto se realiza dolosamente, se configura además el tipo penal del plagio.

Pero además de estas responsabilidades del proveedor de contenido, autor del hecho, podría tener responsabilidad el titular del sitio que posibilitó la incorporación de la obra a la red y de esa forma fue partícipe del ilícito.

5. Delito de representación o ejecución sin autorización

En el art.73 se establece:

> "Será reprimido con prisión de un mes a un año o con multa de MIL PESOS como mínimo y TREINTA MIL PESOS como máximo destinada al fondo de fomento creado por esta ley: a) El que representare o hiciere representar públicamente obras teatrales o literarias sin autorización de sus autores o derechohabientes; b) El que ejecutare o hiciere ejecutar públicamente obras musicales sin autorización de sus autores o derechohabientes."

Esta norma es consecuente con el art. 36 de la ley en la que se establece que los autores de obras literarias, dramáticas, dramático-musicales y musicales, gozan del derecho exclusivo de autorizar la recitación, la representación y la ejecución pública de sus obras.

Debemos entonces determinar con claridad qué se entiene por representación o ejecución pública, y al respecto debemos recurrir a los arts. 33 y 34 del decreto 41.233/34, reglamentario de la ley 11.723, que en sus textos modificados por el decreto 9723/45 y por el decreto 1351/63, respectivamente disponen:

Art. 33. A los efectos del artículo 36 de la ley 11.723, se entiende por representación o ejecución pública aquella que se efectúe cualquiera que fueren los fines de la misma en todo lugar que no sea un domicilio exclusivamente familiar y, aun dentro de éste, cuando la representación o ejecución sea proyectada o propalada al exterior.

Se considerará ejecución pública de una obra musical la que se efectúa por ejecutantes o cantantes, así como también la que se realice por medios mecánicos: discos, filmes sonoros, transmisiones radiotelefónicas y su retransmisión o difusión por altavoces. (textos según decreto 9723/45).

Art. 34. El que representare o hiciere representar públicamente obras literarias y el que ejecutare o hiciere ejecutar obras musicales en conciertos públicos, deberá exhibir un lugar visible el programa correspondiente y entregar a los autores de las obras utilizadas o a sus representantes y a los intérpretes o sus representantes, una copia del mismo. (texto según decreto 1351/63).

Estas dos normas integradas con el tipo penal del art. 73 nos permite conceptualizar debidamente este delito.

6. Delito de suspensión de una representación o ejecución pública

En el art. 74 se establece:

> "Será reprimido con prisión de un mes a un año o multa de MIL PESOS como mínimo y TREINTA MIL PESOS como máximo destinada al fondo de fomento creado por esta Ley, el que atribuyéndose indebidamente la calidad de autor, derechohabiente o la representación de quien tuviere derecho, hiciere suspender una representación o ejecución pública lícita".

7. Delito de exhibición pública no autorizada de obras audiovisuales

Se ha discutido si la exhibición pública no autorizada de obras audiovisuales, que como dijimos comprenden a las obras cinematográficas, a las obras videográficas y a las obras televisivas, encuentran tipificación penal en la normativa de la ley 11.723.

En primer término debemos distinguir esta conducta de exhibición no autorizada de una obra audiovisual, de la reproducción de este tipo de obras, que se encuentra claramente incluida en la conducta reprimida por el art. 72 inc. a) de la ley.

Sentado esto, y analizado si existe el delito de exhibición pública no autorizada de obra audiovisual, entiendo que éste no cuenta encuadre legal alguno en la ley 11.723, por los siguientes motivos:

- Los arts. 72 y 72 bis de la Ley 11.723 no son aplicables a esta conducta, ya que los referidos artículos aluden a la reproducción, pero en el sentido de reproducción de un soporte material, pero no en el sentido de la representación pública de una obra.
- Recordemos también que conforme al art. 50 de la ley "se considera como representación o ejecución pública, la transmisión radiotelefónica, exhibición cinematográfica, televisión o cualquier otro procedimiento de reproducción mecánica de toda obra literaria o artística".

Por su parte, el art. 73 tipifica penalmente la conducta de "el que representare o hiciere representar públicamente obras teatrales o literarias sin autorización de sus autores o derechohabientes; o el que ejecutare o hiciere ejecutar públicamente obras musicales sin autorización de sus autores o derechohabientes".

Es por ello que podría entonces entenderse que de la vinculación del art. 50 con el art. 73 de la ley, surgiría la tipificación penal de esta conducta de exhibición pública no autorizada de obras audiovisuales. Existe alguna jurisprudencia en este sentido, y algún fallo jurisprudencial ha establecido que la interpretación del art. 73 de la ley no debe hacerse con sentido restrictivo, sino con la amplitud que le confiere el art. 50, que determina que "a los efectos de esta ley se consideran como representación o ejecución pública, la transmisión radiotelefónica, exhibición cinematográfica, televisiva o cualquier otro procedimiento de reproducción mecánica de toda obra literaria o artística"[16].

Creo que ello no es así, ya que el art. 73 se refiere sí a la representación o ejecución sin autorización, pero su ámbito se limita a las obras teatrales o literarias (inc. a]) o a las obras musicales (inciso b]), pero nunca a la obra audiovisual que no está referida en la norma y que no puede asimilarse en forma alguna al concepto de obra teatral, literaria o musical.

- Algunos autores entienden que esta conducta que analizamos es delito por aplicación directa de la figura genérica de la defraudación del art. 71 de la ley.

En tal sentido Diego Carbone y José Codino, en su trabajo *Delito de Exhibición Pública de Obras Cinematográficas sin autorización. Acerca de la interpretación de la Ley 11.723*, entienden que "esas conductas, consistentes en la comunicación pública por cualquier medio y de cualquier manera de una obra cinematográfica, sin autorización de los titulares del derecho de autorizar las mismas, se hallan perfectamente reprimidas en el ordenamiento vigente, siendo encuadrables en el artículo 71 de la ley 11.723..."[17].

Tampoco comparto este criterio. Como afirmé el comienzo de este capitulo, el art. 71 de la ley 11.723, por su texto genérico y por el texto de los artículos que le suceden, se trata de un tipo penal abierto y que no puede ser aplicado directamente sino que debe ser interpretado y aplicado juntamente con los restantes tipos penales específicos regulados en los siguientes artículos de la ley, tomando solamente de éste la pena que es la del art. 172 del Código Penal, que establece una pena de prisión de un mes a seis años.

8. Normas procesales de las leyes 11.729 y 25.446

En los arts. 75 a 78 la ley regula algunos aspectos procesales que conciernen a las acciones penales.

En el art. 75 la ley establece: "En la aplicación de las penas establecidas por la presente ley, la acción se iniciará de oficio, por denuncia o querella."

Resulta de aquí que la acción en estos casos puede iniciarse por simple denuncia, no siendo necesario que sea el damnificado por el delito quien inicie la acción.

La jurisprudencia, reiterando lo dispuesto por la ley, ha establecido que la acción penal por violaciones a la ley 11.723 es de acción pública.

[16] Franceschini, Ricardo, CNCrim. y Correc., Sala II, 5/4/90. Difusión no autorizada de material fílmico. http://www.dpi.bioetica.org/jurisdpi/franceschini.htm.

[17] Publicado en *Suplemento Especial La Ley* 70°. Aniversario. noviembre de 2005.

El art. 76 establece: "El procedimiento y jurisdicción será el establecido por el respectivo Código de Procedimientos en lo Criminal vigente en el lugar donde se cometa el delito." De allí que la Justicia competente sea la penal ordinaria.

El art. 77 por su parte establece: "Tanto el juicio civil, como el criminal, son independientes y sus resoluciones definitivas no se afectan. Las partes sólo podrán usar en defensa de sus derechos las pruebas instrumentales de otro juicio, las confesiones y los peritajes, comprendido el fallo del jurado, más nunca las sentencias de los jueces respectivos."

La ley 25.446 del Fomento del Libro y la Lectura:

ARTÍCULO 23. — El editor podrá perseguir civil y penalmente a quienes reproduzcan ilegítimamente su edición, pudiendo estar en juicio, incluso en acciones penales como querellante. Esta acción es independiente de la que le corresponde al autor.

ARTÍCULO 28. — Quienes editaren fraudulentamente libros serán sancionados con una multa cuyo mínimo será igual al valor de venta al público del total de la edición, y cuyo máximo podrá llegar a cinco veces dicho valor. Esta multa se aplicará siempre que el hecho no constituya un delito más severamente penado.

ARTÍCULO 29. — Quienes reproduzcan en forma facsimilar un libro o partes de él, sin autorización de su autor y de su editor, serán sancionados con multa de pesos setecientos cincuenta a diez mil. En caso de reincidencia, la pena será de prisión de un mes a dos años. Estas sanciones se aplicarán aun cuando la reproducción sea reducida o ampliada y siempre que el hecho no constituya un delito más severamente penado.

Capítulo XIII

LOS DERECHOS DE AUTOR Y LAS NUEVAS TECNOLOGÍAS

Una de las características del mundo actual en que vivimos, al que muchos creo que con acierto han llamado Sociedad de la Información, es la aparición de nuevas tecnologías que facilitan la divulgación de las obras del intelecto, ya no en los soportes analógicos tradicionales, sino ahora en soporte digital y, muchas veces, volcado ese soporte digital en la Red Internet.

Este proceso migratorio de la obra escrita a la que accedemos a través del libro, o de la obra musical o audiovisual que nos llegaba a través del disco de vinilo, de la cinta magnética o del casete, a la obra digital a la que accedemos, luego de un proceso de digitalización, a través del libro electrónico, de archivos en soporte digital y muchas veces por su visualización en Internet, es un proceso actual que no podemos desconocer.

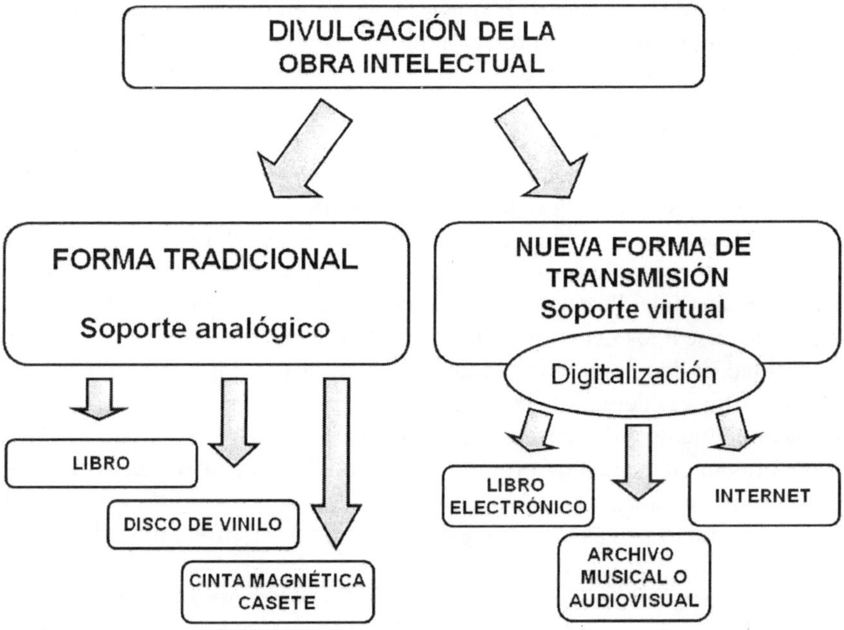

En el campo de la obra escrita hace algunos años muchos pensaron que las nuevas tecnologías, el soporte digital y la red Internet harían que rápidamente desapareciera el libro, y que la divulgación masiva de las obras se efectuaría en un ámbito digital mediante el libro electrónico y por el acceso a sitios de Internet.

Creo que esto no ha ocurrido todavía, pero la amenaza de la digitalización libre de la obra intelectual en Internet es una realidad que acecha a los derechos de autor.

El libro electrónico está teniendo rápida aceptación por parte de los lectores, pese a que algunos continúan prefiriendo sentarse en un cómodo sillón para leer un libro en el que van pasando las hojas, a sentarse frente a un dispositivo electrónico de lectura. La digitalización de las obras y la posterior subida a Internet es ya una realidad de nuestros tiempos.

Mucho más rápido ha sido, en el campo de la música o de la obra audiovisual, el paso del medio analógico al medio digital.

La música en archivos MP3 y similares y las películas en archivos digitales comprimidos son una realidad, que facilita enormemente la reproducción y la trasmisión, muchas veces libre y sin respetar los derechos de los autores y titulares de derechos.

Los temas musicales y las películas cinematográficas se vuelcan al medio digital lícita o ilícitamente, y esa nueva obra digitalizada aparece también en Internet, no siempre respetando los derechos de autor, pero permitiendo el acceso de muchos a esas obras violando los derechos de sus titulares.

Los sectores más afectados por esta reproducción ilícita, producto de las nuevas tecnologías y de la digitalización de las obras, han sido la industria discográfica, la industria del software y la industria de las obras audiovisuales. En menor medida ha sido el impacto con relación al libro y a la industria editorial.

Creo que fundamentalmente es importante analizar acá cuál es la realidad de Internet frente a la obra intelectual y a los derechos de autor, y éste es el tema que trataré de analizar brevemente en este capítulo.

En primer término debo destacar que cuando nos encontramos en el ámbito de Internet vemos que muchos pregonan "la total libertad en Internet".

Para ellos, Internet es un ámbito totalmente libre en donde todo es posible y donde no deben existir restricciones de ningún tipo.

Se proclama así la libre utilización de las obras en Internet, argumentando que debe reconocerse a los usuarios de Internet el acceso irrestricto e incondicionado a la totalidad de los contenidos incorporados a la red, ya que de no ser así se impediría gozar del derecho a la cultura.

Creo que quienes así piensan se equivocan.

Las obras intelectuales incorporadas a la red deben contar con la protección de la ley frente a su reproducción no autorizada, protección ésta que debe adecuarse a las características técnicas y de uso en Internet, diferentes a las del libro escrito.

De no ser así, los autores y editores se verían privados del incentivo para producir nuevas obras, y entonces sí, se afectaría el derecho a la cultura.

1. El concepto de reproducción de la obra intelectual a través de Internet en los convenios internacionales

Como ya hemos visto, la totalidad de las legislaciones del mundo protegen desde hace muchos años a las obras intelectuales contra la reproducción sin la autorización del titular de los derechos de propiedad intelectual.

Casi todas las normativas, al brindar esa protección a las obras científicas, literarias y artísticas, lo hacen estableciendo expresamente que "la protección existe frente a cualquier procedimiento de reproducción", adoptando así el amplio concepto que de reproducción han dado los diferentes convenios internacionales a partir del Convenio de Berna.

En efecto, el Convenio de Berna para la Protección de las Obras Literarias y Artísticas establece en su artículo 9.1 que "los autores de obras literarias y artísticas protegidas por el presente Convenio gozarán del derecho exclusivo de autorizar la reproducción de sus obras por cualquier procedimiento y bajo cualquier forma"

Este amplio concepto de reproducción utilizado por el convenio me permite poder afirmar que éste es no sólo aplicable a la obra intelectual en un formato tangible, sino también a la obra digital de formato intangible.

El Tratado sobre Derechos de Autor de la OMPI (WTC) vigente desde el 6 de marzo de 2002, fecha en que se cumplieron los tres meses de la obtención de la última de las treinta ratificaciones necesarias para su vigencia, reafirma la obligación de cumplimiento del Convenio de Berna, e introduce expresamente el entorno digital en la protección de los derechos de autor, al establecer en la declaración concertada respecto del art. 1.4. el siguiente párrafo:

> "El derecho de reproducción, tal como se establece en el Artículo 9 del Convenio de Berna, y las excepciones permitidas en virtud del mismo, son totalmente aplicables en el entorno digital, en particular a la utilización de obras en forma digital. Queda entendido que el almacenamiento en forma digital en un soporte electrónico de una obra protegida, constituye una reproducción en el sentido del Artículo 9 del Convenio de Berna".

2. El concepto de reproducción de la obra intelectual a través de Internet y la normativa argentina

La ley 11.723 de Propiedad Intelectual consagra en sus artículos 1 y 2 el principio de la protección de las obras intelectuales, contra la reproducción no autorizada, estableciendo expresamente la facultad exclusiva del titular del derecho sobre la obra de autorizar su reproducción, en cualquier forma.

Como vemos, la ley argentina adoptó ya en su momento el principio que luego establecería el Convenio de Berna y referido al derecho exclusivo del titular del derecho de propiedad intelectual sobre una obra, de autorizar su reproducción.

Este principio se ve reafirmado en los arts. 72 y siguientes de nuestra ley, en donde se crean tipos penales para quienes reproduzcan, por cualquier medio o instrumento, una obra inédita o publicada sin autorización de su autor o derecho-habientes.

Debemos tener en cuenta que tanto al tiempo del dictado de la ley como al de algunas de sus modificaciones posteriores, aún no existían el entorno digital y la red Internet, por lo que obviamente la ley no pudo contemplar las nuevas situaciones derivadas de esta nueva forma de transmisión. En cuanto a las leyes dictadas en los últimos años, ellas se refieren a otros aspectos de los derechos de Propiedad Intelectual, pero en ningún caso regulan la temática de la transmisión y reproducción de la obra digital o por Internet.

La normativa argentina tipifica como delito la reproducción ilícita de las obras, quedando así configurado este delito no sólo por la reproducción ilícita de la obra escrita, musical o audiovisual en formatos analógicos o digitales, sino también por la reproducción ilícita de la obra divulgada a través de Internet.

Recuerdo que para la ley argentina la reproducción de una obra para fines privados y aun sin fines comerciales, no está incluida en las excepciones a los derechos de su titular, por lo que tal accionar es ilícito.

3. La incorporación de la obra intelectual a un sitio de Internet. El *upload* y el *download* de la obra

El proceso de incorporación y posterior visualización de una obra en Internet consta de dos pasos:

- El *upload* de la obra.
- El *download* de la obra.

La obra se introduce en la memoria del *hosting,* donde está alojado el sitio (*upload* de la obra), a fin de que el usuario que ingrese luego en ese sitio pueda descargar la obra a su computadora (*download* de la obra), y obtener así la visualización en la pantalla de la computadora.

El proceso de introducción de una obra a un sitio de Internet, que como dije denominamos el *upload* de la obra, constituye un acto de reproducción que consecuentemente requiere la expresa autorización de su autor.

Pero debemos tener en cuenta que, además de ser un acto de reproducción, la doctrina que actualmente prevalece considera que cuando existe una explotación *on line* por Internet de la obra, tal acto es además un acto de comunicación pública, que como tal genera el consecuente derecho de retribución.

De allí entonces que debemos partir de una premisa: Toda obra intelectual sobre la cual su autor o editor posee derechos requiere la autorización previa y expresa de éstos para ser incorporada a un sitio de Internet.

De no ser así, tal incorporación es un acto ilícito generador de responsabilidad tanto para el titular del sitio que incorpora la obra sin esa autorización, como incluso en algunos casos para los Proveedores de Servicios de Internet (Proveedor de Acceso y Proveedor de Hosting - ISPS), que posibilitan tal incorporación.

Todos los convenios internacionales y las legislaciones de los diferentes Estados otorgan el derecho exclusivo al autor sobre sus obras intelectuales y establecen, ya sea en forma expresa o implícitamente por aplicación de los principios generales de protección contra la reproducción no autorizada, la ilicitud de la conducta de quienes reproducen obras intelectuales en Internet sin la debida autorización de sus autores.

Con relación a la responsabilidad de los ISPS que facilitan tal incorporación ilícita, debo destacar que tanto en la doctrina como en la normativa internacional, existen dos posiciones netamente diferenciadas.

Algunos, adoptando un criterio de responsabilidad subjetiva, opinan que la responsabilidad de los ISPS sólo se da en la medida en que hayan advertido o hayan sido advertidos de la infracción al derecho de propiedad intelectual, y pese a ello, no hayan impedido la introducción de la obra al sitio o no hayan de inmediato impedido su trasmisión. Esta posición es la que han adoptado los EE.UU. en la Digital Millenium Copyright Act (DMCA), la Unión Europea en la Directiva 2000/31/CE, y España en la Ley de Servicios de la Sociedad de la Información y de Comercio Electrónico.

Otros en cambio, con fundamento en criterios objetivos de la responsabilidad, consideran que los ISPS son siempre responsables frente a la infracción cometida.

Personalmente estimo que la solución correcta es la primera, ya que es la que responde al real y efectivo funcionamiento de Internet y de sus sitios Web.

Entiendo que el ISP sólo debe ser responsabilizado cuando se trate de contenidos propios o se demuestre una actitud culpable o negligente de su parte, cuando se trate de contenidos de terceros.

4. El *download* de la obra

Pero una vez que la obra ha sido incorporada al sitio con la autorización del titular de los derechos, se produce un segundo proceso, que es la descarga de la obra desde el servidor en donde está alojada la Web al ordenador del usuario para que éste pueda visualizarla.

Este segundo proceso de presentación en pantalla, al que se lo llama *download* de la obra, es evidentemente un acto de reproducción, ya que implica la transferencia de la obra desde el servidor de *hosting* donde está alojada, a la memoria RAM del ordenador del usuario, para que éste pueda visualizarla.

Vemos entonces que en ese concepto amplio de reproducción, que han adoptado la mayoría de las normativas y la ley argentina en particular, se encuadra esta transferencia a la memoria RAM de la obra accedida por Internet, que posibilita al usuario su visualización.

Pero sentada esta premisa en cuanto al carácter de reproducción que tiene el *download* de una obra, debemos distinguir dos tipos de *download* de la obra que se pueden producir:

A. El download *condicionado*

El *download* que podriamos llamar condicionado es aquel en donde para que el proceso de bajada se produzca, se debe cumplir por parte del usuario con alguna condición, impuesta por el titular del sitio, a diferencia del *download* que llamamos libre en donde la visualización se produce en forma directa y automática ante el pedido del usuario.

Variadas son las condiciones que pueden requerirse para acceder a una obra intelectual contenida en un sitio Web.

Existen sitios en los cuales para acceder a sus contenidos (texto, música, películas) se requiere un pago a realizar por el usuario, ya sea previamente o en el momento y *on line*.

Otros sitios están estructurados para que su ingreso o el ingreso en los contenidos sea solamente para usuarios suscriptos o registrados de alguna forma.

Algunas veces esa suscripción o registro está unida también al pago de una suma de dinero, y en otros casos al hecho de pertenecer a alguna organización.

Múltiples son las condiciones que a diario encontramos en Internet al acceder un sitio y que son previas a la visualización de la obra intelectual a la que queremos acceder.

Vemos así que la obra intelectual incorporada al sitio puede ser descargada por el usuario en la medida en que se dé el cumplimiento de alguna condición previa, fijada por el titular del sitio, y que muchas veces responde a un acuerdo con el autor o editor de la obra. De no ser así, si se desconoce esta condición previa y de alguna forma se accede a la obra, se estaría violando los derechos de propiedad intelectual de su titular de derechos por ser ésta una reproducción indebida.

B. El download *libre*

Pero dejando ya de lado los problemas relacionados con el *download* condicionado, volvamos a la descarga de la obra, en ese *download* libre que permite la visualización libre por parte del usuario.

En el *download* libre, a contrario de lo que ocurre en el *download* condicionado, la visualización de la obra se produce en forma automática y ante el solo pedido del usuario del contenido de Internet.

Técnicamente en este caso el contenido intelectual que se encuentra alojado en el *hosting* del sitio Web se transfiere automáticamente a la memoria RAM de la computadora del usuario, permitiendo así la visualización en pantalla.

Pero esta transferencia automática es evidentemente un acto de reproducción en el amplio concepto de reproducción de la obra intelectual y entonces nos surge la duda de qué carácter tiene ese acto de reproducción.

Entiendo que en este caso se trata de un accionar de reproducción tácitamente autorizado por el autor que permitió el *upload* de la obra, ya que si bien es un acto de reproducción, es la consecuencia lógica de ese *upload* de la obra.

Por otra parte, si el autor no autorizó el *upload* de la obra, el usuario podría no conocer tal circunstancia, aunque muchas veces por el tipo de obra o de sitio, lo debió presumir.

La fijación de la obra en la memoria RAM de una computadora, aún de carácter temporario y volátil, implica una reproducción de la obra, pero se trata de una reproducción necesaria para que el usuario la pueda visualizar en pantalla.

Evidentemente el autor titular del derecho de comunicación pública de la obra, que introdujo ésta a la red, autorizó expresamente o implícitamente que los que ingresen en ese sitio puedan acceder a esa obra.

Si el autor no quiere que tal descarga se realice en forma libre debe restringir el acceso mediante el pago de un canon, uso de claves o cumplimiento de alguna condición, como antes dijimos.

Qué sentido tendría que un autor introdujese su obra en un sitio sin restringir o condicionar su acceso, si el usuario que accede a ese sitio no pudiese visualizar esa obra, para lo cual necesariamente el ordenador, como parte del proceso técnico, debe transferir esa obra a su memoria RAM.

La transferencia de la obra a la memoria RAM del ordenador es parte del proceso técnico de Internet y es necesaria para que el usuario visualice aquella en su pantalla. De allí que, reitero, estimo que tal acto configura un supuesto de reproducción tácitamente autorizada por el titular del derecho sobre la obra.

Podemos afirmar entonces que como consecuencia de la incorporación lícita de obras a la red, es normal y libre el uso de éstas por el usuario que ingresa en esos sitios, quien consecuentemente puede leer dichas obras incorporadas a sitios Web mediante la visualización en pantalla.

Pero cabe preguntarse acá: ¿cuál es también la situación de la reproducción automática en la memoria caché del ordenador?

El usuario de Internet, ¿puede también reproducir en el disco de su ordenador, en un soporte digital externo o en un soporte papel, la obra para su exclusivo uso personal?

Con la visualización de la obra por parte del usuario, simultáneamente se produce su almacenamiento también en la memoria caché del disco del ordenador del usuario, a fin de que la repetida visualización de esa obra no provoque en cada oportunidad una transferencia desde el sitio de *hosting*, y así lograr una mayor velocidad en la visualización.

Recalco que éste almacenamiento (*caching*) al que me refiero se produce en la memoria del ordenador del usuario y es diferente del *proxi caching* o *system caching* que es el almacenamiento en la memoria del Proveedor de Servicio.

Este almacenamiento en la memoria caché del ordenador del usuario, que posibilita el acceso futuro a los contenidos alojados en la memoria caché del usuario, se produce en forma muy rápida y sin necesidad del enrutamiento de búsqueda.

Técnicamente este almacenamiento en la memoria caché es transitorio y su capacidad y volumen depende de la configuración previa establecida.

Pero este almacenamiento que también es un acto de reproducción, ¿puede considerarse una reproducción que requiere autorización del autor?

Estimo que atento a que el proceso de almacenamiento automático en la memoria caché del ordenador es ajeno a la voluntad del usuario y es parte también del proceso técnico del ordenador; tal almacenamiento, pese a ser un acto de reproducción, debe también considerarse autorizado por el autor de la obra, ya que repito es un proceso automático y ajeno a la voluntad del usuario y se produce como consecuencia del proceso técnico de visualización en Internet.

Luego de este primer análisis, y ya con la obra a la que se accedió a través de Internet desplegada en la pantalla del usuario, éste puede efectuar, para su posterior uso personal, una de las siguientes operaciones:

- Almacenarla en el disco duro de la computadora.
- Guardarla en un diskette, zip, CD o cualquier otro elemento de almacenamiento externo.
- Efectuar una copia de aquélla en una impresora.

Estamos acá también frente a actos de reproducción de la obra, pero que dependen exclusivamente de la voluntad del usuario luego de la visualización en pantalla.

En efecto, el proceso técnico de Internet finaliza con el *download* de la obra, y si el usuario que ha accedido a ella la guarda en su ordenador o en otro dispositivo externo en forma permanente, está tomando una decisión que evidentemente no integra el proceso técnico de Internet.

Algunos autores, si bien aceptan que el almacenamiento o reproducción de la obra para uso privado que el usuario efectúa en el disco duro de su ordenador o en un elemento de almacenamiento externo, es una actividad inherente a Internet, afirman que la calificación de la licitud o ilicitud de tal conducta resultará del régimen legal aplicable y de la consideración que sobre la copia privada establezca ese régimen legal.

Recordemos que muchas legislaciones, sin perjuicio de establecer el derecho exclusivo del titular de los derechos sobre una obra para autorizar su reproducción, establecen ciertas limitaciones o excepciones al ejercicio de tal derecho.

Estas limitaciones, muchas veces llamadas licencias, se dan condicionadas a determinados requisitos y circunstancias y pueden adoptar una de las siguientes formas:

- Limitaciones al derecho que autorizan la utilización y reproducción por terceros en forma libre y gratuita.
- Limitaciones sometidas a remuneración, a las que se suele denominar licencias obligatorias.

Dentro de estas limitaciones encontramos, entre otras, el derecho de cita, el uso para información, el uso con finalidad educativa y la copia privada para uso personal del copista. Este último supuesto lo hallamos en algunos regímenes legales adoptando la forma de uso libre y gratuito o sometido al pago de alguna remuneración, pero destaco que las diferentes legislaciones no son concordantes en la admisión de la copia privada como una excepción al derecho exclusivo de reproducción de los autores. Así por ejemplo, la legislación española admite la copia privada y por el contrario la legislación argentina no contempla a ésta.

Consecuentemente, si nos atuviéramos única y estrictamente a la normativa concreta de cada Estado, en los países en que se admite la copia privada como excepción al derecho de autorizar la reproducción que tiene sobre su obra el autor, tal almacenamiento sería lícito. Por el contrario, para las legislaciones en las que no existe la excepción de la copia privada, esta conducta sería ilícita.

Discrepo con esta última postura, resultante de atenerse estrictamente a los textos legales y que en consecuencia no tiene en cuenta la especial naturaleza de Internet y las particularidades de su uso.

Entiendo que cuando un usuario de Internet accede a una obra, y a los fines de su exclusivo uso privado posterior, la almacena en su ordenador o en otro elemento de almacenamiento externo, está efectuando una actividad normal e inherente a Internet y que como tal debe considerarse una reproducción autorizada por el autor desde el momento en que éste efectuó el *upload* de la obra sin condicionarlo al cumplimiento de requisito alguno. Esta autorización estimo debe presumirse con independencia del régimen legal sobre copia privada que pueda contener la normativa.

No olvidemos que la mayor parte de las legislaciones sobre propiedad intelectual fueron elaboradas teniendo en vista solamente la obra escrita, pero no tuvieron en cuenta el fenómeno de Internet, que posee características técnicas y modalidades de uso totalmente diferentes.

Muchos países, como el caso de España, incluyen dentro de las excepciones al derecho de reproducción del autor a la reproducción para fines personales.

Vemos así que en el texto refundido de la Ley de Propiedad Intelectual de España, si bien en su artículo 2° se otorga al autor el derecho exclusivo de explotación de la obra, y en su artículo 17 se incluye dentro de este derecho de explotación los derechos de reproducción, distribución, comunicación pública y transformación, que no podrán ser realizadas sin su autorización, en su artículo 31 se establece que las obras ya divulgadas podrán reproducirse sin autorización del autor, entre otros casos, para uso privado del copista, siempre que la copia no sea objeto de utilización colectiva ni lucrativa, y sin perjuicio del derecho de remuneración por copia privada que para ciertos supuestos se dispone.

Se estableció así en España la excepción al derecho del autor de autorizar la reproducción de la copia privada cuando “se trate de un usuario legítimo de la obra” y la copia “sea para uso personal del copista”.

En similar sentido, varias son las legislaciones latinoamericanas que aceptan la copia privada como supuestos de libre reproducción. Tal los casos del Brasil, Colombia, Costa Rica, Honduras, Panamá, Perú y México. Con relación a Venezuela y República Dominicana se ha establecido la posibilidad de establecer el derecho de remuneración por copia privada.

Vemos así entonces que si adoptásemos la postura de considerar a este tipo de reproducción o almacenamiento para uso privado en el disco duro del ordenador del usuario o en cualquier otro elemento de almacenamiento externo, como una reproducción que requiere la autorización del autor, esta conducta, ante tal falta de autorización, sería lícita o ilícita según el país del que se tratase.

Como antes dije, no comparto esta postura. Entiendo que el almacenamiento para uso privado en el disco duro del ordenador o en un elemento externo, es una actividad siempre lícita con independencia de si la normativa contempla la copia privada o no, ya que es una actividad normal e inherente a Internet y debe considerarse que el titular del derecho autorizó tácitamente este accionar en la medida en que al introducir o autorizar la introducción de la obra al sitio, no condicionó este accionar al cumplimiento de algún requisito.

La impresión en papel de una obra a la que se ha accedido a través de Internet plantea también un interesante tema de debate.

Una práctica común de muchos usuarios de Internet es la de imprimir en soporte papel el texto de la obra a la que se ha accedido en la red. Múltiples pueden ser los motivos que llevan al usuario a ello. Muchas veces disminuir el tiempo de conexión a la red, extensión de la obra, preferir la visualización en papel en lugar de la visualización en pantalla, etcétera.

Evidentemente esta impresión de la obra implica también un acto de reproducción por parte del usuario, pero creo que aquí la situación es diferente del caso anterior analizado.

Al imprimir la obra en un soporte papel, el usuario está saliendo de la actividad inherente a Internet y consecuentemente esta reproducción debe ser juzgada con mayor severidad, y dependiendo de diferentes circunstancias.

En efecto, podemos ver acá que en muchas páginas de Internet, al acceder a la obra, existe un botón a los fines de la impresión de ésta, que nos deriva a nuestra impresora. Otras obras en cambio, y yo diría que la mayoría, no proveen tal posibilidad pero no imposibilitan tampoco la impresión usando el sistema del ordenador. Por último, existen obras que se encuentran en formatos que no permiten su impresión.

Creo entonces que en el caso de las dos primeras, al haber el autor autorizado la inclusión de su obra en el sitio con tal característica que posibilita su impresión en papel, no sólo autorizó su visualización sino también autorizó la impresión de la obra en soporte papel a los fines del uso privado del usuario.

De no aceptar esta postura, y por aplicación directa del texto de muchas legislaciones, la impresión de la obra por parte del usuario implicaría un acto de reproducción no autorizado.

Distinta es la situación de la obra que se encuentra incorporada en un formato que impide su impresión. En este caso y si el usuario, violando esa imposibilidad, como es posible hoy en día, imprime la obra, está cometiendo un ilícito.

5. Los tratados internacionales. Convenio de Berna para la Protección de las Obras Literarias y Artísticas. Tratados Internet. La situación argentina

El tratamiento de la protección de la propiedad intelectual ha sido un tema de permanente preocupación por parte de los organismos internacionales, en particular de la Organización Mundial de la Propiedad Intelectual (OMPI).

El Convenio de Berna para la Protección de las Obras Literarias y Artísticas establece en su artículo 9:

> "1) Los autores de obras literarias y artísticas protegidas por el presente Convenio gozarán del derecho exclusivo de autorizar la reproducción de sus obras por cualquier procedimiento y bajo cualquier forma.
>
> 2) Se reserva a las legislaciones de los países de la Unión la facultad de permitir la reproducción de dichas obras en determinados casos especiales, con tal que esa reproducción no atente a la explotación normal de la obra ni cause un perjuicio injustificado a los intereses legítimos del autor.
>
> 3) Toda grabación sonora o visual será considerada como una reproducción en el sentido del presente Convenio".

Se estableció así a nivel internacional las bases de la protección de las obras intelectuales y el derecho exclusivo de sus autores para autorizar su reproducción por cualquier procedimiento y bajo cualquier forma.

Los términos "por cualquier procedimiento y bajo cualquier forma" empleados en el párrafo primero de este art. 9° de la Convención para determinar el alcance de la reproducción, vemos que son muy amplios e incluyen a la fijación permanente o transitoria de la obra en el ordenador, o en cualquier soporte digital, así como también la impresión de esa obra digitalizada y que al pasar al papel vuelve a materializarse.

Este concepto se encuentra reafirmado en el párrafo 3 de la normativa al establecer: "Toda grabación sonora o visual será considerada como una reproducción en el sentido del presente Convenio"

Asimismo, el art. 20 del Convenio de Berna establece:

> "Los Gobiernos de los países de la Unión se reservan el derecho de celebrar acuerdos especiales entre ellos, en tanto estos acuerdos confieran a los autores derechos más amplios que los otorgados por la Convención, o contengan otras cláusulas que no sean contrarias a esta Convención."

Tanto en la época en que fue firmado el Convenio de Berna, año 1971, como cuando fue enmendado, 1979, no se presentaba aún el problema de la reproducción en Internet a que nos estamos refiriendo. De allí que este convenio no contempla tales situaciones, estableciendo sólo el principio del derecho de los autores a autorizar la reproducción y disponiendo que los Estados podrían excepcionarse de este principio en casos especiales.

Pero sin perjuicio de lo establecido en Berna, la Organización Mundial de la Propiedad Intelectual (OMPI) participó luego activamente en los debates internacionales relacionados con el establecimiento de una nueva normativa que protegiese a los derechos de autor incluyéndose expresamente su divulgación por Internet, ya que la normativa del Convenio de Berna se hacía insuficiente y no adecuada frente a la irrupción de Internet.

Entre el 2 y el 20 de diciembre de 1996 se celebró en Ginebra la Conferencia Diplomática de la Organización Mundial de la Propiedad Intelectual (OMPI) sobre Ciertas Cuestiones Relativas a los Derechos de Autor y Derechos Vinculados, adoptándose allí dos tratados de singular importancia: el Tratado de la OMPI sobre Derecho de Autor (conocido como TODA o WTC) y el Tratado de la OMPI sobre Interpretación o Ejecución y Fonogramas (conocido como TOIEF o WPPT).

A estos tratados se ha dado en llamar "Tratados de Internet", ya que contienen una serie de cláusulas que ofrecen ciertas respuestas, creo insuficientes, a los desafíos impuestos por la tecnología digital y al entorno de Internet.

Este nuevo tratado de la OMPI en su art.1.1 establece que

> "El presente Tratado es un arreglo particular en el sentido del Artículo 20 del Convenio de Berna para la Protección de las Obras Literarias y Artísticas, en lo que respecta a las Partes Contratantes que son países de la Unión, establecida por dicho Convenio. El presente Tratado no tendrá conexión con tratados distintos del Convenio de Berna ni perjudicará ningún derecho u obligación en virtud de cualquier otro tratado".

Vemos así que conforme esta norma no puede aceptarse ninguna interpretación del WTC que pueda ocasionar una reducción de la protección otorgado a por la Convención de Berna.

Es de destacar también que el art. 1.4 reafirma la obligación de cumplimiento del Convenio de Berna, al establecer: "Las Partes Contratantes darán cumplimiento a lo dispuesto en los Artículos 1 a 21 y en el Anexo del Convenio de Berna".

En la declaración concertada respecto del artículo 1.4 se establece:

> "El derecho de reproducción, tal como se establece en el Artículo 9 del Convenio de Berna, y las excepciones permitidas en virtud del mismo, son totalmente aplicables en el entorno digital, en particular a la utilización de obras en forma digital. Queda entendido que el almacenamiento en forma digital en un soporte electrónico de una obra protegida, constituye una reproducción en el sentido del Artículo 9 del Convenio de Berna".

Destaco que esta declaración concertada respecto del artículo 1.4 del WTC, introduce el entorno digital en la protección de los derechos de autor, y entiende comprendido dentro del concepto de reproducción, "el almacenamiento de una obra en formato digital en un soporte electrónico", por lo que incluiría dentro del concepto de reproducción protegida a todo tipo de reproducción de una obra, ya sea esta temporal o definitiva. Ésta es mi interpretación, ya que el tratado no contiene ninguna referencia expresa, como se preveía en la Propuesta básica de dicho tratado, que contemplaba el caso de la reproducción directa o indirecta de las obras, tanto permanente como provisional, por cualquier procedimiento y bajo cualquier forma.

Pero justamente aceptando el problema que plantea la reproducción temporal o la reproducción permanente en el disco del usuario, entiendo que el convenio en su artículo 10 posibilita una apertura del sistema al admitir que los Estados podrán prever en sus legislaciones limitaciones al derecho de reproducción del autor, en circunstancias como las que hemos analizado de reproducción temporal o permanente en el disco del usuario de Internet.

Es así como este art.10 establece:

> "1) Las Partes Contratantes podrán prever, en sus legislaciones nacionales, limitaciones o excepciones impuestas a los derechos concedidos a los autores de obras literarias y artísticas en virtud del presente Tratado en ciertos casos especiales que no atenten a la explotación normal de la obra ni causen un perjuicio injustificado a los intereses legítimos del autor. 2) Al aplicar el Convenio de Berna, las Partes Contratantes restringirán cualquier limitación o excepción impuesta a los derechos previstos en dicho Convenio a ciertos casos especiales que no atenten a la explotación normal de la obra ni causen un perjuicio injustificado a los intereses legítimos del autor".

La declaración concertada respecto del artículo 10 establece:

> "Queda entendido que las disposiciones del Artículo 10 permiten a las Partes Contratantes aplicar y ampliar debidamente las limitaciones y excepciones al entorno digital, en sus legislaciones nacionales, tal como las que hayan considerado aceptables en virtud del Convenio de Berna. Igualmente, deberá entenderse que estas disposiciones permiten a las Partes Contratantes establecer nuevas excepciones y limitaciones que resulten adecuadas al entorno de red digital. También queda entendido que el Artículo 10.2) no reduce ni amplía el ámbito de aplicabilidad de las limitaciones y excepciones permitidas por el Convenio de Berna".

Pese a que el tratado ha sido ratificado por la República Argentina, las normas referidas no han pasado a integrar el marco normativo argentino, atento a que por su redacción, son normas meramente programáticas que requieren el dictado de una normativa expresa.

Es de esperar que la normativa argentina, que no contempla a la copia privada dentro de las excepciones al derecho de reproducción en Internet, introduzca futuras y urgentes modificaciones estableciendo las excepciones al derecho de reproducción que resultan de algunas situaciones referidas a la incorporación de la obra intelectual al entorno digital.

Mientras que ello no ocurra, nos guste o no nos guste, nos encontramos en una situación en la que, conforme al marco legal actual argentino, todos los días al navegar y/o trabajar en Internet cometemos actos violatorios de nuestro sistema legal.

6. La obra musical y audiovisual

Hasta hace no mucho tiempo los autores de obras musicales, artistas intérpretes, ejecutantes y productores de fonogramas, así como los titulares de derechos sobre obras audiovisuales y respecto de éstos fundamentalmente los productores de videogramas, se debieron enfrentar al fenómeno de la reproducción de la música y de la obra audiovisual mediante la copia de discos, casetes, CD y películas, efectuadas tanto en el ámbito doméstico como también a nivel comercial por sistemas tradicionales y analógicos de copia.

Hoy en día se enfrentan a un nuevo y posiblemente mucho más serio problema como es el copiado de música y audio en formato digital y a través de Internet.

Son dos problemas distintos, y diferente es la complejidad de cada uno de ellos.

Cuando hablamos del copiado de la obra musical o audiovisual mediante la digitalización de la obra, y sin autorización de su autor, editor o titular de derecho, estamos simplemente frente a un caso claro de reproducción ilícita de la obra generadora de responsabilidad civil para su autor y también generadora en algunos casos de responsabilidad penal.

Con relación a la obra musical, cuando en la reproducción se tipifica el acto con ánimo lucrativo, se encuentra entonces esa conducta en la figura penal del art. 72 bis de la ley 11.723, que penaliza la figura básica de reproducción de un fonograma sin autorización por escrito de su productor o licenciado y con fin de lucro, o las figuras complementarias de la norma referidas al alquiler, almacenamiento, importación etc., todas estas figuras que habitualmente se las conoce encuadran dentro de lo que se denomina piratería fonográfica.

Con relación a la obra audiovisual, el videograma no se encuentra incluido en el art. 72, por lo que su reproducción sin autorización encuadraría penalmente en figura de la reproducción del art. 72 aplicable a las restantes obras intelectuales, figuras que no requieren el ánimo de lucro para su configuración, pero que como ya vimos en el capítulo anterior, requieren el accionar doloso.

Con relación al copiado de temas musicales y audiovisuales a través de la red Internet, éste se efectúa hoy en día fácilmente mediante la utilización del sistema de compresión de archivos musicales y audiovisuales.

El formato tradicional de almacenamiento de sonido o audio ocupaba un gran espacio en el disco de las computadoras y su proceso de copiado era muy lento, pero a partir de fines de la década del 80 el Moving Picture Experts Group logró un sistema de compresión de datos para los archivos de sonido que antes utilizaban el formato WAV, al que se lo denominó MPEG-Audio Layer o formato MP3.

Este formato con sucesivas transformaciones permite hoy el copiado de obras musicales o audiovisuales en archivos comprimidos de similar fidelidad a la obra copiada, pero de mucho menor tamaño de ocupación en el soporte físico en que se almacene, apareciendo así este nuevo fenómeno como es el de la transmisión de esos archivos musicales o audiovisuales comprimidos a través de la Red Internet.

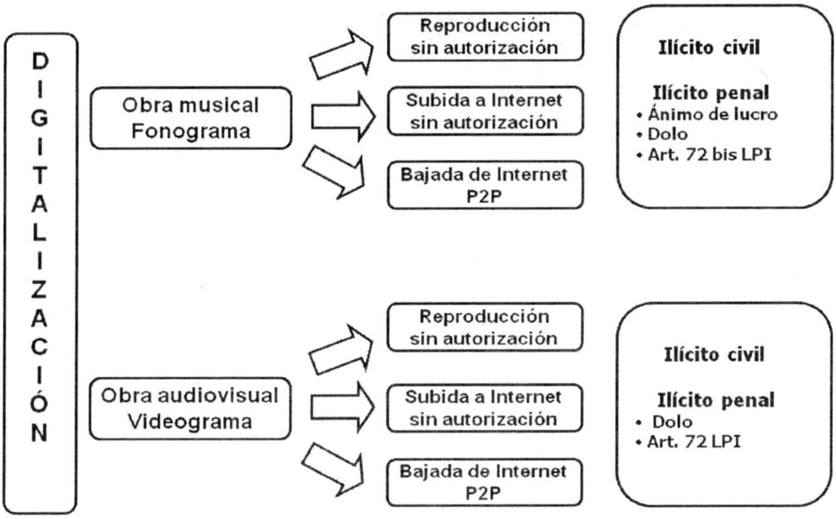

Esta transmisión se produjo primero a un nivel, diría yo que doméstico, ya que se efectuaba directamente entre usuarios que compartían su música.

Pero el crecimiento geométrico de la Red Internet en los últimos años y la popularización de estos nuevos sistemas de reproducción y transmisión en la red produjo que ya hoy en día el fenómeno se efectúe a gran escala, ayudado también por la existencia de ciertos sitios que facilitan el acercamiento de los usuarios que poseen música y desean compartirla.

Aparecen así en la Red Internet sitios con programas que poseen motores de búsqueda, y que simultáneamente conectan a usuarios que están conectados a Internet que deseen compartir sus archivos musicales.

Estos sistemas a los que se denomina P2P (Peer-to-peer, o entre pares) se basan en una arquitectura monolítica donde todas las transacciones se hacen a través de un único servidor que sirve de punto de enlace entre dos nodos, y que a la vez almacena y distribuye el contenido desde sus servidores, o sin almacenar conecta a los usuarios a fin de que se intercambien archivos.

El caso del sitio Napster fue uno de los primeros y más significativo, pero desde entonces han ido apareciendo otros con diferentes técnicas, pero con el sistema P2P.

Mediante este sistema los usuarios que ingresan en los referidos sitios consultan un catálogo con una enorme cantidad de canciones en formato MP3 y películas en archivos comprimidos. Los archivos de este catálogo no se encuentran en el servidor del sitio sino en las PC de otros usuarios, a los que luego, quien busca la música o película, se conecta y baja a su propia PC la canción o película seleccionada. De esta forma los usuarios de Internet pueden obtener, a través de estos sitios, la música o película archivada en los servidores de otros usuarios, en forma rápida y totalmente gratuita.

Pero a esta situación que evidentemente afecta el derecho a la propiedad intelectual sobre las obras musicales, se agrega ahora un nuevo elemento de atracción para esta práctica, como es la existencia de aparatos reproductores de MP3, muchas veces portátiles, que almacenan esos archivos musicales y permiten su reproducción, que hace que la práctica del copiado de música comprimida cada vez sea más popular.

Capítulo XIV

LAS ACCIONES CIVILES EN DEFENSA DE LOS DERECHOS DE AUTOR

La ley 11.723 en los arts. 79 a 82, establece algunas particularidades de la acción civil en defensa de los derechos de propiedad intelectual, particularidades éstas que son complementarias y deben integrarse con la normas procesales civiles y comerciales de carácter general.

1. Las medidas preventivas

En materia de propiedad intelectual adquieren singular importancia las medidas preventivas que los jueces pueden ordenar en determinados casos, en que por la forma o la oportunidad en que se realiza la violación de los derechos, es importante la inmediatez de una medida a fin de impedir la comisión de la violación o para preservar las pruebas de la infracción realizada.

Carlos J. Colombo, en su Código Procesal comentado, nos dice: "Medida cautelar es pues el medio mediante el cual la jurisdicción asegura el cumplimiento de sus resoluciones cuando, antes de incoarse el proceso o durante el curso de éste, una de las partes demuestra que su derecho es verosímil y que la demora que demanda la sustanciación del proceso configura el peligro de que la decisión jurisdiccional sea incumplida como consecuencia de actos de disposición física o jurídica realizables por la otra parte".

Algunos de los acuerdos internacionales suscriptos por la Argentina se ocupan del tema. Tal el caso del Acuerdo ADPIC, que en su art 50 establece que las autoridades judiciales estarán facultadas para ordenar la adopción de medidas provisionales rápidas y eficaces destinadas a: a) evitar que se produzca la infracción de cualquier derecho de propiedad intelectual y, en particular, evitar que las mercancías ingresen en los circuitos comerciales de la jurisdicción de aquéllas, inclusive las mercancías importadas, inmediatamente después del despacho de aduana; b) preservar las pruebas pertinentes relacionadas con la presunta infracción. El referido art. 50 de ADPIC detalla luego particularidades que conciernen al mejor cumplimiento de tales medidas.

Estas disposiciones del ADPIC tienen fuerza normativa en la Argentina, a partir del año 1995 cuando el acuerdo fue aprobado por ley 24.425.

La ley 11.723, ya en su texto originario de 1934, contempla el tema en el art.. 79, que dispone:

> "Los jueces podrán, previa fianza de los interesados, decretar preventivamente la suspensión de un espectáculo teatral, cinematográfico, filarmónico u otro análogo; el embargo de las obras denunciadas, así como el embargo del producto que se haya percibido por todo lo anteriormente indicado y toda medida que sirva para proteger eficazmente los derechos que ampare esta Ley.
>
> Ninguna formalidad se ordena para aclarar los derechos del autor o de sus causahabientes. En caso de contestación, los derechos estarán sujetos a los medios de prueba establecidos por las Leyes vigentes".

Como podemos observar de la lectura de la norma, ésta contempla la posibilidad de que los jueces, a pedido de los interesados y bajo fianza, decreten preventivamente:

- la suspensión de un espectáculo teatral, cinematográfico, filarmónico u otro análogo;
- el embargo de las obras denunciadas, así como el embargo del producto que se haya percibido por todo lo anteriormente indicado;
- toda medida que sirva para proteger eficazmente los derechos que ampare esta ley.

Estas situaciones descriptas en el art. 79 de la ley 11.723, y que se refieren sólo a la suspensión de espectáculos realizados en violación de la ley, tienen plena justificación en la medida en que, de realizarse el espectáculo, el daño causado al titular del derecho ya no es reparable en forma directa quedando sólo el recurso del reclamo indemnizatorio.

Destaco que como un complemento de lo dispuesto por el art. 79, el decreto 8478/65 establece fundamentalmente que toda ejecución pública de música nacional o extranjera no podrá realizarse sin la exhibición escrita de la autorización de los autores o de los representantes o sociedades autorales que correspondan a dichas obras por la fecha o período de que se trate. La misma exigencia regirá para cualquier otra utilización de las obras científicas, literarias o artísticas, de conformidad con los artículos 2º y 56 de la ley 11.723.

Pero más allá de estas situaciones descritas en el art. 79, existen otras múltiples situaciones en que las medidas precautorias pueden ser útiles y que entran dentro de la referencia del art. 79: "... y toda medida que sirva para proteger eficazmente los derechos que ampare esta ley", de lo que debemos concluir que los actos referidos, suspensión o embargo, son sólo dos ejemplos de los actos que el juez puede decretar preventivamente.

Creo, además, que las medidas preventivas contempladas por la ley 11.729 no impiden en forma alguna la aplicación de medidas similares establecidas en los diferentes Códigos Procesales Civiles y Comerciales, en particular las medidas precautorias o de prueba anticipada, que contempla el Código Procesal Civil y

Comercial de la Nación en sus arts. 195 a 233 y 326, y deben además integrarse con éstas.

La jurisprudencia ha establecido que estas medidas precautorias de la Ley de Propiedad Intelectual deben cumplir todos los requisitos que la Ley Procesal General establezca.

La Cámara Civil ha dicho:

> "Quien ha invocado y *prima facie* probado con la documentación pertinente, ser titular de los derechos de edición de una obra, puede solicitar medidas cautelares. Las medidas cautelares enunciadas en el art. 79 de la ley 11.723 no excluyen las medidas precautorias previstas en el Código de rito y en las cuales se ha fundado la medida de no innovar y secuestro de ejemplares en favor del peticionante que acreditó *prima facie* tener derechos de edición sobre la obra de autos"[1].

Es interesante también el fallo dictado por la Cámara Civil en el caso Pérez Taboada c. Kolankowski, en donde el autor de dos obras audiovisuales solicitó al Tribunal el secuestro de un programa de televisión emitido por cable y la intimación para que cese la reproducción de la obra, fundándose en el referido art. 79 de la ley.

En Primera Instancia fue rechazada la medida, pero apelado el rechazo, la Cámara revocó la decisión y ordenó la medida como prueba anticipada, expresando:

> "Si con el secuestro del programa de televisión por el cual se transmitieron documentales cuya autoría se atribuye el peticionario, que se solicitó como medida fundada en el artículo 79 de la Ley de Propiedad Intelectual, se pretende cubrir el temor de la eventual destrucción y/o pérdida de los medios probatorios en apoyo de su derecho, corresponde *iura curia novit*, aplicar la figura prevista por el artículo 326, inciso 4, del Código Procesal Civil y Comercial de la Nación y ordenar la medida en carácter de prueba anticipada"[2].

De allí entonces que debamos integrar la normativa del Acuerdo ADPIC, con el art. 79 de la ley 11.729 y las normas procesales del derecho común, para poder tener un panorama completo de las medidas precautorias posibles.

Trataré de sistematizar a continuación los requisitos que creo necesarios se deben dar para que un juez otorgue la medida precautoria, requisitos que surgen tanto de la ley como de la jurisprudencia de los tribunales.

Creo que es necesario para la adopción de una medida preventiva el cumplimiento de los siguientes requisitos básicos:

- Deben ser decretadas por un juez.

[1] CNCiv. Sala M, 11/4/94, Editorial Losada c. Espasa Calpe, *ED* 159-356.

[2] CNCiv., Sala G, 05/11/2008, Pérez Taboada, Claudio Ángel c. Kolankowski, Diego y otros, Publicado en *La Ley Online*.

Este requisito está contenido en la norma de la ley 11.723, en la normativa de los Códigos Procesales y en las disposiciones de los Acuerdos ADPIC. La jurisprudencia ha ratificado que el decretar medidas cautelares es una función jurisdiccional.

- Se debe acreditar *prima facie* la verosimilitud del derecho invocado (*fumus boni iuris*).

Las medidas precautorias o cautelares importan un gravamen a la contraparte, que no debe ser impuesto si no existe una justificación suficientemente seria que acredite que el derecho invocado es en principio totalmente versímil.

Muchas veces se exige que para poder decretar la medida se debe haber iniciado el juicio y/o que se debe haber dado intervención a la contraparte, pero creo que ello no es necesario y que, aun antes de la iniciación del juicio, los jueces tienen facultades para decretar estas medidas. Incluso por aplicación del apartado 2 del art. 50 del ADPIC las medidas pueden ser decretadas, cuando ello sea conveniente, inaudita parte, cuando como dice el ADPIC: "Haya probabilidad de que cualquier retraso cause daño irreparable al titular de los derechos, o cuando haya un riesgo demostrable de destrucción de pruebas".

- Debe demostrarse el peligro de demora y la irreparabilidad del perjuicio (*periculum in mora*).

Debe existir la convicción de que si la medida no se concreta se corre serio riesgo de que la decisión definitiva que se dicte en la cuestión no se pueda cumplir o haya pasado la oportunidad que la medida busca. De allí que quien pide la medida debe demostrar estas circunstancias que atañen a la convicción que el daño temido se convierta en efectivo e irremediable, y es facultad del juez solicitar también esas pruebas. El Acuerdo ADPIC en el art. 50 apartado 3 establece: "Las autoridades judiciales estarán facultadas para exigir al demandante que presente las pruebas de que razonablemente disponga, con el fin de establecer a su satisfacción con un grado suficiente de certidumbre que el demandante es el titular del derecho y que su derecho es objeto o va a ser objeto inminentemente de infracción,...".

La Cámara Civil ha establecido:

> "En supuestos en lo que existe la probabilidad de que cualquier retraso seasusceptible de causar al titular de los derechos un daño irreparable, corresponde adoptar las medidas provisionales rápidas y eficaces destinadas a evitar que se produzca la infracción de cualquier derecho de la propiedad intelectual"[3].

- Se debe otorgar caución suficiente.

La ley 11.729 utiliza la expresión "previa fianza", mientras que el Acuerdo ADPIC menciona: "ordenar al demandante que aporte una fianza o garantía equivalente que sea suficiente para proteger al demandado y evitar abusos".

[3] CNFed.Civ.y Com., Sala II, 24/11/98, Lionelis S.R.L., *LL*, 1998-D-165.

El Código Procesal Civil y Comercial de la Nación establece en su art. 199 que la medida precautoria solo podrá decretarse bajo la responsabilidad de la parte que la solicitare, quien deberá dar caución por todas las costas y daños y perjuicios que pudiere coaccionar en caso de haberla pedido sin derecho.

Vemos que en todos los casos se trata entonces de una caución real, no pudiendo consecuentemente los jueces otorgar la medida bajo caución meramente juratoria.

La jurisprudencia ha dicho:

> "Frente a la evidente magnitud del temor fundado de los perjuicios que, de ser ciertos los derechos que se invocan, ha de irrogar la demora en efectivizar el secuestro de la edición, no corresponde extremar el análisis de la verosimilitud del derecho, pero tal benignidad debe ser compensada con una contracautela proporcionalmente mayor"[4].

- No debe exceder el derecho que se trata de proteger y responsabilizan a quien solicitó una medida indebida por los daños causados.

El Acuerdo ADPIC en el art. 50 inc. 7 *in fine* establece: "las autoridades judiciales estarán facultadas para ordenar al demandante, previa petición del demandado, que pague a éste una indemnización adecuada por cualquier daño causado por esas medidas".

- Provisionalidad de la medida.

Como no podía ser de otra forma por el carácter que invisten, las medidas precautorias son provisionales y caen ante una serie de circunstancias, fundamentalmente cuando la medida fue interpuesta como previa a la iniciación de un juicio y supeditada a esta iniciación. En tal situación, se produce la caducidad de la medida ordenada si no se interpone la demanda dentro de los diez días, conforme al art. 207 del Código Procesal de la Nación.

Concordantemente con ello también el Acuerdo ADPIC en el art. 50 sexto párrafo se establece que las medidas provisionales adoptadas se revocarán o quedarán de otro modo sin efecto, a petición del demandado, si el procedimiento conducente a una decisión sobre el fondo del asunto no se inicia en un plazo razonable que habrá de ser establecido, cuando la legislación de un miembro lo permita, por determinación de la autoridad judicial que haya ordenado las medidas, y que a falta de esa determinación no será superior a 20 días hábiles o 31 días naturales, si este plazo fuera mayor.

El Acuerdo ADPIC establece también que una vez puesta en conocimiento de la medida el demandado se procede a la revisión con objeto de decidir si deben modificarse, revocarse o confirmarse esas medidas.

[4] CNCiv. Sala B, 13/3/75. *ED,* 60-667.

2. El procedimiento civil

En los arts. 80, 81 y 82, y bajo el título "Procedimiento Civil", la ley establece:

"Art. 80. En todo juicio motivado por esta Ley, ya sea por aplicación de sus disposiciones, ya como consecuencia de los contratos y actos jurídicos que tengan relación con la propiedad intelectual, regirá el procedimiento que se determina en los artículos siguientes."

"Art. 81. El procedimiento y términos serán, fuera de las medidas preventivas, el que se establece para las excepciones dilatorias en los respectivos códigos de Procedimientos, en lo Civil y Comercial, con las siguientes modificaciones:

a) Siempre habrá lugar a prueba a pedido de las partes o de oficio pudiendo ampliarse su término a 30 días, si el juzgado lo creyere conveniente, quedando firme a esta resolución;

b) Durante la prueba y a pedido de los interesados se podrá decretar una audiencia pública, en la sala del tribunal donde las partes, sus letrados y peritos expondrán sus alegatos u opiniones.

Esta audiencia podrá continuar otros días si uno solo fuera insuficiente;

c) En las mismas condiciones del inciso anterior y cuando la importancia del asunto y la naturaleza técnica de las cuestiones lo requiera, se podrá designar un jurado de idóneos en la especialidad de que se tratare, debiendo estar presidido para las cuestiones científicas por el Decano de la Facultad de Ciencias Exactas o la persona que éste designare, bajo su responsabilidad, para reemplazarlo; para las cuestiones literarias, el Decano de la Facultad de Filosofía y Letras; para las artísticas, el Director del Museo Nacional de Bellas Artes y para las musicales, el Director del Conservatorio Nacional de Música.

Complementarán el jurado dos personas designadas de oficio.

El jurado se reunirá y deliberará en último término en la audiencia que establece el inciso anterior. Si no se hubiere ella designado, en una especial y pública en la forma establecida en dicho inciso.

Su resolución se limitará a declarar si existe o no la lesión a la propiedad intelectual, ya sea legal o convencional.

Esta resolución valdrá como los informes de los peritos nombrados por partes contrarias, cuando se expiden de común acuerdo."

"Art. 82. El cargo de jurado será gratuito y se le aplicarán las disposiciones procesales referentes a los testigos."

Estos tres artículos tratan de dotar al procedimiento en los juicios en que se discutan temas vinculados a la propiedad intelectual, de particularidades, fundamentalmente en cuanto a la celeridad del proceso.

Es así como se dispone que el procedimiento y términos serán los que se establecen para las excepciones dilatorias en los respectivos códigos de Procedimientos, en lo Civil y Comercial. En el orden nacional el actual Código Procesal de la Nación, aplicable en la Justicia nacional de la Capital Federal y adoptado también por muchas provincias, no contiene un procedimiento para este tipo de excepciones, por lo que el procedimiento será el establecido en el art. 350 y ss. referido al trámite procesal de las excepciones, con las demás particularidades que establece el art. 81 antes transcripto.

Todo este procedimiento ha demostrado en la práctica ser engorroso, complicado y ser contrario a la celeridad, por lo que se ha entendido que quien inicia el juicio podría renunciar a todo este procedimiento y optar por el procedimiento del juicio sumario del art. 320 del Código Procesal de la Nación.

En el inc. c) del art. 81 transcripto se establece que cuando la importancia del asunto y la naturaleza técnica de las cuestiones lo requieran, se podrá designar un jurado de idóneos en la especialidad de que se tratare.

En realidad lo que la ley regula no es la figura de un jurado, ya que éste no tiene el poder jurisdiccional de dictar sentencia, sino únicamente, y como el propio art. 81 lo menciona, dictará una resolución con valor similar al de un informe común de peritos de parte.

Tal lo que debe interpretarse y lo que ha sido utilizado en algunos litigios en que las partes de común acuerdo, o el propio juez, han designado este jurado de idóneos para que produzca un informe, no vinculante, que ayudará al sentenciante a dictar su fallo.

La jurisprudencia ha establecido:

> "El dictamen del jurado de idóneos, a que se refiere el art. 81 incs. b) y c) de la ley 11.723, no tiene fijadas las normas para estimar su valor. Queda librada, por lo tanto, la valoración de la fuerza probatoria a lo que disponga la ley procesal; no están en el lugar del juez, sino que deben instruir al juez con su consejo y razones"[5].

[5] CNCiv., Sala C, 19/9/78, Cresseri, Artidorio, suc. c. SADAIC. *ED* 81-169, *LL* 1979-B-108, 109.

Capítulo XV

LAS OBRAS EXTRANJERAS Y LA APLICACIÓN TERRITORIAL DE LOS DERECHOS DE AUTOR

Un tema de singular importancia es el relacionado con la vigencia de los derechos de autor más allá de la frontera del Estado del creador de la obra que se intenta proteger.

En sus comienzos la protección de los derechos de autor en el ámbito internacional se lograba a través de acuerdos bilaterales suscriptos entre Estados.

Pero de ese tipo de convenios individuales entre Estados se pasó, ya hace muchos años, a convenios no bilaterales sino multilaterales, algunos de ellos, como el Convenio de Berna, suscripto actualmente por más de 164 Estados.

De allí que la regulación de los derechos de autor en el ámbito internacional esté basada actualmente en algunos instrumentos internacionales que han sido suscriptos por gran parte de los países del mundo.

En materia de Derechos de Autor, tenemos cuatro acuerdos internacionales fundamentales:

- El Convenio de Berna para la Protección de las Obras Literarias y Artísticas, adoptado en el año 1886, y posteriormente revisado en Berlín, Roma, Bruselas, Estocolmo y finalmente en París en 1971, y enmendado en septiembre de 1979. El Convenio de Berna creó la Unión de Berna, organismo con sede en Suiza integrado por todos los paises adheridos al Convenio. La Unión de Berna cuenta con una Asamblea y un Comité Ejecutivo cuyos miembros son elegidos entre los miembros de la Unión, con excepción de Suiza que es miembro *ex officio*.
- La Convención Universal sobre Derechos de Autor, adoptada en Ginebra en 1952, y revisada en París en 1971, conocida como Convención de Ginebra.
- El Acuerdo sobre los Derechos de Propiedad Intelectual relativos al Comercio (ADPIC).
- El Tratado de la OMPI sobre Derechos de Autor de 1996 (WTC).

Con relación a los Derechos Conexos, son cuatro los instrumentos internacionales que debemos tener en cuenta:

- La Convención para la protección de los artistas intérpretes o ejecutantes, los productores de fonogramas y los organismos de radiodifusión, de 1961, y conocida como Convención de Roma.

- El Convenio para la protección de los productores de fonogramas contra la reproducción no autorizada de sus fonogramas de 1971.
- El Acuerdo sobre los Aspectos de los Derechos de Propiedad Intelectual relacionados con el Comercio (ADPIC).
- El Tratado de la OMPI sobre Interpretación o Ejecución y Fonogramas (WPPT).

Todos estos acuerdos internacionales han sido suscriptos por la Argentina y asimismo fueron ratificados por ley, por lo que conforme al art. 75 inc. 22 de la Constitución Nacional, tienen jerarquía superior a las leyes, e integran el sistema normativo argentino, en la medida en que tengan operatividad inmediata, que está dada cuando la norma del tratado está dirigida a una situación de la realidad en la que puede operar inmediatamente, sin necesidad de instituciones que deba establecer una nueva ley.

Recordemos acá que nuestra Constitución Nacional en el art. 75 inc. 22, en su texto reformado por la Convención Constituyente del año 1994, establece que corresponde al Congreso de la Nación:

> "Aprobar o desechar tratados concluidos con las demás naciones y con las organizaciones internacionales y los concordatos con la Santa Sede", agregando a continuación que "Los tratados y concordatos tienen jerarquía superior a las leyes".

Asimismo, la Corte Suprema ha sentado doctrina en el sentido de que

> "Cuando la Nación ratifica un tratado que firmó con otro Estado, se obliga internacionalmente a que sus órganos administrativos y jurisdiccionales lo apliquen a los supuestos que ese tratado contemple, siempre que contenga descripciones lo suficientemente concretas de tales supuestos de hecho que hagan posible su aplicación inmediata"[1].

La ley 25.140 aprobó el Convenio de Berna para la Protección de las Obras Literarias y Artísticas, el Tratado de la OMPI sobre Derechos de Autor de 1996 (WTC) y el Tratado de la OMPI sobre Interpretación o Ejecución y Fonogramas (WPPT).

El decreto ley 12.088/57 ratificó la Convención Universal sobre Derechos de Autor de Ginebra.

Por su parte la ley 24.425 aprobó el Acuerdo suscripto en Marrakech el 15 de abril de 1994 que contiene el Acuerdo sobre los Aspectos de los Derechos de Propiedad Intelectual relacionados con el Comercio (ADPIC), la ley 23.921 aprobó la Convención para la protección de los artistas intérpretes o ejecutantes, los productores de fonogramas y los organismos de radiodifusión, de 1961, y conocida como Convención de Roma; y la ley 19.963 aprobó el Convenio para la protec-

[1] Corte Sup., 07/07/1992 - Ekmekdjian, Miguel Ángel c. Sofovich, Gerardo y otros, *Fallos de la Corte Suprema,* Tomo 315-2, pág. 1495.

ción de los productores de fonogramas contra la reproducción no autorizada de sus fonogramas de 1971.

De allí entonces que, conforme al texto constitucional y a la doctrina de nuestra Corte Suprema, las cláusulas de todos estos instrumentos convencionales internacionales son ley para la Argentina en la medida en que tengan operatividad inmediata.

El sistema de protección internacional de estos convenios está basado en los siguientes principios:

- Trato Nacional
- Protección Automática
- Independencia de la Protección
- Protección Mínima
- Trato de la Nación más favorecida

1. Principio del Trato Nacional

Conforme a este principio cada Estado Miembro concede a los nacionales de los demás Estados miembros el mismo trato que otorga a sus nacionales.

De esta forma se asimila al extranjero al nacional, no estando sujeta esta asimilación a la condición de la reciprocidad, salvo algunos casos excepcionales marcados por la ley o por la normativa convencional.

El objetivo fundamental de este principio es garantizar a los autores la no discriminación por su condición de extranjeros.

El Convenio de Berna consagra este principio en el art. 5. 1, en donde establece:

> "Los autores gozarán, en lo que concierne a las obras protegidas en virtud del presente Convenio, en los países de la Unión que no sean el país de origen de la obra, de los derechos que las leyes respectivas conceden en la actualidad o concedan en lo sucesivo a los nacionales, así como de los derechos especialmente establecidos por el presente Convenio".

Los únicos supuestos en que el Convenio de Berna establece que la reciprocidad es condición del trato nacional:

- con relación a las obras de artes aplicadas cuando están protegidas como dibujos y modelos industriales y no gozan de protección del derecho de autor (art. 2.7),
- con relación a los plazos de protección, salvo que la legislación del país no disponga otra cosa, la duración no excederá del plazo fijado en el país de origen de la obra. (art. 7.8),
- con relación a la protección del derecho de participación, no será exigible en los países de la Unión mientras la legislación nacional del autor no admita esta protección y en la medida en que la permita la legislación del país en que esta protección sea reclamada (Art.14 ter.21).

El Acuerdo ADPIC reafirma el principio en su art. 3, al establecer:

> "Cada Miembro concederá a los nacionales de los demás Miembros un trato no menos favorable que el que otorgue a sus propios nacionales con respecto a la protección de la propiedad intelectual, a reserva de las excepciones ya previstas en, respectivamente, el Convenio de París (1967), el Convenio de Berna (1971), la Convención de Roma o el Tratado sobre la Propiedad Intelectual respecto de los Circuitos Integrados. En lo que concierne a los artistas intérpretes o ejecutantes, los productores de fonogramas y los organismos de radiodifusión, esta obligación sólo se aplica a los derechos previstos en el presente Acuerdo. Todo Miembro que se valga de las posibilidades estipuladas en el artículo 6 del Convenio de Berna (1971) o en el párrafo 1 b) del artículo 16 de la Convención de Roma lo notificará según lo previsto en esas disposiciones al Consejo de los ADPIC."

2. Principio de Protección Automática

Éste es también uno de los principios fundamentales en que se basa la protección internacional de los derechos de autor y se refiere a que la protección del derecho de autor no está sujeta al cumplimiento de formalidad alguna.

El derecho de autor nace con el acto creador de la obra y consecuentemente no puede subordinarse al cumplimiento de requisitos o formalidades. Éste es el fundamento de este principio que el Convenio de Berna establece también en el art. 5.2:

> "El goce y el ejercicio de estos derechos no estarán subordinados a ninguna formalidad y ambos son independientes de la existencia de protección en el país de origen de la obra. Por lo demás, sin perjuicio de las estipulaciones del presente Convenio, la extensión de la protección así como los medios procesales acordados al autor para la defensa de sus derechos se regirán exclusivamente por la legislación del país en que se reclama la protección".

Los acuerdos ADPIC consagran también este principio, y en el ámbito regional del Mercosur, el Acuerdo Preliminar para la Armonización de los Derechos de Autor en el Mercosur, concertado en la reunión de Asunción de noviembre y diciembre de 1994, establece también la exención de formalidades a los fines de la protección.

Pero este principio de la protección automática, establecido en los convenios internacionales, y conforme al cual la protección del derecho de autor no está sujeta al cumplimiento de formalidad alguna, tiene una importante limitación en nuestro régimen legal, ya que, como hemos visto, nuestra ley establece la obligación de depósito y registro de la obra nacional publicada en el Registro Nacional de la Propiedad Intelectual, disponiendo el art. 63 que la falta de inscripción trae como consecuencia la suspensión del derecho del autor sobre su obra hasta el momento en que se efectúe tal depósito e inscripción, recuperándose dichos derechos en el acto mismo de la inscripción, por el término y condiciones que corresponda, sin perjuicio de la validez de las reproducciones, ediciones, ejecuciones y toda otra publicación hechas durante el tiempo en que la obra no estuvo inscripta.

Como podemos observar, esta disposición del art. 63 crea una situación conflictiva, ya que contradice en parte lo que establecen los internacionales antes citados, creando además una injusta diferencia con la obra extranjera, lo que ha llevado a algunos autores a afirmar que el art. 63 ha perdido vigencia por anacrónico y contradictorio de principios internacionales vigentes.

Personalmente, como ya antes dije, las normas de Berna no pueden interpretarse tampoco como una derogación de las normas internas de los Estados que requieran alguna formalidad especial, ya que en Berna se establece también en el art. 5.3. que la protección del país de origen se regirá por la legislación nacional.

Consecuentemente, debemos considerar que el art. 63 se encuentra plenamente vigente para la obra nacional publicada y no ha perdido valor pese a la ratificación por parte de la Argentina de los convenios internacionales.

Distinta es la situación para las obras extranjeras, con relación a las cuales nuestra ley no establece la obligación de depósito y registro y que se encuentran protegidas por la norma de Berna, y no les es aplicable entonces, ante la falta de inscripción, la dura sanción de la suspensión de los derechos.

Podemos afirmar que las obras extranjeras están en la Argentina, en este aspecto, más protegidas que las obras nacionales.

Finalmente destaco que si un Estado prevé un plazo de protección más largo que el plazo mínimo establecido en el Convenio de Berna, y en el país de origen cesa la protección, tal protección podrá negarse en cuanto haya cesado ésta en el país de origen.

3. Principio de la Independencia de la Protección

La extensión y alcance de la protección de los derechos de autor es la que otorga el país en donde se reclama tal protección, independientemente de la amplitud que tenga en el país originario de la obra.

El Convenio de Berna en el art. 5.2. segunda parte establece: "... Por lo demás, sin perjuicio de las estipulaciones del presente Convenio, la extensión de la protección así como los medios procesales acordados al autor para la defensa de sus derechos se regirán exclusivamente por la legislación del país en que se reclama la protección".

4. Principio de Protección Mínima

Los niveles de protección establecidos en los tratados son mínimos, pudiendo los Estados miembros establecer en sus legislaciones nacionales una protección más amplia.

Es así como en cuanto al alcance, conforme al Convenio de Berna, la protección que se brinde debe extenderse a "todas las producciones en el campo literario, científico y artístico, cualquiera que sea el modo o forma de expresión" (artículo 2.1).

Los derechos mínimos que deben reconocerse a los autores, son los de autorizar

- el derecho de traducir,
- el derecho de realizar adaptaciones y arreglos de la obra,
- el derecho de representar y ejecutar en público las obras dramáticas, dramático-musicales y musicales,
- el derecho de recitar en público las obras literarias,
- el derecho de transmitir al público la recitación de dichas obras,
- el derecho de radiodifundir (los Estados contratantes cuentan con la posibilidad de prever un simple derecho a una remuneración equitativa, en lugar de un derecho de autorización),
- el derecho de realizar una reproducción por cualquier procedimiento y bajo cualquier forma (los Estados contratantes podrán permitir, en determinados casos especiales, la reproducción sin autorización, con tal de que esa reproducción no atente contra la explotación normal de la obra ni cause un perjuicio injustificado a los intereses legítimos del autor; y, en el caso de grabaciones sonoras de obras musicales, los Estados contratantes podrán prever el derecho a una remuneración equitativa),
- el derecho de utilizar la obra como base para una obra audiovisual, y el derecho de reproducir, distribuir, interpretar o ejecutar en público o comunicar al público esa obra audiovisual.

En lo que respecta a la duración de la protección, el principio general es que deberá concederse la protección hasta la expiración del 50° año después de la muerte del autor. Sin embargo, existen excepciones a este principio general. En el caso de obras anónimas o seudónimas, el plazo de protección expirará 50 años después de que la obra haya sido lícitamente hecha accesible al público, excepto cuando el seudónimo no deja dudas sobre la identidad del autor o si el autor revela su identidad durante ese período; en este último caso, se aplicará el principio general. En el caso de las obras audiovisuales (cinematográficas), el plazo mínimo de protección es de 50 años después de que la obra haya sido hecha accesible al público ("exhibida") o –si tal hecho no ocurre– desde la realización de la obra. En el caso de las obras de arte aplicada y las obras fotográficas, el plazo mínimo es de 25 años contados desde la realización de dicha obra.

5. Principio del Trato de la Nación más favorecida

Cualquier ventaja o privilegio que una nación miembro de la Organización Mundial de Comercio (OMC) conceda a los nacionales de otro país, debe inmediata e incondicionalmente ser otorgada a los nacionales de todos los Estados miembros de la OMC.

El Acuerdo ADPIC agrega este Principio del Trato de la Nación más favorecida en su art. 4°, establece:

"Con respecto a la protección de la propiedad intelectual, toda ventaja, favor, privilegio o inmunidad que conceda un Miembro a los nacionales de cualquier otro país se otorgará inmediatamente y sin condiciones a los nacionales de todos los demás Miembros. Quedan exentos de esta obligación toda ventaja, favor, privilegio o inmunidad concedidos por un Miembro que:

a) se deriven de acuerdos internacionales sobre asistencia judicial o sobre observancia de la ley de carácter general y no limitados específicamente a la protección de la propiedad intelectual;

b) se hayan otorgado de conformidad con las disposiciones del Convenio de Berna (1971) o de la Convención de Roma que autorizan que el trato concedido no esté en función del trato nacional sino del trato dado en otro país;

c) se refieran a los derechos de los artistas intérpretes o ejecutantes, los productores de fonogramas y los organismos de radiodifusión, que no estén previstos en el presente Acuerdo;

d) se deriven de acuerdos internacionales relativos a la protección de la propiedad intelectual que hayan entrado en vigor antes de la entrada en vigor del Acuerdo sobre la OMC, a condición de que esos acuerdos se notifiquen al Consejo de los ADPIC y no constituyan una discriminación arbitraria o injustificable contra los nacionales de otros Miembros".

6. La normativa argentina

La ley 11.723 en los arts. 13 a 15 se ocupa del régimen de las obras extranjeras, establece así:

"Art. 13.- Todas las disposiciones de esta Ley, salvo las del artículo 57, son igualmente aplicables a las obras científicas, artísticas y literarias, publicadas en países extranjeros, sea cual fuere la nacionalidad de sus autores, siempre que pertenezcan a naciones que reconozcan el derecho de propiedad intelectual".

"Art. 14.- Para asegurar la protección de la Ley argentina, el autor de una obra extranjera sólo necesita acreditar el cumplimiento de las formalidades establecidas para su protección por las Leyes del país en que se haya hecho la publicación, salvo lo dispuesto en el artículo 23, sobre contratos de traducción".

"Art. 15.- La protección que la Ley argentina acuerda a los autores extranjeros, no se extenderá a un período mayor que el reconocido por las leyes del país donde se hubiere publicado la obra. Si tales Leyes acuerdan una protección mayor, regirán los términos de la presente Ley".

Esta normativa de la ley argentina debemos integrarla con las normas de las Convenciones Internaciones suscriptas y aprobadas legislativamente por la Argentina que antes mencionamos, para tener así el panorama completo del régimen de la obra extranjera en la República Argentina.

Destaco que, como ya dije, el principio de la protección automática, establecido en los convenios internacionales, y conforme al cual la protección del derecho de autor no está sujeta al cumplimiento de formalidad alguna, tiene una importante limitación en nuestro régimen legal, ya que, como hemos visto, nuestra ley establece la obligación de depósito y registro de la obra nacional publicada en el Registro Nacional de la Propiedad Intelectual, disponiendo el art. 63 que la falta de inscripción trae como consecuencia la suspensión del derecho del autor sobre su obra hasta el momento en que se efectúe tal depósito e inscripción, recuperándose dichos derechos en el acto mismo de la inscripción, por el término y condiciones que corresponda, sin perjuicio de la validez de las reproducciones, ediciones, ejecuciones y toda otra publicación hechas durante el tiempo en que la obra no estuvo inscripta.

Esta disposición del art. 63 contradice lo que establecen los Convenios de Berna, los acuerdos ADPIC y el art. 14 de la ley, para la obra extranjera, en cuanto consagran el principio de la protección automática, principio de aplicación en la Argentina para la obra extranjera, pero no para la obra nacional publicada.

Las normas de los convenios internacionales, aun de aquellos firmados y aprobados por la Argentina, no pueden interpretarse como una derogación de las normas internas de los Estados que requieran alguna formalidad especial, ya que en Berna se establece también en el art. 5.3. que la protección del país de origen se regirá por la legislación nacional.

Consecuentemente debemos considerar que el art. 63 se encuentra plenamente vigente para la obra nacional y no ha perdido valor pese a la ratificación por parte de Argentina de los Convenios Internacionales, por lo que, como dije el principio de la protección automática no rige para la obra nacional, que requiere necesariamente para su protección del depósito y registro.

Distinta es la situación para las obras extranjeras que se encuentran protegidas por la norma de Berna y no les es aplicable entonces, ante la falta de inscripción, la dura sanción de la suspensión de los derechos. Como ya lo dijera en otra parte de este libro, las obras extranjeras están en la Argentina, en este aspecto, más protegidas que las obras nacionales.

Con relación al art. 15 de la ley que establece que la protección que la ley argentina acuerda a los autores extranjeros, no se extenderá a un período mayor que el reconocido por las leyes del país donde se hubiere publicado la obra, y que si tales leyes acuerdan una protección mayor, regirán los términos de la argentina; como ya lo anticipé creo que la redacción de esta norma no es precisa ni clara, por lo que muchas veces ha sido interpretada incorrectamente.

Entiendo que para la ley argentina la obra extranjera está protegida en principio en la Argentina por el término de protección otorgado para la obra nacional, aun en el caso en que en el país de origen el plazo de protección sea mayor.

Asimismo, si en el país de origen el plazo de protección fuera menor que el establecido por la ley argentina para la obra nacional, queda limitado el plazo de protección en la Argentina de esa obra extranjera al plazo menor que establezca el país de origen de ésta.

Destaco que, acorde con lo antes referido, el decreto 41.233/34, reglamentario de la ley 11.723, en su art. 8° establece que en el registro de obras extranjeras deberá anotarse el tiempo de protección en el país de origen, cuando aquél fuera menor que el acordado por la ley 11.723.

BIBLIOGRAFÍA

ALBANESE, Susana: *Aplicabilidad de los derechos derivados de la propiedad intelectual.* (Obras cinematográficas), LL 1989-B-467.

ALONSO PALMA, Luis: *Propiedad Intelectual y Derecho Audiovisual*, Madrid. CEF, 2006.

ÁLVAREZ DE BENITO, P.: *Las Obligaciones Del Autor En El Contrato De Edición.* Jmbosch, Barcelona, 1998.

ANTEQUERA PARILLI, Ricardo: *Estudios de Derecho de autor y derechos afines*, Editorial Reus, Madrid, 2006.

—— *Derecho de Autor Volumen 1*, Servicio Autónomo de la Propiedad Intelectual, Dirección Nacional del Derecho de Autor, 1998.

ANZORREGUY, Jorge E., da ROCHA, Joaquín P. y HERNÁNDEZ VIEYRA, Héctor H.: *Delitos contra los derechos intelectuales*, JA Doctrina 1973-543.

ARRABAL, Pablo: *Manual práctico de propiedad intelectual e industrial*, Ediciones Gestión, España, 1991.

BERCOVITZ, Alberto: *Propiedad intelectual en el GATT*, Colección: Temas de derecho industrial y de la competencia, Vol. 1, Editorial Ciudad Argentina, Buenos Aires, 2000.

BONDIA ROMÁN, Fernando: *El significado de la propiedad intelectual en la sociedad de la información*, Universidad de Salamanca, Ediciones de la Universidad, 1987.

—— *La ley como fuente de las obligaciones y el derecho de remuneración por copia privada reprográfica*, Estudios jurídicos en homenaje al profesor Luis Díez-Picazo, Editorial Civitas, España, 2002.

BORETTO, Mónica M.: E-Book. *Sistema de licencias en el entorno digital.* Sitio de Internet: www.creandopalabras.com.

BOTTARO, Raúl: *La piratería y la fotocopia de libros*, LL 1988-E-835.

—— "La Ley 11723 en los fallos de la Corte Suprema de Justicia", *Revista de Derecho Industrial*, 1984-457.

BLOJ, Sebastián: *Comentario a la Modificación de la Ley de Propiedad Intelectual de Argentina respecto de la Autoría* - Publicado en el sitio Web del Centro Colombiano del Derecho de Autor. http://www.cecolda.org.co/index.php?option=com_content &task=view&id=36&Itemid=40.

BUGALLO MONTAÑO, Beatriz: Curso de Postgrado en Derechos de Autor y Derechos Conexos, *Revista de Derecho*, Universidad de Montevideo, año 4, número 7, 2005, Uruguay.

BUTLOW, Daniel: BUSTOS, Plácido: "Derechos intelectuales en las obras de arquitectura", LL 1988-E-835.

CABALLERO LEAL, José Luis: *Derecho de autor para autores*, Ediciones CERLALC y Fondo de Cultura Económica, Mejico, 2004.

CABANELLAS, Guillermo: *Diccionario de Derecho*, Editorial Heliasta, Buenos Aires, 2007 (con M. Ossorio).

—— *Derecho de las patentes de invención*, Editorial Heliasta, Buenos Aires, 2ª edición, 2004.

—— *Contratos de Licencia y de Transferencia de Tecnología en el Derecho Privado*, Editorial Heliasta, Buenos Aires, 1980.

Buganza, Carmenchu y Gines Castellet, Nuria: *Novedades en la Ley de Propiedad Intelectual*, J. M. Bosch Editor, España 2007.

Carcavallo, Hugo R.: *El contrato artístico*, T y SS, 1983-229.

Carranza Torres, Martín y Brueba, Horacio: *Software propietario y software libre ¿opciones compatibles o posiciones irreductibles?*, Publicado en: Sup. Act. 14/10/2008, 1.

Carranza Torres, Martín: *Problemática Jurídica del Software Libre*, Editorial Lexis Nexis, Buenos Aires, 2004.

Casado, Laura: *Manual de derechos de autor*, Editorial Valletta, Florida, Pcia. de Buenos Aires, 2005.

Codino, José y Carbone, Rolando D.: *Delito de Exhibición Pública de Obras Cinematográficas sin Autorización. Interpretación de la Ley 11723*, LL, 2005-F-1367.

Colombet, Claude: *Grandes principios del derecho de autor y los derechos conexos en el mundo: estudio de derecho comparado*, Ediciones Unesco/Cindoc, Madrid, 1997.

Correa, Carlos M.: *Propiedad intelectual y políticas de desarrollo*, Editorial Ciudad Argentina, Buenos Aires, 2005.

—— *Derechos de propiedad intelectual, competencia y protección del interés público*, Editorial B de F, Buenos Aires, 2009.

Cinqualbre, Pedro N.: *Consideraciones sobre la autonomía del derecho intelectual*, ED 97-969.

Davara Rodriguez, Miguel: *Manual de Derecho Informático*, Aranzadi, Navarra, España, 2004.

Delupi, Javier: *Comunicación al público en materia de Propiedad Intelectual*, LL, 2006-B-653.

Della Costa, Héctor: *Derecho de Autor y su novedad*, Fundación Editorial de Belgrano, Buenos Aires, 2006.

Delgado Porras, Antonio: *Propiedad Intelectual*, Ediciones Thomson Civitas, España, Edición 15, 2007.

De Sanctis, Valerio: *Contratto di edizione. Contratto de rapresentazzione e di esecuzione*, Ed. Giuffré, Milán, 1965.

Elías, Stephen: *Patent, Copyright, and Trademark: A Desk Reference to Intellectual Property Law*, Berkeley, California, Nolo Press, 1997.

Emery, Miguel Ángel: *Propiedad Intelectual, Ley 11723 comentada, anotada y concordada con los tratados internacionales*, Editorial Astrea, Buenos Aires, 1999.

Emery, Miguel Ángel y Garcia Sellart, Marcelo: *El software ¿Obra protegida?*, ED 176-240.

—— *Reflexiones sobre piratería fonográfica*, ED 88-546.

—— *Aplicación de los Tratados y Convenios Internacionales a los derechos de propiedad intelectual*, ED 177-601.

—— *La protección de los modelos y obras de arte o ciencia aplicada al comercio o a la industria en la ley 11.723*, LL 1986-B-774.

—— *La interpretación restrictiva de derecho de autor*, LL 1991-C-401.

—— *El fonograma en la ley 11.723 y la ratificación del Convenio de Roma*, LL 1991-E-327.

—— *El fonograma. Obra protegida por la ley 11.723*, LL 1995-D-174.

—— |*El plagio: protección de los personajes y protección de la idea en el derecho de autor*, ED 4.9.2009.

—— *Aplicación de los tratados y convenios internacionales a los derechos de propiedad intelectual*, ED, 177-601.

—— *La interpretación restrictiva de la cesión de los derechos intelectuales*, LL, 1991-C-401.

EPSTEIN, Michael A.: *Modern Intellectual Property*, New York, Panel Publishers/Aspen Law & Business, 1995.

FERNÁNDEZ BALLESTEROS, Carlos A.: *Marco Jurídico Internacional del Derecho de Autor y de los Derechos Conexos*. De Berna (1886) a los Tratados de la OMPI (1996) , Documento Desarrollado en la II Jornada de Derecho de Autor en el Mundo Editorial, Buenos Aires, 28 y 29 de abril de 2004 (inédito).

FERNÁNDEZ DELPECH, Horacio: *Protección Jurídica del Software*, Editorial Abeledo-Perrot, Buenos Aires, 2000.

—— *Internet: Su Problemática Jurídica*, Editorial Lexis Nexis, Buenos Aires, 2004.

—— "Nueva Directiva de la Unión Europea sobre Conservación de Datos de Tráfico", *Revista de Contratación Electrónica*, Nº 68, Editora de Publicaciones Científicas y Profesionales, Madrid, febrero 2006.

—— *La reproducción de las obras intelectuales por los usuarios de Internet en la doctrina, en la legislación iberoamericana y a la luz de los últimos documentos internacionales*, Número Especial de Jurisprudencia Argentina, LexisNexis, Buenos Aires, 25 de febrero de 2004.

—— "Medidas Tecnológicas de protección de la Propiedad Intelectual, los actos elusivos, la protección jurídica contra la elusión", *Revista Electrónica del Centro Colombiano del Derecho de Autor*, http://www.cecolda.org.co/index.php?option=com_content&task=view&id=237&Itemid=40.

FERNÁNDEZ NÚÑEZ, Javier: *Derechos Intelectuales, Ley 11723 y su Reglamentación Comentada y Anotada*, Editorial Lexis Nexis, Buenos Aires, 2004.

FILIPELLI, Gerardo: *Derechos de autor, reproducción ilegal y protección de las obras en espacios virtuales*, III Encuentro de la Red de Bibliotecas de Derecho y Ciencias Jurídicas, Buenos Aires, septiembre de 2001, publicación electrónica: http://bibliotecajuridicaargentina.blogspot.com/2006/11/derechos-de-autor-reproduccin-ilegal.html.

FUENTES PINZÓN, Fernando: *Manual de los derechos intelectuales*, Vadell Hermanos Editores C.A., Valencia, 2006.

GARCÍA, Eduardo Augusto: *Derechos de autor: protección del autor extranjero*, Imp. Mercatali, 1933.

GARROTE FERNÁNDEZ, Ignacio: *El derecho de autor en Internet: la directiva sobre derechos de autor y derechos afines en la sociedad de la información*, Editorial Comares, Granada, 2001.

—— *El derecho de autor en Internet: los tratados de la OMPI de 1996 y la incorporación al derecho español de la directiva 2001/29/CE*, Editorial Comares, Granada, 2003.

—— *La reforma de la copia privada en la Ley de propiedad intelectual*, Editorial Comares, Granada, 2005.

GEUGUER HERNÁNDEZ, Luis: *Limitaciones al ejercicio de los derechos intelectuales en las obras didácticas, científicas, artísticas y literarias*, Editor Universidad Nacional Autónoma de México, 1963.

GOLDSTEIN, Guillermo: *Propiedad intelectual y nuevas tecnologías* (televisión por cable y por satélite), LL 1991-B-1009.

GREGORINI CLUSELLAS, Eduardo L.: *La violación del derecho a la propia imagen y su reparación*, LL 1996-D-136.

HARVEY, Edwin: *Derecho de Autor*, Abeledo Perrot, Buenos Aires, 1997.

HERRERA SIERPE, Dina: *Propiedad Intelectual. Derechos de Autor. Ley 17.336 y sus modificaciones*, Editorial Jurídica de Chile, 1999

IGLESIAS, Gonzalo: "Licencias de Uso No Propietarias: Software Libre y Software de Código Abierto", *Alfa Redi Revista de Derecho Informático*, No. 120 - Julio del 2008. Edición electronica http://www.alfa-redi.org/rdi-articulo.shtml?x=10651

IGLESIAS PRADA, José Luis: *Los derechos de propiedad intelectual en la Organización Mundial del Comercio (OMC): el acuerdo sobre los aspectos de los derechos de propiedad intelectual relacionados con el comercio*, Centro de Estudios para el Fomento de la Investigación, España, 1997.

ITHURRALDE, María Pía: *La expresión del autor como único objeto de protección*, LL 27.11.2009.

LAPA, Eduardo Lorenzo: *La obra inédita y el contrato de edición (necesidad de su legislación)*, LL 1996-A-1177.

LAU, Iván: *Propiedad Intelectual, Imprenta Universal Books*, Panamá, 2004.

Ledesma, Julio: *La Piratería en el Campo Informático*, ED 129-793.

LIPSZYC, Delia: *Derechos de autor y derechos conexos*, Ediciones Unesco-Cerlac-Zavalia, Buenos Aires, 2007.

LIPSZYC, Delia: *El derecho de autor y los derechos conexos en el acuerdo sobre los ADPIC* (o TRIPS), LL, 1996-E-1395.

—— *Nuevos temas de derecho de autor y derechos conexos*, Editorial Zavalía, Buenos Aires, 2004.

LIPSZYC, Delia y VILLALBA, Carlos Alberto: *El derecho de autor en la Argentina: Ley 11,723 y normas complementarias y reglamentarias, concordadas con los tratados internacionales, comentadas y anotadas con la jurisprudencia*, Editorial La Ley, Buenos Aires, 2001.

—— *Droit de suite: enfoque de Derecho comparado*, Editado por el Ministerio de Eduación y Cultura y el Instituto Interamericano de Derecho de Autor, España, 1997.

MARESCA, Fernando: "Aspectos Jurídicos del Software Libre", *Alfa Redi Revista de Derecho Informático*, N° 084, Julio del 2005, edición electrónica http://www.alfa-redi.org/rdi-articulo.shtml?x=917.

MEDINA, Graciela: *Derecho de autor y régimen patrimonial del matrimonio*, LL, 1998-E-1022.

MILLE, Antonio: "Impacto del Comercio electrónico sobre la propiedad intelectual", *Derecho de la Alta Tecnología*. Nº 117, mayo de 1998.

—— *Propiedad intelectual del software para computadoras y bases de datos*, ED, 157-681.

MOUCHET, Carlos: *Los Derechos de los Autores e Intérpretes de Obras Literarias y Artísticas, Monografías Jurídicas*, Abeledo Perrot, Buenos Aires, 1966.

NAVAS NAVARRA, Susana: *La obra audiovisual derivada, Anuario de propiedad intelectual*, Nº 2003, año 2004 , Editorial Reus, Madrid 2004.

NUÑEZ, Javier F.: *Derechos intelectuales. Ley 11.723 y Su Reglamentación*, Abeledo Perrot, Buenos Aires, 2004.

OMPI: ORGANIZACIÓN MUNDIAL DE LA PROPIEDAD INTELECTUAL, Glosario de derechos de autor y derechos conexos – Ginebra – 1978.

—— Taller sobre Cuestiones de Aplicación del Tratado de la OMPI sobre Derecho de Autor (WCT) y el Tratado de la OMPI sobre Interpretación o Ejecución y Fonogramas (WPPT), Ginebra, 6 y 7 de diciembre de 1999

—— Conclusiones de la Decimoctava sesión del comité permanente de derecho de autor y derechos conexos, Ginebra, 25 a 29 de mayo de 2009.

—— Study on Copyright Limitations and Exceptions for Libraries and Archives, prepared by Kenneth Crews, Director, Copyright Advisory Office, Columbia University, Ginebra, November 3 to 7 2008.

—— Estudio sobre las limitaciones y excepciones en materia de derecho de autor en favor de las personas con discapacidades visuales, preparado por Judith Sullivan, Consultora en derecho de autor y asuntos gubernamentales, Ginebra, 11 a 13 de septiembre 2006.

—— Exceptions et limites aux droit d'auteur et droits voisins, présenté par Pierre Sirinelli, professeur, Université Paris 1 (Panthéon-Sorbonne), Ginebra, 6 de diciembre 1999.

Ortega Domenech, Jorge: *El resurgimiento europeo del "droit de suite" o derecho de participación en la reventa de obra plástica*, Anuario de propiedad intelectual, Nº. 2001, 2002, págs. 253-334, Editorial Reus, Madrid 2002.

Ossa Rojas, Claudio Patricio: "Medidas técnicas de protección de los derechos de autor y los derechos conexos en el entorno digital", *Revista Electrónica de Derecho Informático*, Alfa Redi, número 121, año 2008.

—— "Derechos de autor y derechos conexos como herramientas estratégicas para avanzar hacia una Sociedad del Conocimiento. El Caso de Chile", *Revista Electrónica de Derecho Informático*, Alfa Redi, número 104, año 2007.

Palazzi, Pablo A.: *La exclusión del régimen de Derecho de Autor de las ideas, sistemas, métodos, aplicaciones prácticas y planes de comercialización*, Documento Nº 6, Centro de Tecnología y Sociedad, Universidad de San Andrés (inédito).

—— "El software en la ley 11.723". *Reseña jurisprudencial*, Jurisprudencia Argentina, Nº 5940 del 5/7/1995.

Pastrana, Juan David: *Derechos de Autor*, Ediciones Flores, 2008.

Peiretti, Graciela: "Función del Registro en el Derecho de Autor", Trabajo presentado en la III Jornada de Derecho de Autor en el Mundo Editorial organizada por CADRA en la Feria del Libro Buenos Aires, 21 y 22 de abril de 2005. http://www.cadra.org.ar/upload/Peiretti_Registro_Obras.pdf.

Piola Casselli, Eduardo: *Trattato del Diritto di Autore e del Contratto di Edizioni*, Unione Tipográfico Editrice Torinese, Torino, 1927.

Radaelli, Sigrido Augusto y Mouchet, Carlos: *Delitos contra los derechos intelectuales: la Ley argentina 11.723*, Editorial V. Abeledo, Buenos Aires, 1935.

Raffo, Julio: *La película cinematográfica y el video*, Buenos Aires, Abeledo-Perrot, 1998.

Ragel, Luis Felipe: *La duración de la propiedad intelectual y las obras en dominio público*, Editorial Reus, Madrid, 2003.

—— *El Contrato de Representación Teatral*, Editorial Reus, Madrid, 2005.

—— *Interpretación, Derechos de Autor y Derechos Conexos*, Editorial Reus, Madrid, 2004.

Rivero, Julio César: *Nuevamente sobre la tutela del seudónimo*, ED 64-111.

Rogel Vide, Carlos: *Estudios completos de propiedad intelectual*, Volumen 1 y 2, Editorial Reus, Madrid, 2003 y 2006.

—— *Autores, coautores y propiedad intelectual*, Tecnos, España, 1984.

—— *Internet y Derecho de Autor*, Anuario de propiedad intelectual, Nº 2001, 2002, Editorial Reus, Madrid 2002.

—— *Cinematographers copyright*, Editorial Reus, Madrid, 2009.

—— *Nuevas Tecnologías y Propiedad Intelectual*, Editorial Reus, Madrid, 1999.

Sanchís Martínez, María Trinidad: *Derechos de autor, digitalización e Internet*, Editorial Universitas, 2004, Córdoba.

Satanowsky, Isidro: *Derecho Intelectual*, Tomo I, Tipográfica Editora Argentina, Buenos Aires, 1954.

Sherwood, Robert M.: *Los sistemas de Propiedad Intelectual y el estímulo a la inversión*, Editorial Heliasta SRL, Buenos Aires.

Serrano Fernández, María: *Contratos en torno a la edición*, Editorial Reus, Madrid, 2001.

Serrano Gómez, Eduardo: *Administraciones públicas y propiedad intelectual*, Editorial Reuss, Madrid, 2007.

Smiers, Joost: *Un mundo sin copyright*, Editora gedisa, España, 2006

Strong, William S.: *El Libro de los Derechos de Autor*, Cuarta Edición, Editorial Heliasta SRL, Buenos Aires, 1995.

Traballini de Azcona, Mónica: *Delitos contra la propiedad intelectual*, Editorial Mediterránea, 2004.

United States Congress, House: Committee on the Judiciary, wipo Copyright Treaties Implementation Act; And Online Copyright Liability Limitation Act: Hearing before the Subcommittee on Courts and Intellectual Property, 105th Congress, 1st Session, 16, 17 de enero de 1997.

United States Congress: United States Information Infrastructure Task Force, Working Group on Intellectual Property Rights. Intellectual Property and the National Information Infrastructure. Washington, D.C.: U.S. Patent and Trademark Office, 1995.

United States Congress: United States Library of Congress, Copyright Office. Report on Legal Protection for Databases: Report of the Register of Copyrights. Washington, D.C.: U.S. Copyright Office, 1997.

Valdés Otero, Estanislao: *Derechos de autor: régimen jurídico uruguayo*, Biblioteca de publicaciones oficiales de la Facultad de Derecho y Ciencias Sociales de la Universidad de la República, Montevideo, 1953.

Vibes, Federico Pablo: *El Impacto de Internet en la Propiedad Intelectual*, LL 2002-1106.

—— *Derecho de Autor. Entorno digital y copia privada*, LL 2006-F-771.

Vicente Domingo, Elena: *El Droit de Suite de los artistas plásticos*, Editorial Reus, Madrid, 2007.

Villalba, Carlos A.: *Actualidad en la Jurisprudencia sobre Derecho de Autor*, LL, 1996-D-1107.

—— *Derecho del productor de fonogramas. Estado de la Jurisprudencia*, ED 125-455.

—— *Los derechos del autor sobre la raíz de los derechos de grabación y radiodifusión*, LL, 1986-A-895.

—— *El derecho de ejecución de música grabada*, LL, 1987-B-12.

—— *El denominado contrato de edición musical. Los contratos en la ley de propiedad intelectual*, LL, 1990-A-551.

—— *Análisis de la jurisprudencia en materia de derechos de autor*. LL, 1995-C-557.

—— *Ratificación de varios tratados. Derechos de Autor y Derecho de los Intérpretes y los Productores de Fonogramas*, LL, 1999-F-1168.

Wegbrait, Pablo: *Nueva Excepción al Derecho de Autor ante Discapacidades Perceptivas*, LL, 2007-F-1291.

—— *Empresas Fonográficas e Intérpretes*, LL, 2007-F-703.

Anexo I

LEY 11.723

RÉGIMEN LEGAL DE LA PROPIEDAD INTELECTUAL

Artículo 1°. — A los efectos de la presente Ley, las obras científicas, literarias y artísticas comprenden los escritos de toda naturaleza y extensión, entre ellos los programas de computación fuente y objeto; las compilaciones de datos o de otros materiales; las obras dramáticas, composiciones musicales, dramático-musicales; las cinematográficas, coreográficas y pantomímicas; las obras de dibujo, pintura, escultura, arquitectura; modelos y obras de arte o ciencia aplicadas al comercio o a la industria; los impresos, planos y mapas; los plásticos, fotografías, grabados y fonogramas, en fin, toda producción científica, literaria, artística o didáctica sea cual fuere el procedimiento de reproducción.
La protección del derecho de autor abarcará la expresión de ideas, procedimientos, métodos de operación y conceptos matemáticos pero no esas ideas, procedimientos, métodos y conceptos en sí.

Art. 2°. — El derecho de propiedad de una obra científica, literaria o artística, comprende para su autor la facultad de disponer de ella, de publicarla, de ejecutarla, de representarla, y exponerla en público, de enajenarla, de traducirla, de adaptarla o de autorizar su traducción y de reproducirla en cualquier forma.

Art. 3°. — Al editor de una obra anónima o seudónima corresponderán con relación a ella los derechos y las obligaciones del autor, quien podrá recabarlos para sí justificando su personalidad. Los autores que empleen seudónimos podrán registrarlos adquiriendo la propiedad de los mismos.

Art. 4°. — Son titulares del derecho de propiedad intelectual:
a) El autor de la obra;
b) Sus herederos o derechohabientes;
c) Los que con permiso del autor la traducen, refunden, adaptan, modifican o transportan sobre la nueva obra intelectual resultante.
d) Las personas físicas o jurídicas cuyos dependientes contratados para elaborar un programa de computación hubiesen producido un programa de computación en el desempeño de sus funciones laborales, salvo estipulación en contrario.

Art. 5°. — La propiedad intelectual sobre sus obras corresponde a los autores durante su vida y a sus herederos o derechohabientes hasta setenta años contados a partir del 1 de Enero del año siguiente al de la muerte del autor.
En los casos de obras en colaboración, este término comenzará a contarse desde el 1 de Enero del año siguiente al de la muerte del último colaborador. Para las obras póstumas,

el término de setenta años empezará a correr a partir del 1 de Enero del año siguiente al de la muerte del autor.
En caso de que un autor falleciere sin dejar herederos, y se declarase vacante su herencia, los derechos que a aquél correspondiesen sobre sus obras pasarán al Estado por todo el término de Ley, sin perjuicio de los derechos de terceros.

Art. 5° bis. — La propiedad intelectual sobre sus interpretaciones o ejecuciones fijadas en fonogramas corresponde a los artistas intérpretes por el plazo de SETENTA (70) años contados a partir del 1° de enero del año siguiente al de su publicación. Asimismo, la propiedad intelectual sobre los fonogramas corresponde a los productores de los fonogramas o sus derechohabientes por el plazo de SETENTA (70) años contados a partir del 1° de enero del año siguiente al de su publicación. Los fonogramas e interpretaciones que se encontraren en el dominio público sin que hubieran transcurrido los plazos de protección previstos en esta ley, volverán automáticamente al dominio privado por el plazo que reste, y los terceros deberán cesar cualquier forma de utilización que hubieran realizado durante el lapso en que estuvieron en el dominio público.

Art. 6°. — Los herederos o derechohabientes no podrán oponerse a que terceros reediten las obras del causante cuando dejen transcurrir más de diez años sin disponer su publicación.
Tampoco podrán oponerse los herederos o derechohabientes a que terceros traduzcan las obras del causante después de diez años de su fallecimiento.
En estos casos, si entre el tercero editor y los herederos o derechohabientes no hubiera acuerdo sobre las condiciones de impresión o la retribución pecuniaria, ambas serán fijadas por árbitros.

Art. 7°. — Se consideran obras póstumas, además de las no publicadas en vida del autor, las que lo hubieran sido durante ésta, si el mismo autor a su fallecimiento las deja refundidas, adicionadas, anotadas o corregidas de una manera tal que merezcan reputarse como obras nuevas.

Art. 8°. — La propiedad intelectual de las obras anónimas pertenecientes a instituciones, corporaciones o personas jurídicas, durará cincuenta años contados desde su publicación.

Art. 9°. — Nadie tiene derecho a publicar, sin permiso de los autores o de sus derechohabientes, una producción científica, literaria, artística o musical que se haya anotado o copiado durante su lectura, ejecución o exposición públicas o privadas.
Quien haya recibido de los autores o de sus derechohabientes de un programa de computación una licencia para usarlo, podrá reproducir una única copia de salvaguardia de los ejemplares originales del mismo.
Dicha copia deberá estar debidamente identificada, con indicación del licenciado que realizó la copia y la fecha de la misma. La copia de salvaguardia no podrá ser utilizada para otra finalidad que la de reemplazar el ejemplar original del programa de computación licenciado si ese original se pierde o deviene inútil para su utilización.

Art. 10. — Cualquiera puede publicar con fines didácticos o científicos, comentarios, críticas o notas referentes a las obras intelectuales, incluyendo hasta mil palabras de obras literarias o científicas u ocho compases en las musicales y en todos los casos sólo las partes del texto indispensables a ese efecto.

Quedan comprendidas en esta disposición las obras docentes, de enseñanza, colecciones, antologías y otras semejantes.
Cuando las inclusiones de obras ajenas sean la parte principal de la nueva obra, podrán los tribunales fijar equitativamente en juicio sumario la cantidad proporcional que les corresponde a los titulares de los derechos de las obras incluidas.

Art. 11. — Cuando las partes o los tomos de una misma obra hayan sido publicados por separado en años distintos, los plazos establecidos por la presente Ley corren para cada tomo o cada parte, desde el año de la publicación. Tratándose de obras publicadas parcial o periódicamente por entregas o folletines, los plazos establecidos en la presente Ley corren a partir de la fecha de la última entrega de la obra.

Art. 12. — La propiedad intelectual se regirá por las disposiciones del derecho común, bajo las condiciones y limitaciones establecidas en la presente Ley.

De las Obras Extrajeras

Art. 13. — Todas las disposiciones de esta Ley, salvo las del artículo 57, son igualmente aplicables a las obras científicas, artísticas y literarias, publicadas en países extranjeros, sea cual fuere la nacionalidad de sus autores, siempre que pertenezcan a naciones que reconozcan el derecho de propiedad intelectual.

Art. 14. — Para asegurar la protección de la Ley argentina, el autor de una obra extranjera sólo necesita acreditar el cumplimiento de las formalidades establecidas para su protección por las Leyes del país en que se haya hecho la publicación, salvo lo dispuesto en el artículo 23, sobre contratos de traducción.

Art. 15. — La protección que la Ley argentina acuerda a los autores extranjeros, no se extenderá a un período mayor que el reconocido por las Leyes del país donde se hubiere publicado la obra. Si tales Leyes acuerdan una protección mayor, regirán los términos de la presente Ley.

De la Colaboración

Art. 16. — Salvo convenios especiales los colaboradores de una obra disfrutan derechos iguales; los colaboradores anónimos de una compilación colectiva, no conservan derecho de propiedad sobre su contribución de encargo y tendrán por representante legal al editor.

Art. 17. — No se considera colaboración la mera pluralidad de autores, sino en el caso en que la propiedad no pueda dividirse sin alterar la naturaleza de la obra. En las composiciones musicales con palabras, la música y la letra se consideran como dos obras distintas.

Art. 18. — El autor de un libreto o composición cualquiera puesta en música, será dueño exclusivo de vender o imprimir su obra literaria separadamente de la música, autorizando o prohibiendo la ejecución o representación pública de su libreto y el compositor podrá hacerlo igualmente con su obra musical, con independencia del autor del libreto.

Art. 19. — En el caso de que dos o varios autores hayan colaborado en una obra dramática o lírica, bastará para su representación pública la autorización concedida por uno de ellos, sin perjuicio de las acciones personales a que hubiere lugar.

Art. 20. — Salvo convenios especiales, los colaboradores en una obra cinematográfica tiene iguales derechos, considerándose tales al autor del argumento, al productor y al director de la película.
Cuando se trate de una obra cinematográfica musical, en que haya colaborado un compositor, éste tiene iguales derechos que el autor del argumento, el productor y el director de la película.

Art. 21. — Salvo convenios especiales:
El productor de la película cinematográfica, tiene facultad para proyectarla, aun sin el consentimiento del autor del argumento o del compositor, sin perjuicio de los derechos que surgen de la colaboración.
El autor del argumento tiene la facultad exclusiva de publicarlo separadamente y sacar de él una obra literaria o artística de otra especie.
El compositor tiene la facultad exclusiva de publicar y ejecutar separadamente la música.

Art. 22. — El productor de la película cinematográfica, al exhibirla en público, debe mencionar su propio nombre, el del autor de la acción o argumento o aquel de los autores de las obras originales de las cuales se haya tomado el argumento de la obra cinematográfica, el del compositor, el del director artístico o adaptador y el de los intérpretes principales.

Art. 23. — El titular de un derecho de traducción tiene sobre ella el derecho de propiedad en las condiciones convenidas con el autor, siempre que los contratos de traducción se inscriban en el Registro Nacional de Propiedad Intelectual dentro del año de la publicación de la obra traducida.
La falta de inscripción del contrato de traducción trae como consecuencia la suspensión del derecho del autor o sus derechohabientes hasta el momento en que la efectúe, recuperándose dichos derechos en el acto mismo de la inscripción, por el término y condiciones que correspondan, sin perjuicio de la validez de las traducciones hechas durante el tiempo en que el contrato no estuvo inscripto.

Art. 24. — El traductor de una obra que no pertenece al dominio privado sólo tiene propiedad sobre su versión y no podrá oponerse a que otros la traduzcan de nuevo.

Art. 25. — El que adapte, transporte, modifique o parodie una obra con la autorización del autor, tiene sobre su adaptación, transporte, modificación o parodia, el derecho de coautor, salvo convenio en contrario.

Art. 26. — El que adapte, transporte, modifique o parodie una obra que no pertenece al dominio privado, será dueño exclusivo de su adaptación, transporte, modificación o parodia, y no podrá oponerse a que otros adapten, transporten, modifiquen o parodien la misma obra.

Disposiciones Especiales

Art. 27. — Los discursos políticos o literarios y en general las conferencias sobre temas intelectuales, no podrán ser publicados si el autor no lo hubiere expresamente autorizado. Los discursos parlamentarios no podrán ser publicados con fines de lucro, sin la autorización del autor.
Exceptúase la información periodística.

Art. 28. — Los artículos no firmados, colaboraciones anónimas, reportajes, dibujos, grabados o informaciones en general que tengan un carácter original y propio, publicados por un diario, revista u otras publicaciones periódicas por haber sido adquiridos u obtenidos por éste o por una agencia de informaciones con carácter de exclusividad, serán considerados como de propiedad del diario, revista, u otras publicaciones periódicas, o de la agencia.
Las noticias de interés general podrán ser utilizadas, transmitidas o retransmitidas; pero cuando se publiquen en su versión original será necesario expresar la fuente de ellas.

Art. 29. — Los autores de colaboraciones firmadas en diarios, revistas y otras publicaciones periódicas son propietarios de su colaboración. Si las colaboraciones no estuvieren firmadas, sus autores sólo tienen derecho a publicarlas, en colección, salvo pacto en contrario con el propietario del diario, revista o periódico.

Art. 30. — Los propietarios de publicaciones periódicas deberán inscribirlas en el Registro Nacional de la Propiedad Intelectual.
La inscripción del periódico protege a las obras intelectuales publicadas en él y sus autores podrán solicitar al Registro una certificación que acredite aquella circunstancia.
Para inscribir una publicación periódica deberá presentarse al Registro Nacional de la Propiedad Intelectual un ejemplar de la última edición acompañado del correspondiente formulario.
La inscripción deberá renovarse anualmente y para mantener su vigencia se declarará mensualmente ante el Registro, en los formularios que correspondan, la numeración y fecha de los ejemplares publicados.
Los propietarios de las publicaciones periódicas inscriptas deberán coleccionar uno de los ejemplares publicados, sellados con la leyenda: Ejemplar Ley 11.723, y serán responsables de la autenticidad de los mismos.
El incumplimiento de esta obligación, sin perjuicio de las responsabilidades que puedan resultar para con terceros, será penado con multa de hasta $ 5.000 que aplicará el Director del Registro Nacional de la Propiedad Intelectual. El monto de la multa podrá apelarse ante el Ministro de Educación y Justicia.
El registro podrá requerir en cualquier momento la presentación de ejemplares de esta colección e inspeccionar la editorial para comprobar el cumplimiento de la obligación establecida en el párrafo anterior.
Si la publicación dejase de aparecer definitivamente deberá comunicarse al Registro y remitirse la colección sellada a la Biblioteca Nacional, dentro de los seis meses subsiguientes al vencimiento de la última inscripción.
El incumplimiento de esta última obligación será penada con una multa de pesos 5.000.

Art. 31. — El retrato fotográfico de una persona no puede ser puesto en el comercio sin el consentimiento expreso de la persona misma y muerta ésta, de su cónyuge e hijos o descendientes directos de éstos, o en su defecto, del padre o de la madre. Faltando el cónyuge, los hijos, el padre o la madre, o los descendientes directos de los hijos, la publicación es libre.
La persona que haya dado su consentimiento puede revocarlo resarciendo daños y perjuicios.
Es libre la publicación del retrato cuando se relacione con fines científicos, didácticos y en general culturales, o con hechos o acontecimientos de interés público o que se hubieran desarrollado en público.

Art. 32. — El derecho de publicar las cartas pertenece al autor. Después de la muerte del autor es necesario el consentimiento de las personas mencionadas en el artículo que antecede y en el orden ahí indicado.

Art. 33. — Cuando las personas cuyo consentimiento sea necesario para la publicación del retrato fotográfico o de las cartas, sean varias, y haya desacuerdo entre ellas, resolverá la autoridad judicial.

Art. 34. — Para las obras fotográficas la duración del derecho de propiedad es de VEINTE (20) años a partir de la fecha de la primera publicación.
Para las obras cinematográficas el derecho de propiedad es de cincuenta años a partir del fallecimiento del último de los colaboradores enumerados en el artículo 20 de la presente.
Debe inscribirse sobre la obra fotográfica o cinematográfica la fecha, el lugar de publicación, el nombre o la marca del autor o editor. El incumplimiento de este requisito no dará lugar a la acción penal prevista en esta ley para el caso de reproducción de dichas obras.
Las cesiones totales o parciales de derechos temporales o espaciales de explotación de películas cinematográficas sólo serán oponibles a terceros a partir del momento de su inscripción en el Registro Nacional de Propiedad Intelectual.

Art. 34 bis. — Lo dispuesto en el artículo 34 será de aplicación a las obras cinematográficas que se hayan incorporado al dominio público sin que haya transcurrido el plazo establecido en el mismo y sin perjuicio de la utilización lícita realizada de las copias durante el período en que aquéllas estuvieron incorporadas al dominio público.

Art. 35. — El consentimiento a que se refiere el artículo 31 para la publicación del retrato no es necesario después de transcurridos 20 años de la muerte de la persona retratada.
Para la publicación de una carta, el consentimiento no es necesario después de transcurridos 20 años de la muerte del autor de la carta. Esto aun en el caso de que la carta sea objeto de protección como obra, en virtud de la presente Ley.

Art. 36. — Los autores de obras literarias, dramáticas, dramático-musicales y musicales, gozan del derecho exclusivo de autorizar:
a) La recitación, la representación y la ejecución pública de sus obras;
b) La difusión pública por cualquier medio de la recitación, la representación y la ejecución de sus obras.
Sin embargo, será lícita y estará exenta del pago de derechos de autor y de los intérpretes que establece el artículo 56, la representación, la ejecución y la recitación de obras litera-

rias o artísticas ya publicadas, en actos públicos organizados por establecimientos de enseñanzas, vinculados en el cumplimiento de sus fines educativos, planes y programas de estudio, siempre que el espectáculo no sea difundido fuera del lugar donde se realice y la concurrencia y la actuación de los intérpretes sea gratuita.
También gozarán de la exención del pago del derecho de autor a que se refiere el párrafo anterior, la ejecución o interpretación de piezas musicales en los conciertos, audiciones y actuaciones públicas a cargo de las orquestas, bandas, fanfarrias, coros y demás organismos musicales pertenecientes a instituciones del Estado Nacional, de las provincias o de las municipalidades, siempre que la concurrencia de público a los mismos sea gratuita.
Se exime del pago de derechos de autor la reproducción y distribución de obras científicas o literarias en sistemas especiales para ciegos y personas con otras discapacidades perceptivas, siempre que la reproducción y distribución sean hechas por entidades autorizadas.
Esta exención rige también para las obras que se distribuyan por vía electrónica, encriptadas o protegidas por cualquier otro sistema que impida su lectura a personas no habilitadas. Las entidades autorizadas asignarán y administrarán las claves de acceso a las obras protegidas.
No se aplicará la exención a la reproducción y distribución de obras que se hubieren editado originalmente en sistemas especiales para personas con discapacidades visuales o perceptivas, y que se hallen comercialmente disponibles.
A los fines de este artículo se considera que:
- Discapacidades perceptivas significa: discapacidad visual severa, ampliopía, dislexia o todo otro impedimento físico o neurológico que afecte la visión, manipulación o comprensión de textos impresos en forma convencional.
- Encriptadas significa: cifradas, de modo que no puedan ser leídas por personas que carezcan de una clave de acceso. El uso de esta protección, u otra similar, es considerado esencial a fin de la presente exención, dado que la difusión no protegida podría causar perjuicio injustificado a los intereses legítimos del autor, o ir en detrimento de la explotación normal de las obras.
- Entidad autorizada significa: un organismo estatal o asociación sin fines de lucro con personería jurídica, cuya misión primaria sea asistir a ciegos o personas con otras discapacidades perceptivas.
- Obras científicas significa: tratados, textos, libros de divulgación, artículos de revistas especializadas, y todo material relativo a la ciencia o la tecnología en sus diversas ramas.
- Obras literarias significa: poesía, cuento, novela, filosofía, historia, ensayos, enciclopedias, diccionarios, textos y todos aquellos escritos en los cuales forma y fondo se combinen para expresar conocimientos e ideas de interés universal o nacional.
- Personas no habilitadas significa: que no son ciegas ni tienen otras discapacidades perceptivas.
- Sistemas especiales significa: Braille, textos digitales y grabaciones de audio, siempre que estén destinados exclusivamente a las personas a que se refiere el párrafo anterior.
- Soporte físico significa: todo elemento tangible que almacene voz en registro magnetofónico o digital, o textos digitales; por ejemplo, casetes, discos compactos (CD), discos digitales versátiles (DVD) o memorias USB.
Las obras reproducidas y distribuidas en sistemas especiales deberán consignar: los datos de la entidad autorizada, la fecha de la publicación original y el nombre de la persona física o jurídica a la cual pertenezcan los derechos de autor. Asimismo, advertirán que el uso indebido de estas reproducciones será reprimido con pena de prisión, conforme el artículo 172 del Código Penal.

De la Edición

Art. 37. — Habrá contrato de edición cuando el titular del derecho de propiedad sobre una obra intelectual, se obliga a entregarla a un editor y éste a reproducirla, difundirla y venderla.
Este contrato se aplica cualquiera sea la forma o sistema de reproducción o publicación.

Art. 38. — El titular conserva su derecho de propiedad intelectual, salvo que lo renunciare por el contrato de edición.
Puede traducir, transformar, refundir, etcétera, su obra y defenderla contra los defraudadores de su propiedad, aun contra el mismo editor.

Art. 39. — El editor sólo tiene los derechos vinculados a la impresión, difusión y venta, sin poder alterar el texto y sólo podrá efectuar las correcciones de imprenta, si el autor se negare o no pudiere hacerlo.

Art. 40. — En el contrato deberá constar el número de ediciones y el de ejemplares de cada una de ellas, como también la retribución pecuniaria del autor o sus derechohabientes; considerándose siempre oneroso el contrato, salvo prueba en contrario. Si las anteriores condiciones no constaran se estará a los usos y costumbres del lugar del contrato.

Art. 41. — Si la obra pereciera en poder del editor antes de ser editada, éste deberá al autor o a sus derechohabientes como indemnización la regalía o participación que les hubiera correspondido en caso de edición. Si la obra pereciera en poder del autor o sus derechohabientes, éstos deberán la suma que hubieran percibido a cuenta de regalía y la indemnización de los daños y perjuicios causados.

Art. 42. — No habiendo plazo fijado para la entrega de la obra por el autor o sus derechohabientes o para su publicación por el editor, el tribunal lo fijará equitativamente en juicio sumario y bajo apercibimiento de la indemnización correspondiente.

Art. 43. — Si el contrato de edición tuviere plazo y al expirar éste el editor conservase ejemplares de la obra no vendidos, el titular podrá comprarlos a precios de costo, más un 10 % de bonificación. Si no hace el titular uso de este derecho, el editor podrá continuar la venta de dichos ejemplares en las condiciones del contrato fenecido.

Art. 44. — El contrato terminará cualquiera sea el plazo estipulado si las ediciones convenidas se agotaran.

De la Representación

Art. 45. — Hay contrato de representación cuando el autor o sus derechohabientes entregan a un tercero o empresario y éste acepta, una obra teatral para su representación pública.

Art. 46. — Tratándose de obras inéditas que el tercero o empresario debe hacer representar por primera vez, deberá dar recibo de ella al autor o sus derechohabientes y les manifestará dentro de los treinta días de su presentación si es o no aceptada.

Toda obra aceptada debe ser representada dentro del año correspondiente a su presentación. No siéndolo, el autor tiene derecho a exigir como indemnización una suma igual a la regalía de autor correspondiente a veinte representaciones de una obra análoga.

Art. 47. — La aceptación de una obra no da derecho al aceptante a su reproducción o representación por otra empresa, o en otra forma que la estipulada, no pudiendo hacer copias fuera de las indispensables, ni venderlas, ni tocarlas sin permiso del autor.

Art. 48. — El empresario es responsable, de la destrucción total o parcial del original de la obra y si por su negligencia ésta se perdiere, reprodujere o representare, sin autorización del autor o sus derechohabientes, deberá indemnizar los daños y perjuicios causados.

Art. 49. — El autor de una obra inédita aceptada por un tercero, no puede, mientras éste no la haya representado, hacerla representar por otro, salvo convención en contrario.

Art. 50. — A los efectos de esta Ley se consideran como representación o ejecución pública, la transmisión radiotelefónica, exhibición cinematográfica, televisión o cualquier otro procedimiento de reproducción mecánica de toda obra literaria o artística.

De la Venta

Art. 51. — El autor o sus derechohabientes pueden enajenar o ceder total o parcialmente su obra. Esta enajenación es válida sólo durante el término establecido por la Ley y confiere a su adquirente el derecho a su aprovechamiento económico sin poder alterar su título, forma y contenido.

Art. 52. — Aunque el autor enajenare la propiedad de su obra, conserva sobre ella el derecho a exigir la fidelidad de su texto y título, en las impresiones, copias o reproducciones, como asimismo la mención de su nombre o seudónimo como autor.

Art. 53. — La enajenación o cesión de una obra literaria, científica o musical, sea total o parcial, debe inscribirse en el Registro Nacional de Propiedad Intelectual, sin cuyo requisito no tendrá validez.

Art. 54. — La enajenación o cesión de una obra pictórica, escultórica, fotográfica o de artes análogas, salvo pacto en contrario, no lleva implícito el derecho de reproducción que permanece reservado al autor o sus derechohabientes.

Art. 55. — La enajenación de planos, croquis y trabajos semejantes, no da derecho al adquirente sino para la ejecución de la obra tenida en vista, no pudiendo enajenarlos, reproducirlos o servirse de ellos para otras obras.
Estos derechos quedan reservados a su autor, salvo pacto en contrario.

Art. 55 bis. — La explotación de la propiedad intelectual sobre los programas de computación incluirá entre otras formas los contratos de licencia para su uso o reproducción.

De los Intérpretes

Art. 56. — El intérprete de una obra literaria o musical, tiene el derecho de exigir una retribución por su interpretación difundida o retransmitida mediante la radiotelefonía, la televisión, o bien grabada o impresa sobre disco, película, cinta, hilo o cualquier otra substancia o cuerpo apto para la reproducción sonora o visual. No llegándose a un acuerdo, el monto de la retribución quedará establecido en juicio sumario por la autoridad judicial competente.

El intérprete de una obra literaria o musical está facultado para oponerse a la divulgación de su interpretación, cuando la reproducción de la misma sea hecha en forma tal que pueda producir grave e injusto perjuicio a sus intereses artísticos.

Si la ejecución ha sido hecha por un coro o una orquesta, este derecho de oposición corresponde al director del coro o de la orquesta.

Sin perjuicio del derecho de propiedad perteneciente al autor, una obra ejecutada o representada en un teatro o en una sala pública, puede ser difundida o retransmitida mediante la radiotelefonía o la televisión, con el solo consentimiento del empresario organizador del espectáculo.

Del Registro de obras

Art. 57. — En el Registro Nacional de la Propiedad Intelectual deberá depositar el editor de las obras comprendidas en el artículo 1°, tres ejemplares completos de toda obra publicada, dentro de los tres meses siguientes a su aparición. Si la edición fuera de lujo o no excediera de cien ejemplares, bastará con depositar un ejemplar.

El mismo término y condiciones regirán para las obras impresas en país extranjero, que tuvieren editor en la República y se contará desde el primer día de ponerse en venta en territorio argentino.

Para las pinturas, arquitecturas, esculturas, etcétera, consistirá el depósito en un croquis o fotografía del original, con las indicaciones suplementarias que permitan identificarlas.

Para las películas cinematográficas, el depósito consistirá en una relación del argumento, diálogos, fotografías y escenarios de sus principales escenas. Para los programas de computación, consistirá el depósito de los elementos y documentos que determine la reglamentación.

Art. 58. — El que se presente a inscribir una obra con los ejemplares o copias respectivas, será munido de un recibo provisorio, con los datos, fecha y circunstancias que sirven para identificar la obra, haciendo constar su inscripción.

Art. 59. — El Registro Nacional de la Propiedad Intelectual hará publicar diariamente en el Boletín Oficial, la nómina de las obras presentadas a inscripción, además de las actuaciones que la Dirección estime necesarias, con indicación de su título, autor, editor, clase a la que pertenece y demás datos que las individualicen. Pasado un mes desde la publicación, sin haberse deducido oposición, el Registro las inscribirá y otorgará a los autores el título de propiedad definitivo si éstos lo solicitaren.

Art. 60. — Si hubiese algún reclamo dentro del plazo del mes indicado, se levantará un acta de exposición, de la que se dará traslado por cinco días al interesado, debiendo el Director del Registro Nacional de la Propiedad Intelectual, resolver el caso dentro de los diez días subsiguientes.
De la resolución podrá apelarse al ministerio respectivo, dentro de otros diez días y la resolución ministerial no será objeto de recurso alguno, salvo el derecho de quien se crea lesionado para iniciar el juicio correspondiente.

Art. 61. — El depósito de toda obra publicada es obligatorio para el editor. Si éste no lo hiciere será reprimido con una multa de diez veces el valor venal del ejemplar no depositado.

Art. 62. — El depósito de las obras, hecho por el editor, garantiza totalmente los derechos de autor sobre su obra y los del editor sobre su edición. Tratándose de obras no publicadas, el autor o sus derechohabientes pueden depositar una copia del manuscrito con la firma certificada del depositante.

Art. 63. — La falta de inscripción trae como consecuencia la suspensión del derecho del autor hasta el momento en que la efectúe, recuperándose dichos derechos en el acto mismo de la inscripción, por el término y condiciones que corresponda, sin perjuicio de la validez de las reproducciones, ediciones, ejecuciones y toda otra publicación hechas durante el tiempo en que la obra no estuvo inscripta.
No se admitirá el registro de una obra sin la mención de su "pie de imprenta". Se entiende por tal, la fecha, lugar, edición y la mención del editor.

Art. 64. — Todas las reparticiones oficiales y las instituciones, asociaciones o personas que por cualquier concepto reciban subsidios del Tesoro de la Nación, están obligados a entregar a la Biblioteca del Congreso Nacional, sin perjuicio de lo dispuesto en el artículo 57, el ejemplar correspondiente de las publicaciones que efectúen, en la forma y dentro de los plazos determinados en dicho artículo. Las reparticiones públicas están autorizadas a rechazar toda obra fraudulenta que se presente para su venta.

Del Registro de la Propiedad Intelectual

Art. 65. — El Registro llevará los libros necesarios para que toda obra inscripta tenga su folio correspondiente, donde constarán su descripción, título, nombre del autor y fecha de la presentación, y demás circunstancias que a ella se refieran, como ser los contratos de que fuera objeto y las decisiones de los tribunales sobre la misma.

Art. 66. — El Registro inscribirá todo contrato de edición, traducción, compraventa, cesión, participación, y cualquier otro vinculado con el derecho de propiedad intelectual, siempre que se hayan publicado las obras a que se refieren y no sea contrario a las disposiciones de esta Ley.

Art. 67. — El Registro percibirá por la inscripción de toda obra los derechos o aranceles que fijará el Poder Ejecutivo mientras ellos no sean establecidos en la Ley respectiva.

Art. 68. — El Registro estará bajo la dirección de un abogado que deberá reunir las condiciones requeridas por el artículo 70 de la Ley de organización de los tribunales y bajo la superintendencia del Ministerio de Justicia e Instrucción Pública.

Fomento de las Artes y las Letras

Art. 69. — Derogado.

Art. 70. — Derogado.

De las Penas

Art. 71. — Será reprimido con la pena establecida por el artículo 172 del Código Penal, el que de cualquier manera y en cualquier forma defraude los derechos de propiedad intelectual que reconoce esta Ley.

Art. 72. — Sin perjuicio de la disposición general del artículo precedente, se consideran casos especiales de defraudación y sufrirán la pena que él establece, además del secuestro de la edición ilícita:
a) El que edite, venda o reproduzca por cualquier medio o instrumento, una obra inédita o publicada sin autorización de su autor o derechohabientes;
b) El que falsifique obras intelectuales, entendiéndose como tal la edición de una obra ya editada, ostentando falsamente el nombre del editor autorizado al efecto;
c) El que edite, venda o reproduzca una obra suprimiendo o cambiando el nombre del autor, el título de la misma o alterando dolosamente su texto;
d) El que edite o reproduzca mayor número de los ejemplares debidamente autorizados.

Art. 72 bis. — Será reprimido con prisión de un mes a seis años:
a) El que con fin de lucro reproduzca un fonograma sin autorización por escrito de su productor o del licenciado del productor;
b) El que con el mismo fin facilite la reproducción ilícita mediante el alquiler de discos fonográficos u otros soportes materiales;
c) El que reproduzca copias no autorizadas por encargo de terceros mediante un precio;
d) El que almacene o exhiba copias ilícitas y no pueda acreditar su origen mediante la factura que lo vincule comercialmente con un productor legítimo;
e) El que importe las copias ilegales con miras a su distribución al público.
El damnificado podrá solicitar en jurisdicción comercial o penal el secuestro de las copias de fonogramas reproducidas ilícitamente y de los elementos de reproducción.
El juez podrá ordenar esta medida de oficio, así como requerir caución suficiente al peticionario cuando estime que éste carezca de responsabilidad patrimonial. Cuando la medida precautoria haya sido solicitada por una sociedad autoral o de productores, cuya representatividad haya sido reconocida legalmente, no se requerirá caución.
Si no se dedujera acción, denuncia o querella, dentro de los 15 días de haberse practicado el secuestro, la medida podrá dejarse sin efecto a petición del titular de las copias secuestradas, sin perjuicio de la responsabilidad que recaiga sobre el peticionante.
A pedido del damnificado el juez ordenará el comiso de las copias que materialicen el ilícito, así como los elementos de reproducción. Las copias ilícitas serán destruidas y los

equipos de reproducción subastados. A fin de acreditar que no utilizará los aparatos de reproducción para fines ilícitos, el comprador deberá acreditar su carácter de productor fonográfico o de licenciado de un productor. El producto de la subasta se destinará a acrecentar el "fondo de fomento a las artes" del Fondo Nacional de Derechos de Autor a que se refiere el artículo 6° del decreto-ley 1224/58.

Art. 73. — Será reprimido con prisión de un mes a un año o con multa de MIL PESOS como mínimo y TREINTA MIL PESOS como máximo destinada al fondo de fomento creado por esta ley:
a) El que representare o hiciere representar públicamente obras teatrales o literarias sin autorización de sus autores o derechohabientes;
b) El que ejecutare o hiciere ejecutar públicamente obras musicales sin autorización de sus autores o derechohabientes.

Art. 74. — Será reprimido con prisión de un mes a un año o multa de MIL PESOS como mínimo y TREINTA MIL PESOS como máximo destinada al fondo de fomento creado por esta Ley, el que atribuyéndose indebidamente la calidad de autor, derechohabiente o la representación de quien tuviere derecho, hiciere suspender una representación o ejecución pública lícita.

Art. 74 bis. — Derogado.

Art. 75. — En la aplicación de las penas establecidas por la presente Ley, la acción se iniciará de oficio, por denuncia o querella.

Art. 76. — El procedimiento y jurisdicción será el establecido por el respectivo Código de Procedimientos en lo Criminal vigente en el lugar donde se cometa el delito.

Art. 77. — Tanto el juicio civil, como el criminal, son independientes y sus resoluciones definitivas no se afectan. Las partes sólo podrán usar en defensa de sus derechos las pruebas instrumentales de otro juicio, las confesiones y los peritajes, comprendido el fallo del jurado, mas nunca las sentencias de los jueces respectivos.

Art. 78. — La Comisión Nacional de Cultura representada por su presidente, podrá acumular su acción a las de los damnificados, para percibir el importe de las multas establecidas a su favor y ejercitar las acciones correspondientes a las atribuciones y funciones que se le asignan por esta Ley.

De las Medidas Preventivas

Art. 79. — Los jueces podrán, previa fianza, de los interesados, decretar preventivamente la suspensión de un espectáculo teatral, cinematográfico, filarmónico u otro análogo; el embargo de las obras denunciadas, así como el embargo del producto que se haya percibido por todo lo anteriormente indicado y toda medida que sirva para proteger eficazmente los derechos que ampare esta Ley.
Ninguna formalidad se ordena para aclarar los derechos del autor o de sus causahabientes. En caso de contestación, los derechos estarán sujetos a los medios de prueba establecidos por las Leyes vigentes.

Procedimiento Civil

Art. 80. — En todo juicio motivado por esta Ley, ya sea por aplicación de sus disposiciones, ya como consecuencia de los contratos y actos jurídicos que tengan relación con la propiedad intelectual, regirá el procedimiento que se determina en los artículos siguientes.

Art. 81. — El procedimiento y términos serán, fuera de las medidas preventivas, el que se establece para las excepciones dilatorias en los respectivos códigos de Procedimientos, en lo Civil y Comercial, con las siguientes modificaciones:
a) Siempre habrá lugar a prueba a pedido de las partes o de oficio pudiendo ampliarse su término a 30 días, si el juzgado lo creyere conveniente, quedando firme a esta resolución;
b) Durante la prueba y a pedido de los interesados se podrá decretar una audiencia pública, en la sala del tribunal donde las partes, sus letrados y peritos expondrán sus alegatos u opiniones.
Esta audiencia podrá continuar otros días si uno solo fuera insuficiente;
c) En las mismas condiciones del inciso anterior y cuando la importancia del asunto y la naturaleza técnica de las cuestiones lo requiera, se podrá designar un jurado de idóneos en la especialidad de que se tratare, debiendo estar presidido para las cuestiones científicas por el Decano de la Facultad de Ciencias Exactas o la persona que éste designare, bajo su responsabilidad, para reemplazarlo; para las cuestiones literarias, el Decano de la Facultad de Filosofía y Letras; para las artísticas, el Director del Museo Nacional de Bellas Artes y para las musicales, el Director del Conservatorio Nacional de Música.
Complementarán el jurado dos personas designadas de oficio.
El jurado se reunirá y deliberará en último término en la audiencia que establece el inciso anterior. Si no se hubiere ella designado, en una especial y pública en la forma establecida en dicho inciso.
Su resolución se limitará a declarar si existe o no la lesión a la propiedad intelectual, ya sea legal o convencional.
Esta resolución valdrá como los informes de los peritos nombrados por partes contrarias, cuando se expiden de común acuerdo.

Art. 82. — El cargo de jurado será gratuito y se le aplicarán las disposiciones procesales referentes a los testigos.

De las Denuncias ante el Registro Nacional de la Propiedad Intelectual

Art. 83. — Después de vencidos los términos del artículo 5°, podrá denunciarse al Registro Nacional de la Propiedad Intelectual la mutilación de una obra literaria, científica o artística, los agregados, las transposiciones, la infidelidad de una traducción, los errores de concepto y las deficiencias en el conocimiento del idioma del original o de la versión. Estas denuncias podrá formularlas cualquier habitante de la Nación, o procederse de oficio, y para el conocimiento de ellas la dirección del Registro Nacional constituirá un jurado que integrarán:
a) Para las obras literarias, el decano de la Facultad de Filosofía y Letras; dos representantes de la sociedad gremial de escritores, designados por la misma, y las personas que nombren el denunciante y el editor o traductor, una por cada uno;

b) Para las obras científicas el decano de la Facultad de Ciencias que corresponda por su especialidad, dos representantes de la sociedad científica de la respectiva especialidad, designados por la misma, y las personas que nombren el denunciante y el editor o productor, una por cada parte.
En ambos casos, cuando se haya objetado la traducción, el respectivo jurado se integrará también con dos traductores públicos nacionales, nombrados uno por cada parte, y otro designado por la mayoría del jurado;
c) Para las obras artísticas, el director del Museo Nacional de Bellas Artes, dos personas idóneas designadas por la Dirección del Registro de la Propiedad Intelectual y las personas que nombre el denunciante y el denunciado, una por cada parte;
d) Para las musicales, el director del Conservatorio Nacional de Música; dos representantes de la sociedad gremial de compositores de música, popular o de cámara en su caso, y las personas que designen el denunciante y el denunciado, una por cada parte.
Cuando las partes no designen sus representantes, dentro del término que les fije la dirección del Registro, serán designados por ésta.
El jurado resolverá declarando si existe o no la falta denunciada y en caso afirmativo, podrá ordenar la corrección de la obra e impedir su exposición o la circulación de ediciones no corregidas, que serán inutilizadas. Los que infrinjan esta prohibición pagarán una multa de 100 a 1.000 pesos moneda nacional, que fijará el jurado y se hará efectiva en la forma establecida por los respectivos códigos de procedimientos en lo Civil y en lo Comercial, para la ejecución de las sentencias. El importe de las multas ingresarán al fondo de fomento creado por esta Ley. Tendrá personería para ejecutarlas la dirección del Registro.

Disposiciones Transitorias

Art. 84. — Las obras que se encontraren bajo el dominio público, sin que hubiesen transcurrido los términos de protección previstos en esta ley, volverán automáticamente al dominio privado, sin perjuicio de los derechos que hubieran adquirido terceros sobre las reproducciones de esas obras hechas durante el lapso en que las mismas estuvieron bajo el dominio público.

Art. 85. — Las obras que en la fecha de la promulgación de la presente Ley se hallen en el dominio privado continuarán en éste hasta cumplirse el término establecido en el artículo 5°.

Art. 86. — Créase el Registro Nacional de Propiedad Intelectual, del que pasará a depender la actual Oficina de Depósito Legal. Mientras no se incluya en la Ley general de presupuesto el Registro Nacional de Propiedad Intelectual, las funciones que le están encomendadas por esta Ley, serán desempeñadas por la Biblioteca Nacional.

Art. 87. — Dentro de los sesenta días subsiguientes a la sanción de esta Ley, el Poder Ejecutivo procederá a su reglamentación.

Art. 88. — Queda derogada la Ley 9.141 y todas las disposiciones que se opongan a la presente.

Art. 89. — Comuníquese al Poder Ejecutivo.

Anexo II

DECRETO 41.233/1934
REGLAMENTACIÓN LEY 11.723

Art. 1.- El Registro Nacional de Propiedad Intelectual, que funcionará, provisoriamente, en la Biblioteca Nacional, se hará cargo de los libros de registro, correspondencia, ficheros y demás efectos de la oficina de depósito legal.

Art. 2.- Hasta tanto no se establezca el personal correspondiente, el director de funciones de director del Registro Nacional de Propiedad Intelectual.

Art. 3.- A los fines previstos en el art. 70 de la ley, el director del Registro procederá a constituir la Comisión Nacional de Cultura, pasando las comunicaciones pertinentes.

Art. 4.- La Comisión Nacional de Cultura procederá a proyectar su reglamento interno, dentro del término de noventa días, que someterá a la aprobación del P. E. por intermedio del Ministerio de Justicia e Instrucción Pública.

De los libros que llevará el Registro (artículos 5 al 8)

Art. 5.- El director determinará los libros que llevará el Registro, además de los siguientes, como matrices: uno general de entradas; uno de obras científicas y literarias; uno de obras musicales, coreográficas y pantomímicas; uno de obras inéditas; uno de películas cinematográficas; uno de dibujos, diseños y fotografías; uno de arte aplicado a la industria y modelos; uno para seudónimos; uno de editores e impresores; uno de contratos de cesión o venta; uno de traducciones; uno de periódicos y uno de representaciones de autores. Los libros matrices serán foliados, rubricados y fechados por el director del Registro.

Art. 6.- Además de los libros indicados en el art. precedente, el Registro llevará libros talonarios de las inscripciones correspondientes a cada uno de los libros matrices, que servirán para otorgar el certificado de cada inscripción.

Art. 7.- El director del Registro procederá también, a organizar un archivo de publicaciones oficiales y de entidades reconocidas legalmente, sobre el registro de la producción intelectual extranjera que se halle amparada por legislaciones semejantes. A los efectos del registro en el archivo de referencia, será menester acreditar los extremos siguientes: a) Personería del solicitante. b) Nombre del autor o del editor. c) Título de la obra. d) Número y fecha de la inscripción en el extranjero. e) Depósito de un ejemplar de cada obra, con la constancia del registro, que será devuelta sin cargo.

Art. 8.- En el registro de obras extranjeras deberá anotarse el tiempo de protección en el país de origen, cuando aquél fuera menor que el acordado por la ley 11.723.

DE LA INSCRIPCIÓN Y DEPÓSITO DE LAS OBRAS (ARTÍCULOS 9 AL 20)

Art. 9.- Al solicitarse la inspección de una obra, el peticionario formulará una declaración fechada y firmada en forma legible, con los siguientes enunciados: a) Título de la obra. b) Nombre del editor, del impresor y del autor. c) Lugar y fecha de aparición. d) Números de tomos, tamaño y páginas de que consta. e) Número de ejemplares. f) Fecha en que se terminó el tiraje. g) Precio de venta de la obra. En los casos de impresiones, sólo se declarará el número de ejemplares, de la edición y la fecha del depósito de la primera edición.

Art. 10.- Para las obras cinematográficas se depositarán tantas fotografías como escenas principales tenga la película, en forma que, conjuntamente con la relación del argumento, diálogo o música, sea posible establecer si la obra es original. Además de los antecedentes mencionados en el artículo anterior, se indicará el nombre del argumentista, compositor, director y artistas principales, así como el metraje de la película.

Art. 11.- El depósito de esculturas, dibujos y pinturas, se hará formulándose una relación de las mismas, a la que se acompañará una fotografía, que en tratándose de esculturas será de frente y laterales.

Art. 12.- Para las fotografías, planos, mapas y discos fonográficos, se depositará copia de los mismos.

Art. 13.- Para los modelos y obras de arte o ciencia aplicada a la industria, se depositará copia o fotografía del modelo o de la obra, acompañando una relación escrita de las características o detalles que no sea posible apreciar en las copias o fotografías.

Art. 14.- En lo que respecta a obras dramáticas o musicales no impresas, bastará depositar una copia del manuscrito con la firma certificada del autor.

Art. 15.- Cuando se trate de traducciones al idioma castellano editadas en el extranjero, será suficiente inscribir el respectivo contrato original o su copia simple en el Registro Nacional de Propiedad Intelectual, siendo responsable el peticionario de la autenticidad de los documentos, de acuerdo a los arts. 71 y 72, inc. a) de la ley.

Art. 16.- En el caso de traducción de una obra que ya ha sido traducida sin haberse llenado los requisitos exigidos por la ley dentro del plazo que establece el art. 23, los interesados en el registro de la nueva versión acreditarán aquella circunstancia. Inscripta la nueva versión el Registro nacional de Propiedad Intelectual procederá a certificar el tiraje.

Art. 17.- Los editores de toda obra impresa o sus representantes y sus autores o derecho-habientes para las manuscritas, harán el depósito en la siguiente forma, sin perjuicio de lo dispuesto en los arts. anteriores de este decreto y salvo el caso previsto en el art. 57: para las obras impresas, presentación de tres ejemplares completos, uno a la Biblioteca Nacional, uno a la Biblioteca del Honorable Congreso de la Nación, y el tercero, acompañado de los recibos de las dos primeras presentaciones y de la solicitud correspondiente al Registro Nacional de Propiedad Intelectual. Para las obras inéditas, será suficiente la presentación de un ejemplar, debiendo la copia ser escrita a máquina, sin enmiendas ni raspaduras. El Registro no dará trámite a ninguna solicitud de obra publicada sin la previa comprobación de haberse presentado el número de ejemplares establecidos precedentemente y sin haber acreditado, mediante la exhibición del respectivo comprobante, el depósito de un ejemplar en la Dirección General de Prensa de la Subsecretaría de Informaciones.

Art. 18.- El Registro Nacional de la Propiedad Intelectual expedirá, en el momento de la presentación de cada obra, un boleto provisional, cuyo talón, con la solicitud y los recibos de la Biblioteca Nacional y Biblioteca del Honorable Congreso de la Nación, quedará adjunto al ejemplar depositado en el Registro hasta que transcurra el plazo legal para el otorgamiento de certificado definitivo. El Registro remitirá diariamente al "Boletín Oficial" la nómina de las obras presentadas, de acuerdo con el art. 59 de la ley.

Art. 19.- Transcurridos treinta días a partir de la última publicación en el "Boletín Oficial" sin que se hubiese formulado oposición al registro, el director dispondrá la inscripción en el libro correspondiente y extenderá el certificado definitivo, con la constancia del folio de aquélla, el número de orden que le corresponda y la anotación abreviada de los contratos referentes a él. Siendo el título parte integrante de la obra, la oposición al registro por quien tenga otra con el mismo título será atendible cuando se trate de obras de la misma especie.

Art. 20.- Cuando se formulare oposición al registro de una obra, el director procederá a levantar el acta que prescribe el art. 60 de la ley y le comunicará al solicitante en su domicilio constituido, para que alegue su derecho. Transcurrido cinco días hábiles, resolverá la incidencia dentro del término de diez días subsiguientes.

Disposiciones generales (artículos 21 al 45)

Art. 21.- Cualquiera de los coautores de una obra puede depositar una obra inédita, extendiéndose a cada uno su respectivo certificado.

Art. 22.- Cuando los coautores a que se refiere el art. 21 de la ley produzcan una nueva obra, deberán registrarla en forma, por separado.

Art. 23.- Los ejemplares depositados en las Bibliotecas Nacional y del H. Congreso de la Nación no podrán ser retirados por los depositantes aun cuando la resolución definitiva no haya hecho lugar al registro de la obra.

Art. 24.- Cuando el Registro tenga conocimiento de que una obra publicada no se ha depositado dentro de los tres meses siguientes a su aparición, intimará al editor para que en el plazo de tres días proceda al registro de la obra en mora y si éste no lo hiciera dispondrá lo necesario a los efectos de que le sea aplicada la sanción establecida en el art. 61 de la ley. Cualquiera persona es parte legítima para denunciar la infracción de referencia.

Art. 25.- El Registro Nacional de Propiedad Intelectual admitirá al depósito de todas las obras que se les presentaren, llenando las formalidades legales y reglamentarias, siempre que los derechos se recaben para quien aparece como autor de la obra.

Art. 26.- Para las obras anónimas o seudónimas los derechos se reconocerán a nombre del editor, salvo que el seudónimo se halle registrado. A los efectos enunciados se aceptará *prima facie*, como autor, traductor o editor a los que aparezcan como tales en el libro.

Art. 27.- En el Registro de obras póstumas, los depositantes deberán acreditar su calidad de herederos o derechohabientes. Cuando no hubiere herederos o derechohabientes, el editor podrá depositar la obra.

Art. 28.- En los casos de traducciones de obras de autores cuyos herederos o derechohabientes hayan dejado transcurrir el plazo de diez años sin hacerla traducir, el registro se admitirá a nombre de los traductores.

Art. 29.- Los que traduzcan, adapten, modifiquen o parodien obras que no pertenezcan al dominio privado, tendrán derecho a registrar a su nombre, la traducción, adaptación, modificación o parodia.

Art. 30.- El término de un año establecido en el art. 23 de la ley, se contará a partir del día siguiente al de la publicación de la obra en el país.

Art. 31.- Los representantes, administradores o derechohabientes respecto a obras dramáticas o musicales podrán solicitarla inscripción de sus poderes o contartos en el Registro Nacional de Propiedad Intelectual, el que otorgará un certificado que habilitará para el ejercicio de los derechos estatuidos por la ley.

Art. 32.- En el caso de que sea una sociedad la encargada de administrar los derechos establecidos en la ley, deberá acreditarse el Registro hallarse facultada por los estatutos para ejercer la representación o administración de los derechos de terceros.

Art. 33.- A los efectos del art. 36 de la ley 11.723, se entiende por representación o ejecución pública aquella que se efectúe cualquiera que fueren los fines de la misma, en todo lugar que no sea un domicilio exclusivamente familiar y, aun dentro de éste, cuando la representación o ejecución sea proyectada o propalada al exterior. Se considerará ejecución pública de una obra musical la que se efectúe por ejecutantes o por cantantes, así como también la que se realice por medios mecánicos: discos, filmes sonoros, transmisiones radiotelefónicas y su retransmisión o difusión por altavoces.

Art. 34.- El que representare o hiciera representar públicamente obras literarias, y el que ejecutare o hiciere ejecutar obras musicales en conciertos públicos, deberá exhibir en lugar visible el programa correspondiente y entregar a los autores de las obras utilizadas o a sus representantes y a los intérpretes o sus representantes, una copia del mismo.

Art. 35.- Los discos fonográficos y otros soportes de fonogramas no podrán ser comunicados al público, ni transmitidos o retransmitidos por radio y/o televisión, sin autorización expresa de sus autores o sus derechohabientes. Sin perjuicio de los derechos que acuerdan las leyes a los autores de la letra y los compositores de la música y a los intérpretes principales y/o secundarios, los productores de fonogramas o sus derechohabientes tienen el derecho de percibir una remuneración de cualquier persona que en forma ocasional o permanente, obtenga un beneficio directo o indirecto con la utilización pública de una reproducción del fonograma; tales como: organismos de radiodifusión, televisión, o similares; bares, cinematógrafos; teatros; clubes sociales; centros recreativos, restaurantes; cabarets, y en general quien los comunique al público por cualquier medio directo o indirecto. No será necesario abonar compensación alguna por utilizaciones ocasionales de carácter didáctico, o conmemoraciones patrióticas, en establecimientos educacionales oficiales o autorizados por el Estado.

Art. 36.- A los efectos del cumplimiento del art. 40 de la ley, y en garantía de los derechos de autores y editores, cada uno de los ejemplares de que conste cada edición, deberá ser numerado, firmado, sellado o estampillado por el autor o sus representantes legales. La ausencia de estos requisitos será suficiente para considerar el ejemplar dentro de las previsiones de los arts. 71, 72 y concordantes de la ley.

Art. 37.- Los periódicos que se acojan a las franquicias postales que establece la ley, deberán acreditar el cumplimiento de la exigencia del depósito legal. En el caso que no hubieren cumplido tal extremo, podrán hacer el depósito los colaboradores, individualmente.

Art. 38.- A los fines del art. 84 de la ley, los editores o vendedores de obras que pertenezcan actualmente al dominio público y que vuelvan al dominio privado, deberán denunciar en el Registro Nacional de Propiedad Intelectual el número de ejemplares que tengan en su poder, a los efectos de que el Registro los señale o individualice en la forma que corresponde. La denuncia de referencia deberá formularse dentro de los noventa días a partir de la fecha del presente decreto, transcurridos los cuales las obras no autorizadas por el Registro se considerarán comprendidas en los arts. 72 y 73 de la ley.

Art. 39.- La liquidación de los derechos de edición de obras musicales deberá hacerse por medio de planillas mensuales, con indicación de los ejemplares vendidos, que el editor pondrá a disposición de los interesados.

Art. 40.- Quienes exploten locales en los que se ejecuten públicamente obras musicales de cualquiera índole, con o sin letra, o los empresarios o los organizadores o los directores de orquesta en el caso, o los titulares o responsables de los usuarios de reproducciones de fonogramas a los que se refiere el art. 35 del presente decreto, deberán anotar en planillas diarias por riguroso orden de ejecución el título de todas las obras ejecutadas y el nombre o seudónimo del autor de la letra y compositor de la música y además el nombre o seudónimo de los intérpretes principales y el del productor de fonograma o su sello o marca de la reproducción utilizada en su caso. Estas planillas serán datadas, firmadas y puestas a disposición de los interesados, dentro de los treinta (30) días de la fecha en que se efectúe la ejecución o comunicación al público. Los interesados o sus representantes bajo su responsabilidad, podrán denunciar ante el director general del Registro Nacional del Derecho de Autor el incumplimiento total o parcial de esta obligación y el responsable se hará pasible en cada caso de una multa de $5.000.- en beneficio del Fondo Nacional de las Artes, que será encargado de hacerla efectiva sin perjuicio de las acciones que les correspondan a los titulares de los derechos. Quienes sustituyan en las planillas los títulos y/o los nombres de los autores de la letra o de la música de las obras o de los intérpretes principales o del productor del fonograma u omitan mencionar una obra ejecutada o comunicada al público o introduzcan la mención de una obra no ejecutada o comunicada al público, o falseen en de cualquier forma su contenido, se harán pasibles de las penas a que se refiere el art. 71 de la ley.

Art. 41.- Los herederos de autores fallecidos hace más de diez años, cuyas obras por tal causa, sean del dominio público, se presentarán al Registro si desearen readquirir el dominio privado, de acuerdo al término que establece la ley.

Art. 42.- A efecto de la aplicación de las sanciones que establece el art. 73 de la ley 11.723, se considerará responsable por los actos que esa disposición reprime, al empresario u organizador del espectáculo.

Art. 43.- NDER. Derogado por decreto 659/47.

Art. 44.- Deróganse todas las disposiciones que se opongan al presente decreto reglamentario.

Art. 45.- Comuníquese, publíquese, dése a la Dirección Nacional del Registro Oficial y archívese.

ÍNDICE

Esta edición se terminó de imprimir en
PRINTING BOOKS S.A.
Mario Bravo 835, Avellaneda,
Pcia. de Buenos Aires,
en el mes de Septiembre de 2011.